播音与主持专业即兴评述精讲

钟 鸣 蒋洁云 著

北京工业大学出版社

图书在版编目（CIP）数据

播音与主持专业即兴评述精讲 / 钟鸣，蒋洁云著 . —
北京 ：北京工业大学出版社，2020.6（2023.2 重印）
ISBN 978-7-5639-7521-1

Ⅰ．①播… Ⅱ．①钟… ②蒋… Ⅲ．①播音－语言艺
术②主持人－语言艺术 Ⅳ．① G222.2

中国版本图书馆 CIP 数据核字（2020）第 122630 号

播音与主持专业即兴评述精讲

BOYIN YU ZHUCHI ZHUANYE JIXING PINGSHU JINGJIANG

著　　者：钟　鸣　蒋洁云
责任编辑：任军锋
封面设计：点墨轩阁
出版发行：北京工业大学出版社
　　　　　　（北京市朝阳区平乐园 100 号　邮编：100124）
　　　　　　010-67391722（传真）　bgdcbs@sina.com
经销单位：全国各地新华书店
承印单位：三河市元兴印务有限公司
开　　本：710 毫米 ×1000 毫米　1/16
印　　张：17
字　　数：340 千字
版　　次：2020 年 6 月第 1 版
印　　次：2023 年 2 月第 2 次印刷
标准书号：ISBN 978-7-5639-7521-1
定　　价：54.00 元

前　言

汉语口语研究学者赵元任说："口语是人跟人互通信息、用发音器官发出来的、成系统的行为方式。"随着社会的进步，不同语言文化圈的融合，鲜活而生动的传播方式使口语交流的便捷性逐步凸显，直接反映了人类语言的本质，也顺应了社会进步的需要。即兴口语表达课程有助于学生系统地掌握口语的特殊性及创作原则，提升思维反应能力，锤炼一系列应用语言的基本能力，即观察力、理解力、思辨力、感受力、表现力、鉴赏力、回馈力等。

即兴口语具有即兴而谈、现想现说、语音稍纵即逝的特点。如何使学生在适应素材和语境的基础上，通过思维的高速运转，面对特定受众做出迅速反应，运用语言表达内外部技巧，形成自身相对稳定的表达风格，是即兴口语表达训练的难点和重点。教学中教师首先需要让学生了解无稿播音是建立在已有知识体系的基础上即兴而成的语言应用技能，是对素材的有效加工和提炼，并非毫无准备的泛泛而谈。因此，教师应引导学生提高备稿能力，积累完善知识储备，为语言组织奠定坚实的基础。另外，在语言脉络的层次构建上，应由字、词、句、段逐步成篇，炼字炼句，进一步使表达清晰准确。学生可以通过剖析不同类型的广播电视作品，研究语言应用范例，从中摸索语言表达规律，形成自身对于即兴口语表达及语言特点的认识。教师在课程进程中还可以根据学生所学专业和课程的特点，为学生创设丰富的活动空间，通过演讲、辩论、情景剧、主题活动、艺术周等形式为学生创造实践机会，延伸课堂范围，使实践真正成为即兴口语表达课程的重要组成部分。

本书共分七章。第一章为即兴评述概述，第二章为即兴评述对语言的基本要求，第三章为即兴评述心理素质的培养，第四章为即兴评述思维能力的开发，第五章为即兴评述的教学设计，第六章为即兴评述的基础练习，第七章为广播电视即兴评述的实例展示。

目 录

第一章 即兴评述概述

第一节 即兴评述简介

即兴评述是播音主持考试中较有难度的一项内容，它的目的是考查应考者快速思维和组织语言的能力、口语的表达能力以及临场不慌的心理素质。它要求考生思维敏捷，快速组织语言能力强，记忆力强，同时，它也是对考生知识功底、文化素质的检验。

一、即兴评述的概念

通常我们对"即兴演讲"这种提法比较熟悉，而对于"即兴评述"可能了解得相对少一些。其实，即兴评述和即兴演讲既有联系又有区别。

所谓即兴演讲，是指演讲者兴之所至，有感而发，在没有准备或者准备不充分的情况下发表的演讲。其中，"兴之所至"是指演讲者在他所处的特定的时间和环境下产生了发表演讲的兴致和欲望，生成了演讲的动因。这是即兴演讲的最根本的前提条件，如果缺失了这一点便不可能有任何即兴演讲。"有感而发"是指演讲者在他所处的特定的时间和环境下有所感悟，产生了某种感触和思想，生成了演讲的内容。这是有话可说，有理可讲，言之有物，动之有情的来源，如果缺失了这一点便没有什么可讲的东西了。没有准备或者准备不充分是指演讲者在特定的时间和环境下，对于讲不讲和讲什么都没有预期，往往是不期而遇、为时境所迫而不得不发的演讲。

即兴演讲包括很多种形式，诸如议论式、叙述式、应答式、咨询式以及论辩式、交谈式等。从这个角度来看，即兴评述可以被涵盖在即兴演讲中，是即兴演讲中的叙述式和议论式的结合，简单来说，"评"即议论，"述"即叙述。

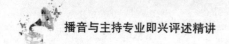

因此，即兴评述也具备了兴之所至、有感而发和没有准备或者准备不充分的几个基本特点。

（一）即兴评述在面试中的作用

关于即兴评述在面试中的作用，具体来说，也就是即兴评述将会从哪几个方面考查考生的素质。

1.考查考生的文学知识、社会常识和重要新闻时事的掌握情况

要做一个合格的主持人必须有坚实的文学功底，要有丰富的社会常识，同时还要有关注国内外重要新闻时事的热情，否则就会流于浅薄，后劲不足。在即兴评述考试中，考生抽到题后必须在短时间内理解题目的内涵深意，最起码对题目也要见过读过有一定了解才行，如果闻所未闻、一无所知的话，会给考试带来极大的麻烦。所以，有志于未来从事播音与主持艺术专业相关工作的学生应该从日常生活中的一点一滴着手，注重平时的知识积累。

2.考查考生的快速思维能力，以及思维的深度和广度

考生只有在规定时间内架构起评述的整体框架，才能够有逻辑、有条理地展开评述。所以如果考生思维滞涩，运转不灵将会导致语无伦次、词不达意。因此，考生应该具备快速思维的能力，也就是说分析题目、归纳主旨、搜集材料的速度要快。同时，为了在评述中显示出一定的见地，思维要具备一定的深度和广度，分析问题不能流于表面，要避免肤浅和空洞。

3.考查考生的语言组织和口头表达能力

在思维可以持续运转的前提下，考生必须能够随时将思考到的一条一款组织在一起，将不必要的与主题无关的话剔除，并且能够用得体的语言完整顺畅地表达出来。组织语言的前提实际上就是前面提到过的较强的思维能力，但并不是说只要具备了较强的思维能力就一定能把语言组织好。日常生活中我们也经常能够碰到这样的人，他们的想法往往很好，可是一但要形成具体的语言表达出来，就和已经想好的相去甚远了，这类情况我们常常称为"茶壶里面煮饺子——道（倒）不出来"。而做播音员和主持人就绝对不能够"道不出来"，我们不仅要能够"道出来"，还要能够道得很精彩，引人入胜。因此，良好的语言组织和口头表达能力是考查的一个重点。

4.考查考生对社会现实的辨别能力和认知程度

即兴评述的题目往往只是将某一种现象或者某一种说法摆在考生面前，至

于这种现象是否正常，这种说法是否正确，有时比较鲜明，有时也像一个辩论命题一样，模棱两可，似是而非。作为一个学生，对自己周围的社会环境以及在这个环境中所存在的事物应该有一定的判断，应该有自己的思考。这就要求考生不仅要学习课本上的知识，还应该进一步拓宽视野，丰富自己的阅历。

5.考查考生的心理素质

俗话说，计划赶不上变化。无论事先筹划得怎样周密，也难以将临场的种种随机性反应预料得面面俱到，如果主持人不具备相应的应变能力，面对突然发生的状况或者临场出现的种种随意性反应，就很难迅即做出准确的判断和果断地采取相应的措施，而丧失控制话题展开、情绪调动、气氛调节等方面的主动权。做主持人要能够沉着面对随时随地可能出现的各种情况，处变不惊。

（二）即兴评述能力考查点

1.是非判定能力

通常提供给考生的即兴评论题目都是有一定争议性的时事社会话题，也就是说不会有太鲜明的答案，甚至正反两方面如果论述得当都是可以成立的。那么对于一件事情的理解首先就反映出考生的人生观、世界观。不管是从事件的哪个方面去说，立场必须是准确的，即能够为社会、为道德、为法规、为主流意识形态所认可。所以考生在立意的时候必须非常谨慎，否则一着不慎，满盘皆输。

2.逻辑思维能力

进行即兴评论的步骤一般是先摆出自己的观点立场，然后展开论述。

这就需要考生有比较严密的思维和清晰的条理，能够让听的人很容易地理解自己的思路和立场。事实上，由于考场的特殊性，紧张情绪下的考生往往会出现短暂的思维混乱或思维空白，感觉不知从何说起，这就需要考生在考前进行大量的类似练习，找出其中的规律性，形成自己特有的话语定势，以便在考场上从容应对。

3.观点创新能力

用于艺考的即兴评论题目，一般都不会太偏，往往是社会舆论已经热烈讨论过的话题，因此在应试的时候，一些创新的观点和思维方式往往能引起考官的注意，只要考生能够言之成理，肯定能比四平八稳的观点获得更多的印象分。

因此要多运用逆向思维、发散思维、类比思维等方式，让自己的观点在情理之中，意料之外。所谓情理之中，就是要符合人情事理，不能违反人们一般的认识规律和道德规范。所谓意料之外，就是不能够依据常理，要说出别人想不到的话。

二、如何应考即兴评述

（一）审题立论

抽到一个题目，要认真审题，知道题目要你议论的是什么，这是第一步。主考一般在考生抽取题目后，都会让考生把题目出声朗读一遍，目的就是让考生明确并且记住、记准题目。下去准备时，首先要有一个明确而正确的观点，这是"立论"的含义。观点既要明确又要正确，只明确不正确也不行。比如"对高中生'早恋'现象谈谈你的看法"一题，如果你说"高中生'早恋'也没有什么，处理好了还可以促进学习，事业爱情两不误"，这个观点虽然很明确，但不能说是正确的。有了明确而又正确的观点，才有话可说，才好说话。

（二）确立提纲结构

确立了观点，就要迅速围绕观点思考一个提纲，厘清议论的思路。因为准备的时间很短，又不能写提纲，所以，提纲也只能是一个大致的提纲，而不是详细的提纲，关键是把议论的结构"搭"起来。这时思维要积极活跃，思路要尽量开阔些，如"对高中生'早恋'现象谈谈你的看法"一题，提纲和结构可以设计如下。

观点：高中生谈恋爱是不对的。

其一，危害性：影响学习；有碍身心健康；影响风气；辜负父母老师的期望；等等。

其二，如何解决这一问题：从中学生自身、家庭、学校、社会四个层面来阐述。

其三，结论：树立远大人生理想和目标；发奋学习，立志成才。

准备完提纲如果还有时间，可以再把开头的话和结尾收场的话想一想，争取设计得精彩一些。诗人杜甫说得好，"语不惊人死不休"，所以要重视开好头，收好口。

即兴评述对考生的强行记忆能力也是一个检验。快速想好了提纲，要反复加以记忆，首先是把大的分观点和大的结构记住，然后再强行记忆分观点的小观点和小结构。说的时候，一边想一边说，不要试图去背准备时的原话，而要去说准备时观点的意思。背诵，如果记忆不深或紧张，容易"卡壳"，但说意思容易使大脑处于活跃状态，还容易产生新的思想火花，使即兴评述增色。另外，也不要用一种流利和生动的"演讲调"，这样容易给主考一种事先押中了题临场背诵的感觉。不用担心说得不精彩和不流畅，精彩和流畅都是相对而言的。偶有啰唆、重复、不顺畅，包括词语不太准确，在即兴口语表达中都是正常现象，关键是要言之有物、言之有序，像说话就可以了。

（三）联系实际，巧用例证

即兴评述是要应考者谈谈对某一问题的看法，而不是让应考者做一篇理论文章或做一场学术演讲，因此，不必把问题想得太复杂、太抽象、太"理论化"。有的考生不明此道，一开始就拉一个很大的架势，一上来就说了一堆堂皇而又空洞的话，反而显得华而不实。无论什么题目，评述就是谈自己的看法，你是怎么认为的就怎么谈，而不要去揣摩主考的心思，投其所好。联系实际，是最好的方法，是联系自己的实际，联系自己身边人的实际，联系自己所熟悉的社会环境的实际，谈自己最为熟悉的、最有感受的人和事，这样才容易有感而发，入情入理。可以多准备一些生动的例子，正面的、反面的、古今中外的、名家名人的、自己的和自己熟悉的人的实例。特别是当思维和语言不太顺畅时，或一时想不起准备的提纲时，都可以信手拈来一个生动的例子，一方面可增强论证的力度，一方面可边说边厘清思路。当然，也不可把评述搞成例子的堆砌，关键是要用得好，用得不留痕迹。

（四）自信连贯，一气呵成

即兴评述成功与否，与应考者自信心的强弱有直接关系。即使准备得再好，怯场不自信也难以出色发挥。加上即兴评述的考试一般都是在电视演播室的环境下进行，有的考生第一次进入这样的环境，在聚光灯下，面对摄像机镜头，的确容易紧张。因此，自信心就显得更为重要。可以用"把收听对象设想成不同意你的观点的人"的方法来调动自己的评述欲望，"我有理""我一定要说服你"，可以增强评述的主动性、说服性。另外，尽量使评述连贯、流利，即使一时"无话可说"，也要"硬着头皮往下说"，尽量不要让语流"断线""卡壳"，因为这种"断线""卡壳"会加剧思维的空白和心理的紧张，咬紧牙关，坚定信念，就一定能够渡过暂时的难关，一气呵成，完成评述。

（五）自拟题目，早练习

即兴评述这种短时间内口脑并用的能力对人的综合素质要求较高，没有平时的实践积累，难以一蹴而就。因此，有志于从事播音与主持工作的青年朋友，可以通过平时自选题目、自我评述的方式，加以练习，积累经验。临参加考试之前一两个月，课余或学习之余，拿出一点时间，自拟一个题目，先准备几分钟，再评述几分钟。开始时准备的时间可稍长一些。随着练习的增加和经验的积累，准备时间可以逐渐缩短。关键是要熟悉这套程序和方法。可以请自己的家人或同学帮助自己练习，请他们做你的听众，事后，帮你分析不足，挑毛病。当你练了十多个甚至二十个题目以后，你就会发现自己即兴评述的能力已经大大提高和增强了。

需要提醒广大考生的是，即兴评述准备时切不可试图把要说的每一句话都想好，因为无论是主观上还是客观上都做不到这一点。有些考生在评述时往往说了一半，甚至只说几句话就说不下去了，其中有的就是因为他没有把提纲和结构准备好，话说了一半就不知道往下再说什么了，这是广大考生特别要注意的。

另外，先要踏踏实实地熟悉上述所介绍的这套程序和方法，然后可以随时随地进行练习。功到自然成，训练到一定程度，即兴评述的能力就会大大提高，进而得心应手，游刃有余。

三、即兴评述的锻炼方法

（一）要从小故事的复述练起

要锻炼口语能力，可以借鉴英语学习的方法。

我们在学习英语的时候，老师经常说语言环境至关重要，同学们要善于给自己创造这个环境，比如每天早晨一起床就用英语与自己对话，将心中所想全部变成英语，这对英语口语的学习和练习有很大帮助。即兴评述也需要类似的练习方式。有很多简单的童话故事或报纸上的短消息非常简短，我们在看了之后尝试着将它们复述出来，而且在复述的时候力争做到语言优美，意思清楚。对简单的故事和短消息的复述做得很好之后再用复杂一些的事件进行同样的练习，坚持下来就可以使自己的语言组织能力得到提高。

（二）在平时多关注身边的生活小事

每一天我们的身边都会有很多事情发生，这些事情的发生都各有原因，而事情最终的结果又和事件发展过程中的各种因素的变化密切相关。所以在练习的时候要尽量地将事件的发生、发展、结果和起决定作用的各方面都表达明确。但是记住不要事先将稿子写好再进行练习，因为有很多学生都是事先将报纸杂志上的相关事件摘抄下来，然后再把内容背诵出来，这样是达不到练习目的的。最好的方法是将报纸杂志上的分析评论先读懂弄清，然后尝试着用自己的语言将内容表达出来。这种练习刚开始的时候有很大的难度，但是长期坚持下来你的思维能力和口语表达能力都会得到极大提高。

第二节　即兴评述表达与相关学科的关系

一、即兴评述与思维学

语言和思维之间到底谁决定谁？语言和思维究竟孰先孰后？二者是毫无关系各自独立，还是相互联系密不可分？从语言诞生到现在，思维和语言的关系问题一直是哲学家、心理学家、语言学家探讨的核心问题之一。下面将从语言与思维的含义、历史上有关语言与思维关系的争论、人脑的生理机制等方面，论证语言和思维之间并不存在谁决定谁，孰先孰后的问题，二者是同时存在的，并且互相依赖，互相制约，互相影响。

（一）语言与思维概述

语言是以语音为物质外壳，以词汇为建筑材料，以语法为结构规律而构成的符号系统；语言是人类最重要的交际工具，人们利用它来交流思想，达到互相了解的目的；语言是同思维直接相联系的，它是思维的工具，是人区别于其他动物的本质特征之一。语言是社会的产物，是一种特殊的社会现象，它随着社会的产生而产生，随社会的发展而发展。"社会之外无所谓语言。"

思维统指大脑的意识活动，是人类认识现实世界时动脑筋的过程，是指人们对客观对象进行概括分类，形成概念，并运用概念进行判断、推理的过程和能力，思想是思维活动的结果。思维范围很广，大致分为形象思维和抽象思维。形象思维包括感觉、知觉、表象这些层次的带有形象的心理活动，比如在商店买衣服，回忆过去的同学，等等，这些都属于形象思维。抽象思维是在概念、判断、推理这些心理层次上进行的，概念的载体是词语，判断以句子为形式，推理涉及一组句子。

正是语言和思维含义的复杂性和不确定性，人们观察事物的角度的多样性，引发了人们关于思维和语言关系问题的争论。

（二）语言与思维关系的众家之说

1. 独立论

持这种观点的学者，是从语言产生的角度提出和论证思维可以先于语言而独立存在这一观点的。语言产生的一个必要条件就是人类的思维能力要达到一定的水平，应该能够对客观世界的事物进行分类和概括，并且人类要有一定的记忆和想象，判断和推理的能力，只有具备了这种心理条件，才有可能产生语言。也就是说在语言产生之前，思维就已经独立存在了。在语言产生以后，仍存在不需要语言参与的思维，思维还能采取语言以外的其他形式表达。例如，画家画的画，音乐家谱的曲，断臂的维纳斯，等等，这些现象都是利用对人的视觉、听觉等的刺激，与创作者进行精神上的交流，达到情感上的共鸣的。这一观点的最有力的论证是聋哑人和失语症人，他们当中有的人完全丧失了语言能力，但他们的思维没有消失。该观点可以追溯到古希腊哲学家柏拉图身上，他认为思维是一种不能用语词说出来的洞察。英国哲学家洛克认为思维可以独立于语言而存在，由外界引起的感觉是认识的源泉。这个观点把语言与思维完全割裂开了，它只看到了思维可以独立于语言的极个别的现象，却忽视了语言和思维之间的总体上的关系，用这一观点无法解释语言与思维之间的绝大多数问题。

2. 先后论

一种观点认为思维先于语言而存在。持这个观点的典型代表人物是皮亚杰，他认为婴儿在言语水平上做出正确的推理之前，就已经能够在具体水平上正确地进行推理了。因而皮亚杰给出了这样的结论：发生学的研究表明，智力是先于言语而存在的。皮亚杰的这一观点与人类发生学家的观点相似。人类发生学家研究发现，人类在学会使用语言以前就能制造工具了，因而提出思维先于语言而存在的观点。在现实生活中，写文章或思考问题都有一个构思过程，这种现象被认为是一种思维先于语言而存在的现象。

另一种观点认为语言先于思维而存在。法国语言学家温得勒斯认为，"最初人的语言也许纯粹是情感的，而不是思想的。例如，它也许起源于劳动的号子，能被他人重复，人在自己的活动中有了这个方便的产物，就利用它来和其他伙伴们交流"。人类以外的其他动物通过叫喊声进行交流，那是不是说人类以外的其他动物也有语言？然而语言是人类特有的财富，动物纯粹的释放情感的叫喊声，不是人所使用的语言。当时的人只能算是"形成中的人"，那个时代只能算是语言的"史前阶段"。所以这一观点很显然是错的。

3.决定论

苏联某学者认为思维决定语言。该学者通过研究人类猿和人类婴儿的思维及有声语言的发展过程发现，两者存在"前语言阶段"和"前思维阶段"，即语言和思维并不是同时产生的，而是思维先于有声语言。正是基于这一种认识，在思维和语言的关系问题上，该学者做出了思维决定语言的论断。我国学者秦勤也认为，"尽管语言对思维会有一定的影响，但不能无限夸大语言的作用，不能说语言决定思维，而主要是思维决定语言"。

语言决定思维。法国语言学家洪堡特就持这种观点。他认为"每一种语言都是一种特殊的世界观"。但最具代表性的还是萨丕尔－沃尔夫假说。萨丕尔把语言比喻成一副有色眼镜，事先为人类规划了事物的形状和外貌。沃尔夫认为，"没有任何人能不受任何限制，不带任何偏见地来描写大自然，除非他们的语言背景相似或能用某种方法校正"。洪堡特和沃尔夫无限夸大语言对思维的作用，认为语言完全决定人的思维的这种观点是不对的。有相同语言的人完全可以有相反的世界观，反之亦然。对思维起决定作用的是客观事物本身，是人的社会实践和生活经验，而不是语言。

二、即兴评述与逻辑学

"逻辑"一词是由英文 Logic 音译过来的，原意指"言辞、理性、规律性等"。语言表达是我们日常生活乃至文学创作中一项重要的能力。从逻辑学的产生来看，它是在语言产生以后而产生的，因而在语言产生的初期并不讲求逻辑性，如我国商代甲骨文《武丁卜辞》的一部分载文如下："王大令众人曰协田，其受年，十一月。"足见在语言已经较发达并脱离原始状态的商代其句型结构、语法结构依旧十分简单，逻辑性也不十分突出。而随着人类的进化，人类语言也随之进化，特别在逻辑学的发展史上，传统逻辑学与现代逻辑学的区别就体现在"自然语言"与"人工语言"的区分上。而在生活中、在文学创作中，逻辑学是我们重要的一项工具，在整个文学语言活动中有着举足轻重的作用，因而探讨逻辑学与语言表达的关系是有意义的。

（一）从逻辑学的起源来看，逻辑学是为适应语言表达的需要而产生的

逻辑是随着语言的产生而产生的，而逻辑学的产生和发展离不开学术上的争论。古印度"正理学派"和"胜论学派"在同其他学派的争论中总结出了古代逻辑思想，产生了"因明"，即印度古代的逻辑哲学；古希腊则经过"唯物主义"和"唯心主义"的激烈争论产生了"逻辑学"。当时最伟大的思想家亚

里士多德在前人研究的基础上，将逻辑学从语言、修辞学中分离出来，建立起了传统的形式逻辑体系，其贡献具有划时代的意义。我们不难看出，古代逻辑学确实是在语言表达高度发达的阶段产生的，可以这样说，逻辑语言是在语言表达过程中为了适应当时的需要而产生的。因而我们也可以说逻辑学自产生之初就成了语言表达的工具，为正确地使用概念、判断和推理提供了普遍适用的逻辑规范。因此，在人类发展的历史过程中，语言是人们交流的工具，而逻辑学则是辅助人们正确使用语言工具的工具。

（二）逻辑与语言

1. 逻辑形式与语言形式

逻辑与语言之间的联系是十分密切的。这是因为逻辑的研究对象是思维，而思维与语言是不可分割的。语言是思维的载体，因此逻辑离不开语言。

思维与语言之间不可分割的联系，具体表现为思维的逻辑形式与语言形式总是紧密地联系在一起：概念、命题和推理的存在和表达要借助语词和语句（包括复句），离开了语词和语句，概念、命题和推理也就无法存在，更无从表达了。因此，综上所述，逻辑在研究思维的逻辑形式时，一刻也离不开语言形式。

2. 自然语言与人工语言

语言为信息的载体，古代即有"言为心声"之说法，语言是"形成、贮存和传递信息的表意符号系统"。自然语言是人们日常使用的语言，人工语言是为了达到某种目的而在自然语言的基础上人工构造的表意符号系统，又称为符号语言。而我们在文学的创作中，多以传统逻辑为主，因而我们现在更注重自然语言的逻辑性。

3. 元语言和对象语言

所谓对象语言，就是作为讨论对象的语言，所谓元语言，就是用来讨论对象语言的语言。现代逻辑十分重视对象语言和元语言的区分，这种区分对于避免和克服语义悖论有十分重要的意义。

（三）语言表达的逻辑要求

首先，从思维规律的角度出发，语言表达须遵循普通逻辑的基本规律——同一律、矛盾律、排中律和充足理由律。

①同一律思维使语言的表达更具确定性。其内容是，在同一思维过程中所

使用的概念或判断有同一性、确定性。这就要求我们在语言表达中把握好事物的"度"，使其符合说话的中心思想。

②矛盾律是使思维和语言具有一致性的思维规律。这要求我们在行文的过程中把握好各部分与整体的联系，切不可前言不搭后语，或者是思维逻辑混乱。

③排中律使思维与语言的表达具有明确的思维规律。这在具体的运用中可以这样看，在文学作品中我们一般有鲜明的观点，比如"抑恶扬善"，那么我们就要明确地点出来，切不可模棱两可让人觉得不知所云。

④充足理由律是使语言表达具有论证性的思维规律。其内容是，理由真实、充分并有逻辑关系。例如，在张艺谋导演的大片《十面埋伏》中，其主旨不鲜明，更严重的是，这部影片犯了一个逻辑错误——其中章子怡扮演的"小妹"在这部影片中死了三次，因而这给人们的一个印象就是她的命真长，竟然可以死三次。显然，导演在其中没有充分说明一个人为什么能死三次，以及又是怎样复活的，因此这部影片既缺乏事理逻辑又缺乏科学依据。正因为如此，西方人认为中国文化多为巫婆和神汉的文化，因为他们的行为远远超过了人的逻辑范围，这也就在逻辑上给世人带来了一种误导。

其次，从语言表达的具体过程来看，语言表达也需要遵循具体的逻辑规范。

①概念使用要准确。概念是思维的细胞，它既是认识的开始，又是认识的结果。我们在行文时，特别是在写说明性文章时必须用准确的概念，否则就说明不了问题的本质。比如日本核爆炸引发中国人抢盐，这只是一个表象，其真正的含义在于中华民族是一个缺乏安全感的民族。在诗文的创作中，古人讲究"推敲"，其实他们在调用词语时就是为了符合事实，符合概念。

②定性判断要恰当。如记者在进行新闻报道时对于某一事件的定性判断必须客观、公正、恰当。例如，俄罗斯在2008年8月18日与格鲁吉亚发生了交火，记者将其定性为"武装冲突"，这是符合事实的，因为这不是全面的大规模的交火，同时也没有宣战，从这种情形看记者的界定是恰当的。

③表达推理要有逻辑性。大家还记得"关公战罗成"这个笑话吧，从事理上看，从历史上推理分析，这都是站不住脚的。我们来具体分析一下，关公是三国时代的人，生活在公元三世纪，而罗成则是唐朝大将，生活在公元七世纪，这之间整整差了四个世纪，这在事理上，在表达上是经不起推理的。

我们在日常生活中要讲究说话的"得体"，确实是这样，只有说的话留下的语言符号可以明确地表情达意，我们的语言表达功能才算正式地发挥出来了。另外，我们讲究"文从字顺"，这也是一种符合逻辑的表现，只有明确的逻辑思维才能传达出准确的信息。逻辑学是语言表达的工具，是在语言表达中产生

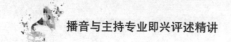

的，同时逻辑学还将伴随着语言的发展而更加完善。语言表达关乎一个人的形象，关乎国家和集体的形象，只有具有逻辑的、睿智的语言才是优美的语言，因此我们应该努力学习逻辑学，努力提高我们的语言表达能力。

三、即兴评述与美学

伴随着现代语言学的发展，很多学者对语言的不同层面进行了研究，同时开始利用语言学理论进行两种语言的对比研究，并且将语言学和其他学科结合起来进行交叉学科的研究。语言学和美学的交叉研究也应运而生。从美学的角度对语言进行研究的可能性显示在两个方面。

（一）从美学的角度对语言进行研究的理论基础

1. 美学的本质为从美学角度研究语言奠定了基础

作为哲学体系中的一门基础学科，美学是研究审美规律的科学，可分为自然美、社会美和艺术美。美学研究美的本质、形态（内容美和形式美），审美意识的本质和审美活动，等等。简言之，美学的开展离不开审美主体（也就是人的活动）和审美客体（也就是审美的对象）。哪些东西可以成为审美的对象？根据戚延贵在《美学原理》中的论述：审美对象可以是审美活动中的一切东西。《大英百科全书》论述了审美对象的两个特征：审美对象是一个可以通过听觉、视觉或者想象力来感知的东西；审美对象在被感知的同时也被审美主体理性地分析。语言可以被人——审美主体所感知，语言具有内容美，所以从美学角度看，语言也是审美对象。

2. 语言的本质为从美学角度研究语言奠定了基础

语言是人类社会最重要的社会现象。语言中是否存在着美？"任何语言都能很好地为本民族的交际服务，都有各自的特点。"作为语言的艺术品，如诗歌、戏剧、小说都具有自己独特的审美特征，它们的美已被大家认可。而一般的语言美则体现在两个层次：语言的形式美，即可以听出（看出）来的音韵节奏、格式的排列美等；语言的内容美，即语言所传达出来的意象美。

因此，用美学原理去解释语言现象时可以非常透彻地了解语言，了解语言本身的美学属性、美学表现（形式美和内容美）和在交际过程中的审美选择；而将英汉两种语言的美学属性、美学表现，以及在交际过程中不同或相同的审美选择进行对比研究，就可以更加清楚地认识两种语言的相同点和不同点，这将有助于两种语言间一系列的交流活动，包括第二语言的习得，跨文化交际，英汉互译，等等。

（二）从美学和语言学结合的历史发展上看从美学角度研究语言的可能性

1. 西方学者的研究探索

19世纪末20世纪初，哲学家们开始通过研究语言学来解答一些哲学难题，从而形成了西方哲学中著名的海德格尔"语言学转向"。从"语言学转向"开始，不仅语言学家，哲学家也开始研究语言本身，这使得语言成为审美对象，从美学角度研究语言成为可能。

美学在1750年首次被德国哲学家鲍姆加登命名，并在20世纪中叶成为一门独立的学科。由于哲学家不断对语言学进行研究，语言学对哲学的分支——美学也产生了较大的影响。尤其是瑞士语言学家索绪尔创立的现代语言学对美学的发展有很大的影响。"当代西方的美学研究中，传统主题已遭冷落，语言学的、语义学的研究倾向十分显著。这种倾向根源于索绪尔创立的文艺符号学。"

很多对语言学和美学进行交叉研究的西方学者强调，情感表达的内容和符号形式是统一的，因为艺术就是情感符号。德国哲学家恩斯特·卡西尔认为美从本质上就是一种符号。哲学家们在美学中研究语言问题时视语言为一种符号，并试图建立一个理论，即语言学和美学是统一的或者就是一回事。

意大利哲学家、历史学家和美学家克罗齐就是其中的代表人物之一。他在《美学》一书中写道："语言学和美学，作为真正的科学，不是两件事而是一件事。人们研究的语言科学事实上就是美学，因为普通语言学的内容可以转化为哲学。任何研究普通语言学或哲学语言学的人都是在研究美学问题。"克罗齐关于美学和语言学的观点在奥西尼的著作中也可以看到："如果按照克罗齐所言——美学就是表达的科学，那么美学的历史就应该是表达的历史。"

虽然对克罗齐的理论做出回应的学者不是很多，但不乏著名人士，如创立了著名的"萨丕尔-沃尔夫假设"的语言学家萨丕尔。萨丕尔认为自己从克罗齐的美学语言学中获益良多，认为克罗齐是少数几个能够认识到语言本义的学者之一。"每种语言本身就是表达艺术的集合体，包含很多美学元素。"另一个回应者就是德国语言学家卡尔，他曾经在自己的书中写道："因为语言的创作本质，语言应该被认为是美学元素。"

美学家阿诺德·伊森伯格曾试图在他的著作《当代美学》中论述语言是否是美学研究的对象的问题，虽然最终没能得出结论，但这种尝试本身就具有一定的价值。

随后，德国哲学家弗里德里希·威廉·尼采和法国哲学家、批评理论家雅克·德里达也认为，人们应该从语言学的形式、修辞法和修辞格的角度去研究哲学和美学。

英国语言学家、哲学家、政论家杰弗里·利奇在他的著作《语义学》的第四章中提到了语言的美学功能，并且提出诗歌有种特别的美学功能，这种美学功能可以用语言使用的目的来解释。美学功能是语言五要素之一。可惜的是他对语言的美学功能的探讨局限于诗歌这种语言形式。

2. 中国学者的研究探索

在中国，很多有影响力的哲学家、文学家及语言学家都曾将美学和语言学结合起来进行研究。东汉思想家王充在他的著作《论衡·自纪》中写道："口则务在明言，笔则务在露文，高士之文雅，言无不可晓，指无不可睹。"他说口语表达在于明白清楚，文章表达在于通畅优雅，要有美感。

南朝文学理论家刘勰在其《文心雕龙》第三十一篇论"情采"中，分语言为形文、声文和情文，体现了语言和美的融和。刘勰曾指出，"故丽辞之体，凡有四对：言对为易，事对为难；反对为优，正对为劣。言对者，双比空辞者也；事对者，并举人验者也；反对者，理殊趣合者也；正对者，事异义同者也"。也就是说对偶的原则可以是不用典故，用反义词或意义不相同的词，用同义词或意义相同的词。刘勰对于语言的形式美的探讨在于两个方面：一是对偶；二是声律。这为今天我们探讨语言美做出了贡献。"古典文论中谈到的语言形式美，不管是在对偶方面，还是在声律方面，都是从多样中求整齐，从不同中求协调，让矛盾统一，形成和谐的形式美。"

近现代的中国语言学家和翻译家虽未创立此方面的系统理论，但在翻译时提出了"信达雅"，其中"雅"就属于审美层次的问题。著名美学大师朱光潜先生曾写过一篇文章《散文的声音节奏》，提出了一般语言的美学问题。当代翻译家刘宓庆也在美学和翻译方面做出了诸多贡献。语言学家钱冠连更是通过写作《美学语言学》一书来探讨语言美和言语美。

总之，语言学和美学的自身发展已经为从美学角度研究语言提供了基础，而中西方学者对美学和语言学研究的探索则证实了从美学角度研究语言的可能性。

第四节 即兴评述常见类型的评述方式

一、人生哲理类即评

（一）讲道理

用道理进行论证可以使我们的论证更有说服力，常用的道理有很多，比如人们公认的公理定论、古今中外的名人名言、一些经典著作中的精辟见解等。举例来说，"'大理不辞小让，细节决定成败'，请你谈谈对这句话的理解"，该题强调的是"细节"的重要性，所以论证观点时可以直接引用与细节相关的道理，比如张瑞敏的"把每一件简单的事做好就是不简单，把每一件平凡的事做好就是不平凡"；老子的"天下难事，必作于易；天下大事，必作于细"。

（二）举例子

即所谓的事例论证，通过列举有代表性的事例来论证观点，事例可以是名人事例、历史典故、社会现象、个人经历，也可以是宏观背景、神话故事、哲理故事等。其中比较常用的两种是列举个别事例和宏观背景。个别事例可以凸显论证的代表性；宏观背景可以凸显论证的广度和深度，主要适用于要求谈对领导人讲话的理解的题目。例如，对于细节这一主题，可以列举英国国王查理三世关于马蹄钉的故事、海恩法则、大师的鞋带等例子。再如，对于"习主席引用过'吾生也有涯，而知也无涯'，意思是我们要不断学习，即使成功了也要学习，请结合报考岗位谈谈理解"这道题目的分析论证，就可以结合当前推动学习型政党、学习型社会建设的大背景来谈。

（三）打比方

即比喻论证，用打比方的方法对观点进行论证，喻巧而理至，用浅显易懂的事物来说明晦涩难懂的道理，可以将抽象的道理形象化，达到深入浅出的效果。比如"方向盘说，你束缚了我；把方向盘的人却说，我不束缚你你就走偏了，谈谈对这句话的理解"，我们可以拿人生来打比方，人生就像一辆汽车，在前行的道路上，如果没有规矩、没有约束，就会偏离正轨，最终误入歧途。

（四）做排比

用排比句的形式来论证观点，可以增强语言的气势，使论据更充分有力。但要注意的是，所用的排比句子应该反映同一问题的不同层面，句子排列要合理有序，符合常人的认知规律。比如，对于"细节"这一观点，可以说"细节蕴含真情，细节催人奋进，细节体现艺术；细节的背后是人生，是情感，是事业；我们也常常为一些细节而感动，比如一句温暖人心的话、一个肯定的眼神、一个细微的举动……发现细节、感受细节、关注细节就是在品味人生的美丽，编织成功的花环；而无视细节、摒弃细节就会迷失方向，酿成失败的苦果"。

二、名言警句与古诗词类即评

（一）名言警句即评

1. 一句含有谚语、格言、古语等的话

①解释含义。
②举例说明，例子一古一今较好。
③结合当今社会，思考此语是否适用，一分为二看待。
④总结观点。

2. 没有包含明确观点的话

①举例论证。例子应具有说服力。
②如果是主观性强的题目，从自身找事例更具有说服力。

（二）古诗词类即评

古诗词类即评的技巧比较简单，能作为即兴评述的古诗词文言文并不多，都是有一定范围的。通常老师会要求同学们把考试范围内的所有古诗词文言文的题目、出处、作者背过。例如，"不以规矩，不成方圆"这句话出自孟子的《离娄上》，原句是"离娄之明，公输子之巧，不以规矩，不能成方圆；师旷之聪，不以六律，不能正五音；尧舜之道，不以仁政，不能平治天下"。一般考生甚至大学老师都未必能说出出处和作者以及原句，那么在考试当中，这类即评，一上来先说出处和作者以及原句，就比其他考生占了优势。之后再解释这句话的意思，转化成话题类即评，就好说了。

三、新闻事件类即评

众所周知，新闻六要素可以概括为"五W一H"，即时间（WHEN）、地点（WHERE）、人物（WHO）、起因（WHY）、结果（WHAT）和经过（HOW）。在这个概念提出的19世纪80年代，电信技术还不完善，报社编辑部不得不要求记者把五个 W 和一个 H 写进新闻的第一段，即导语中。这样一旦发电或收电出现故障，只要收到电讯的第一段就等于收到了一条新闻的大意。"五 W 一 H"是一种能够精炼而全面地概括事物的思维，所以在表达事件材料时也不妨按照这个模式进行。

把这六要素串起来，概括成一句话是，某人某时在某地因何做了某事出现了何种结果。另外说一句，在这一类即评中，事件材料的主要作用是引发我们的观点，所以一般情况下我们只需要极简地叙述拿到的事件材料即可，要拿出更多的精力去考虑如何从简述材料过渡到阐述个人观点以及证明观点，不要过分追求面面俱到，避免出现"头重脚轻"的问题。

四、社会热点现象类即评

该类即评包括以下几方面。

①媒体诚信。思考事例：山西煤矿封口费事件、北京电视台纸包子事件、三鹿奶粉事件等。

②国家新闻出版广电总局是否要取消电视分级问题。思考事例：我国国产动画片的垄断、国家新闻出版广电总局的地位、电影的分级是否能实现。

③限塑令、绿色交通、能源环保问题。

论述时要注意，逻辑第一，观点要有论据，与事例相关的联想要扩散开来。

五、即兴演讲

（一）即兴演讲的好处

即兴式演讲指演讲前没有充分准备而临时组织语言的演讲，有主动和被动两种。所谓主动是指没有外力的推动和督促而发表的，演讲者一般是会议的主持人。如主持演讲会，介绍会议内容、宗旨等；又如主持欢迎会、欢送会、茶话会、喜庆宴等。所谓被动是指演讲者本未打算演讲，但在外力（如主持人的邀请）推动下，不得已临时发表演讲。

1. 内容针对性强

即兴演讲的内容都在现场准备，贴近现实生活，贴近观众、听众心理。主题的确定、材料的选择、内容的安排，都从观众、听众的需要出发，不易脱离实际。

即兴演讲是动态性强的语言交流活动，边看边想边讲，并根据现场反馈及时调整所讲内容。

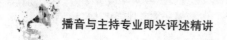

它没有闭门造车的弊端，也少有隔靴搔痒的空话，有的放矢，实实在在，易于接受。如果再加上重视就地取材，当场捕捉话题，更能激起全场的强烈共鸣。

2. 与听众、观众交流多

即兴演讲多半是在现场有感而发，灵感常常来自听众、观众。演讲者与听众、观众之间互相配合，共同营造一个良好的交流环境。台上、台下的心理距离小，交流的方式方法多种多样，小到一个会意的眼神，大到和听众、观众握手、拥抱，甚至穿插台上、台下之间的简短交谈，往往气氛格外热烈。

3. 形式更自然

即兴演讲常常在某个特定的生活场景中进行，而生活场景又多种多样，有的较严肃，有的较轻松，于是演讲形式也不拘一格，只要方便、自然即可。演讲场地、会场布置、声光设备等，都没有固定的模式，大到万人集会，小到数人座谈，都可以发表即兴演讲。演讲者也不一定始终站在台上，可以选择自认为合适的位置。

即兴演讲是否只适合日常社交生活，而不适合重大的政治活动呢？那也不尽然。政治活动的会场气氛较庄重、严肃。除了各级领导干部之外，广大人民群众的参政、议政积极性也在日益提高，这是政治民主化的必然趋势。人民群众对国家大事与社会重大问题，要发挥主人翁的作用，参政议政，发言的态度要严肃、认真，但讲话的方式仍可不拘一格，以即兴、方便、自然较合适。如果说话过于拘谨，照本宣科，就难以畅所欲言，各抒己见了。

（二）如何才能做好即兴演讲

即兴演讲是生活、工作、学习中使用非常普遍的口语交际手段，是对眼前的人、事、物、情、理等有所感触而临时所做的演讲，往往来不及准备。这对演讲者来说有一定难度，因为它需要演讲者有敏捷的思维、丰富的学识，所以一般人谈"讲"色变。那么如何才能做好即兴演讲呢？

1. 演讲者要有良好的思想修养和较好的心理素质

有这样一句话：好的演讲者，从做人开始。学习马列主义、毛泽东思想，有助于演讲者站得高，看得远；高尚的品德修养，有助于演讲者言传身教，使其讲话更有分量，更有威信；渊博的知识，有助于演讲者的演讲内容更加充实……所有这些良好的思想修养，都是一个成功的演讲者所应具备的必要条件。历史上许多著名的演讲家如德摩斯梯尼、西塞罗、林肯、马克思、恩格斯，他们无一不是伟大的思想家，他们的演讲也无时不在闪烁着真理、科学、智慧的光芒。

做好一个人，需要有良好的心理素质，这样才能以不变应万变，才能泰然处之。当好一个演讲者同样如此。良好的心理素质，是演讲活动顺利进行的保证，故良好的心理素质是演讲者紧握在手中的法宝。

2. 演讲者必须具备多方面的能力

（1）敏锐的观察力

敏锐的观察力体现在三个方面：准备演讲时，有了敏锐的观察力，就能从普普通通的生活中获取大量素材；在演讲中，有了敏锐的观察力，就可以了解听众的表情、心理及场上的气氛变化，进而及时调整演讲的内容、方式、节奏；在演讲后，有了敏锐的观察力，就可以从周围人的反应中综合分析自己演讲的成败得失，以使自己的演讲臻于成熟。

（2）丰富的想象力

在演讲中，想象力如同"点金术"，有了它就可以"思接千载，视通千里"，有了它就能使演讲的内容充实、新颖而多彩，就能将各种各样的事物与演讲主题巧妙地结合起来，进而文思泉涌，增强演讲的感染力。这需要演讲者努力培养自己的好奇心和探究力，对任何问题都要拿出认真钻研的热情，对任何事物都要有一种兴趣和求知欲望，并逐步增加生活经验，这是提高想象力的基础。

（3）较强的记忆力

演讲者在演讲前的准备阶段，博览群书，吸取丰富的知识，掌握大量材料和信息，并不断提高记忆力，当写演讲稿时，才可以如囊中取物一样，将其迅速、准确地组织到演讲稿中。在演讲中，也要靠记忆力，才能将演讲稿的主要材料、观点、事例等牢记于心。

（4）良好的表达力

演讲如果离开了口语表达能力是不可想象的。演讲者必须具备良好的口语表达能力。演讲稿写得再好，表达不出来，同样做不了演讲家。当然，口语表达能力不是天生就有的，它要靠后天的培养和训练。一般通过读讲法的训练，学生都可以具备该项能力。所谓读，就是默读、朗读、快读；所谓讲，就是在任何场合、时间都要勇于去讲去练，久而久之定会提高。

以上我们讲了演讲者应当具备的修养和能力。其实，演讲者所应具备的能力远不止这些。比如，演讲者应有理论家的分析、判断能力；应有文学家的记叙、描绘的能力等。一句话,演讲者所具备的修养愈高,能力愈强,演讲成功的概率也就愈大。因此说,演讲者的修养和能力的培养是无止境的。

(三)即兴演讲者的气质类型

即兴演讲者具有不同的气质类型。注意自己的气质类型,并恰到好处地扬长避短,就能在即兴演讲中获得成功,即兴演讲者在演讲中要流露出真实情感,要使感情表达得恰如其分。人的气质类型有四种,即多血质、胆汁质、黏液质、抑郁质。多血质即兴演讲者在演讲时善于表达自己的感情,音速、音调和音势灵活多变,给人以优美的音乐感。其需要注意的问题是,情感的表达要适度,音速方面的变化要得当。胆汁质的即兴演讲者在演讲时感情炽烈,表达迅速而猛烈,但缺乏稳定性、持久性,有时易感情用事,因此要注意根据具体情况,在前后基调一致的情况下训练自己表达情感的持久性。黏液质的即兴演讲者,其情绪不易外露,故感情表达不充分,也缺乏变化,需要在动真情的基础上充分地表达出自己的内心情感,并探索情感表达的变化性和感染力。抑郁质的即兴演讲者,其情绪也不易外露,在演讲时要注意大胆表达自己的符合演讲场景的真实情感,不要忸怩,不要怯场,力求以感情充沛的形象出现在听众面前。另外,不同气质的演讲者还需注意演讲的语速、音调、手势等,做到扬长避短。语言应急缓有度,轻重得当。体态语言应自然、轻松,不做作。

(四)即兴演讲的技巧

即兴演讲相对于普通演讲,有很大的难度,极大地考验着选手的综合素质。可以说,即兴演讲是演讲水平的最高体现。虽然很难,但也不是没有技巧。掌握了以下小技巧,你就会感觉即兴演讲并没有那么难。在即兴演讲活动中,演讲者如果注重从有备、求精、用实、借"箭"等几方面去策划,其演讲水平将会明显提高,并取得良好的效果。

①有备。一是备思路。一般来说,即兴演讲大多属议论式,即围绕一个观点组织几则材料进行论证和说明,有的可分成几个方面横向说,有的可从现象到实质纵向说,有的可从正反、古今等两方面对比说。许多赛场的即兴演讲题不外乎这些思路,当演讲者抽到一个题目时,首先就要看它适合以何种思路或者模式展开。二是可以备语言。即兴演讲中可以不失时机地穿插几句俗语谚语、名人名言、古典诗词。可以对这类言语进行分类,如发奋类的、勉励类的、警醒类的等,它们往往有凝练、适用性强的特点。有时它们可做观点,有时它们可做点缀,恰当地使用将会使演讲文采大增。

②求精。即兴演讲一般要求一事一议，短小精悍。这就要求结构精要，主干突出，不枝不蔓。

③用实。一是即兴演讲的观点要实事求是。二是采用材料要么结合自身实际，要么结合现场实际。演讲者讲自身的实际，会更加真实深刻；结合现场实际，会使听众注意力更加集中，因为每个人最关注的是自己，当演讲者的内容涉及某一听众，尤其是有肯定之意时，演讲者会发现该听众的目光中会透出喜悦和兴奋。比如，笔者经常参加学生的第二课堂活动，学生常要求做简短点评，此时，笔者就习惯于联系学生现场情况。笔者常用这样的句子，"在这方面某某同学做得很好""正如某某同学所说的那样""某某同学，说说你是如何取得这一成绩的"等，这样学生就会因为他的被肯定或者被关注而对笔者产生好感。

④借"箭"。这里的借"箭"，一是指借名言、警句来开头；二是指借当时的场景、主题来发挥；三是指选择听众所熟悉、易理解的事物做媒介，以激发听众的共鸣。

演讲开始前除了这几方面的准备以外，还要从审题、结构布局、层次安排各方面做策划，例如，如何开头和结尾，如何得体运用材料等。熟练掌握了即兴演讲的这些小技巧，就会临场不乱，发挥得当，成为即兴演讲的高手。

（五）提纲式演讲

提纲式演讲它不要求演讲者一字一句把完整的演讲稿全部写出来，只要把演讲的层次结构按提纲形式写下来即可。它的特点是能避免读稿式演讲和背诵式演讲共同的毛病——与听众的感情交流太少；演讲者是根据几条原则性的提纲，临场发挥，阐述论题的，他可以根据听众反应等临场情况来调整演讲内容，真实感强。此外，提纲式演讲也继承了读稿式演讲和背诵式演讲的优点——对所演讲的内容可以事先有所准备。演讲者有时间收集材料，有时间考虑演讲要点和论证方法。

六、双人及多人辩论

辩论的话题本身往往没有一个绝对正确的答案，决定辩论胜负的不是双方谁掌握了或者坚持了真理，而是看谁能够在理论上自圆其说，具备高超的辩论技巧、风趣幽默的语言、令人尊重的个人魅力等。

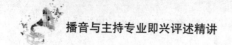

（一）知识的积累

1.要认真地去阅读对方的文章及相关资料

从理论上去分析主题的内容，避免辩词的庸俗化、贫乏化，使辩词在理论上和知识上丰富。避免使用庸俗不堪的实例和趣味低劣的噱头进行辩论，或者以感情取代理论。

2.要注意日常综合知识的积累

辩论的主题丰富多彩，要注意日常各个方面知识的积累。一个人如果光有辩论的热情，但其知识底蕴很差，可供调动的东西很少，就会陷入"巧妇难为无米之炊"的窘境，纵有再高的热情，也无法取得理想的效果。只能是言不达意，词不达意。知识好比一座金字塔，不了解宽泛的知识背景，只对某部分知识了解较多，想在辩论中运用自如、应答如流也是不可能的。

（二）辩论的方法

1.坚持观点，不被对方牵着鼻子走

新手一进入自由辩论阶段，最容易犯的错误就是忘记本方论点，被对方牵着鼻子走。不管是自由辩论还是陈述、问答，都是为了证明本方观点，驳斥对方观点，而且是以证明本方观点为主，千万不能忘记，否则对方一旦连续发问，就会非常被动了。

2.针对辩论中出现的问题，要在准备环节做预设

自由辩论的问题大都是提前准备好的，如果你认为那些精彩的问题，都是选手的临场发挥，你就大错特错了。这些问题，都是赛前充分准备、认真推敲、精心组织出的问题，准备的时候首先要自己尝试回答，还要推测对方可能怎么回答，根据回答进一步发问。这样的问题，辩论双方都可以提出，如果你想不到，那是你还没找对路，这是由辩题的特点决定的（双方都有可辩性）。提问，不能对方答了，就没事儿了，一定要继续进一步发问。发问的一方，往往占有主动权。对方如果回避不回答，就反复发问。

3.回答对方的提问，要如拨云见日，不被对方迷惑

看了上面一段，你应该会想到，对方精心准备的问题，必然很难回答，绝妙的问题甚至根本就是对方观点的论据，你一旦回答，反而是在证明对方的观

点。怎么办呢？首先要记住"证明本方观点才是第一要务"，回答的时候，也尽量使用本方的论证、论据；其次要拨云见日，从根子上找对方问题的毛病；最后，实在觉得难以回答，千万不要纠缠，顾左右而言他一下，对方再问，就说"我方已经很明白地回答了这个问题，鉴于时间关系，不再重复。请问对方队友……"当然，有水平的评委一看就知道你输了这一阵，但是辩论赛交锋，是不能计较一城一寨的得失的，最后的胜利才是关键。

4. 找错

揪出对方的漏洞，可能是辩论员最喜欢干的事情了，乐趣无穷，往往也能博得满堂彩。但是，一双敏锐的耳朵不是一天两天能够练就的，还需要不断练习。举几个常见的例子，如逻辑错误，对方的论证过程不严密，前后矛盾，这就属于根本性错误了，揪出来就要一批到底，尤其是对方选手之间彼此矛盾的时候。又如常识错误，对方犯了常识性错误，这就一定不能放过了，这里有一个精彩的例子，1993年国际大专辩论赛上，剑桥大学选手提出"新加坡总统李光耀……"请对方解释，复旦大学的蒋昌建何许人也，立刻指出"李光耀是新加坡总理，而不是总统"，观众掌声四起，对方颜面扫地。

5. 攻守平衡

辩论犹如战斗，进和攻是一对基本的矛盾关系。在辩论中辩护是防守，反驳就是进攻。在辩论中经常出现两个极端：一是只讲防守，结果辩来辩去，战斗都在自己一方进行，对对方的观点根本不构成任何威胁，这样就不可能取得胜利；二是只讲进攻，对对方提出的证据和问题，不敢正面回答和辩论，在心理上首先已经胆怯，这样往往是自己还没有攻破对方的堡垒，就已经先乱了阵脚。

（三）辩论的技巧

1. 击中要害

俗话说得好，打蛇要打在三寸，就是说只有抓住了要点，攻击才能见效。辩论，看清对方的观点后，要抓住对方观点中的要害问题，一攻到底，从理论上彻底地击败对方。在辩论中只有始终抓住要害问题，才能打蛇打在三寸上。必要时要使用"避实就虚"的方法。当对方的问题无法回答时，不要勉强去回答，那样不但会失面子，甚至可能导致辩论的全盘失败，在这种情况下，就要机智地避开对方的问题，另外找对方的弱点攻过去。同时要合理地"避虚就实""避轻就重"，既要善于在关键的问题上攻击对方，保护自己；又要善于敏锐地抓住对方要害，猛攻下去，务求必胜。

2. 利用矛盾，扩大矛盾

在辩论过程中出现观点的矛盾是不可避免的，即使是同一个人，在辩论中，也往往出现自相矛盾的现象。一旦出现这样的情况，就应当马上抓住，竭力扩大对方的矛盾，扩大对方的观点裂痕，迫使对方陷入窘境，使之自顾不暇，无力进攻自己。"以子之矛，攻子之盾"，使之陷于急切之中，理屈词穷，无言以对。

3. 引蛇出洞

可以采取迂回的方法，从看来并不重要的问题入手，诱使对方乱说或者乱答，在对方的观点上找到一个缺口后，立即进行猛烈进攻，瓦解对方坚固的防线，从而沉重打击对方。

4. 李代桃僵

在辩论中，如果自己的观点或证据不强有力，可以充分运用"李代桃僵"的战术，所谓李代桃僵就是在辩论中使用模糊概念与对方周旋，把自己某些说不清楚或者模棱两可的观点隐蔽起来，使之不直接受到对方的攻击。

5. 两难问题

辩论中难免会碰到一些选择疑问句，对方逼着问你："是 A 还是 B？"不管是 A 是 B 对本方都是不利的，对这类问题有两种回答的方法：既不是 A，又不是 B，是 C；既是 A，又是 B。

当然这种提问常常出现在初级选手中，我们应该更多地学习《烛之武退秦师》《寡人之于国也》中那种巧妙的提问方式，让对方辩手短时间内猜不到你想挖的坑是什么，但是又要能让对方答出你想要的答案。继而再阐述你的观点。如果阐述完还能继续发问，就会将对方逼至绝境，如此一来你们的优劣势立刻就显现出来了！切记，提问一定要能自圆其说，回归辩题，不要提问与辩题不相关的问题或不切合的问题。

（四）准备阶段

第一，破题——深刻理解辩题的中心思想，剖析辩题反映的核心问题。
破题是个方向性问题，一旦解错了，方向就错了，走得再快也是南辕北辙。

第二，立论——为了证明论点（本方观点）确立分论点，以支持本方观点。

立论不能太少，否则根基不稳，独木难支；也不宜过多，否则战线太长，首尾难顾。一般3~4个较好，形成鼎足之势。例如，让你论证某个东西是鸡蛋，你的分论点是"它是圆的"，这就离题太远了，虽然也可以论证，但是太间接；如果你的分论点是"这东西是母鸡生的"，这就非常直接了。

第三，论证——运用论据通过严密的推理证明观点的过程。

论据应充分、有力。事实论据就是客观发生的事实情况；道理论据就是得到充分认可的理论观点，就辩论赛而言，可以包括公理、名人名言、法律法规、本国政府观点，等等。"充分"就是要有一定的量，当然也不是越多越好，但也不能一棵树上吊死；更重要的是"有力"。然而，什么是有力呢？直接——直截了当地证明观点；权威——包括两层含义，一是权威部门或人物的观点，二是观点应得到大众长期的认可。另外，尽量做到辩论生动形象和语言风趣。如果辩论过于生硬，缺乏活力和幽默，辩论就没有趣味性了，所以只有在辩论中融入生动、形象、风趣的语言，整个辩论才会充满活力，人气才会旺盛。如《师说》《劝学》《寡人之于国也》中的举例，不但语言生动形象，而且贴近实际生活。要充分运用生活中的例子，尽量少使用抽象的、教条的说理，俗话说，事实胜于雄辩。多多使用幽默风趣的语言，避免使用枯燥无味的大白话，用具体的、有据可查的数据取代经院式的说教，避免使用可能、大概、好像、应该、你想之类的不准确的词句。在辩论中，准确无误的数据往往起着十分重要的作用。在能用数字说明的地方要尽可能用数字，因为数字只要有据可查，不管准确与否，对方往往无法反驳，也无法否定。

七、突发事件应急处理

（一）既要快速反应，又要客观呈现

随着传播技术的发展，新闻传播已经从"定时""及时"的状态，进入"随时""全时"的新状态。重大突发事件发生后，即便远在千里之外或者万里之遥的人们，也可以很快获知相关信息。比如，天津港爆炸事故发生6分钟后，网友就发布了第一条微博。随后10多分钟内，众多网友纷纷上传现场照片和视频，迅速在网上形成"即热话题"。

信息的井喷，不可避免地带来各种情绪与声音的繁杂蔓延。众多的网络声音可能带有政治目的或者经济目的。从传播规律来看，一些人在重大突发事件发生后，思想会短暂处于茫然中。对某个突发事件怎样看？他们急需"态度类"

的信息引路。评论，正是照亮夜空的火把。为避免人们思想、行为混乱，重大事件的即时评论尤为重要。

重大突发事件的评论，要放"实炮"，不能当"马后炮"，更不能放"空炮"。所谓"实炮"就是论之有据，要有客观情况，"没有调查就没有发言权""了解真相的人最有发言权"。而且，越了解真相、越反映事实，评论就越有实力。评论人盯着现场、胸怀全局，下笔就能更具客观性、更有针对性。

（二）既要体现温度，又要十分冷静

重大突发事件，往往牵涉人民群众的生命财产安全。人道主义原则，是媒体人必须恪守的职业原则。重大突发事件的评论，既要有人性的温度，以百姓为中心；又要有冷静的思维，为事件处理提供正能量。

（三）既要敢于亮剑，又要善于亮理

作为一种舆论斗争武器，即评最大的优势，就是它的锋利。评论说到底，是一种论战，是针尖对麦芒。因此，仅仅锋利还不够，必须纯钢打造、持之以恒、有理有据，否则就会脆而易折。

第二章　即兴评述对语言的基本要求

第一节　晓畅又准确

一、即兴评述语言要晓畅

所谓晓畅，就是既明白又流畅。即兴评述是在考场这个特定的时境下开始和结束的，因而语言一定要晓畅，让人一听就懂。为此，要尽可能通俗化、口语化，尽量不在这种场合使用专业术语，避免使用艰深、晦涩的词语。

即兴评述是面对公众进行的言语行为。即兴评述语言作为一种口语，是人们交流思想、表达情感、传递信息的工具。虽然即兴评述语言与书面语言同属于语言学的大范围，其语言规范又具有一定的共性，但它们对语言的要求仍存在明显的差异性，其中最重要的差别就在于演讲的语言更需要通俗、平易。这是因为即兴评述语言是有声语言。它与书面语相比，两者有三个明显的区别。首先，主体传送信息和客体接收信息的方式均不相同。演讲是一种口语表达方式，诉诸听众的听觉器官，而书面语言主要诉诸读者的视觉器官；演讲的客体是听众，而书面语的客体是读者。其次，即兴评述语言具有"一次过"的特点，声音稍纵即逝，听众必须当场听清、听懂，不然很难补救，乃至影响一部分甚至整篇内容的接受，而书面语言则不然，读者看不懂可反复看几遍。最后，即兴评述语言具有临场性，演讲者面对广大听众直接讲述，可以根据听众情况随时改换和调整内容，而书面语言一经和读者见面就很难再改。除此之外，演讲还有立体的综合效果，它是有声语言、态势语言及语境等不同因素的综合体，而书面语言却是平面、单一的。

鉴于以上几点，我们认为在即兴评述中只有运用通俗简明的语言，才能使人容易理解，演讲才更具说服力。为了使即兴评述的语言通俗平易，我们须从以下几方面努力。

（一）个性化

古今中外著名的演讲家，如孙中山、梁启超、毛泽东、鲁迅、林肯、丘吉尔等，一开口讲话就能深深抓住听众的心，让人全神贯注，获得教育和启迪，从而投身到实践中去。这些富有现实意义和历史价值的演讲，除内容具有正确性、鼓动性外，其语言风格还独具个性化。只有个性化的语言才能表现独到的见解，产生独特的魅力，给人留下深刻的印象。而有些演讲者，爱使用一些"时髦"词，或是套话，或是从报刊、书籍上摘抄下来的、生硬地拼凑在一起的话。这样的语言听起来似乎能给人一种"新鲜感"，但没有什么实质内容，内容干瘪，缺乏生活的真实。个性化的即兴评述语言是一个人思想、学识、阅历、才华、性格、气质以及语言修养的集中表现。

要做到语言的个性化，至少要注意以下两点。首先，即兴评述时不落俗套，不因袭他人。马克思曾经说："你怎么想就怎么写，怎么写就怎么说。"他告诉我们，不管"说"也好，"写"也好，都要用自己的语言，而不是别人的语言或现成的语言。这就要求演讲者注意用自己的语言来书写自己要讲的内容，表达自己要倾诉的思想情感，这样的即兴评述自然就富有个性。其次，要下苦功学，训练自己个性化的语言表达能力。个性化的语言表达能力不是天生的，可以通过学习和锻炼来培养。正像毛泽东同志曾倡导的那样，应当向人民群众学习语言，要从外国语言中吸收我们所需要的成分，并且从古人语言中学习有生命力的东西。从书本上学，在实践中练，多学习，多借鉴，多锻炼，持之以恒，必有收获。

（二）形象化

形象化的语言可以把抽象的、深奥的理论形象化、浅显化，使其绘声绘色、形象生动，应寓抽象的道理于形象的描述之中。在这方面，毛泽东同志的演讲堪称典范，显示出很高的水准。譬如，1927年秋收起义失败后，毛泽东同志在湖南浏阳的文家市里仁学校的操场上，对被打散后又重新集中起来的队伍做了一次演讲。他在演讲中说："我们工农武装现在的力量还很小，就好比一块小石头；蒋介石反动派现在的力量还很大，就好比一口大水缸。只要我们咬咬牙，挺过这一关，我们这块小石头就总会有一天要打烂蒋介石那口大水缸的！"起义战士听了毛泽东这十分形象生动的演讲后，明白了人民必胜、革命必胜的道理，坚定了革命的信念，跟着毛委员上了井冈山。在这里，"革命必胜"的道理是抽象的，而"小石头"必将打烂"大水缸"是具体的、通俗化的，用后者来说明前者，很容易被穷苦的战士所接受。试想，如果毛泽东用"社会发展的肯定性力量"和"社会发展的否定性力量"这样的抽象性语言去论证"革命必胜"的道理，其结果必然是不容易被贫苦出身的战士们所理解，当然也就难以达到启发、影响听众的目的。

　　形象化的语言可以使听众形成逼真的视像，从而感染和打动听众。同时，还可以直接作用于听众的视觉、听觉、味觉、嗅觉和触觉，代替颜色、声音、形状和气味等作用于第一信号系统，使听众如临其境、如闻其声、如嗅其味、如触其物，从而增强语言的表现力、感染力和说服力。另外，幽默诙谐也是使即兴评述语言形象生动的有效手段之一。幽默的运用，可以使听众在会心一笑中，在轻松愉快的气氛里，不知不觉地接受演讲者的思想和主张。这样，可以加深听众的理解和印象，缓解紧张气氛，甚至可以抓住听众的注意力，浓缩演讲中的信息，从而提高演讲的生动性和趣味性。

（三）不用、少用生僻字词

　　生僻字词用在平面媒体上，会令人对评述望而生畏，避而远之；尤其用在听觉媒体中，会令听者深感一头雾水，不懂其意，不知所云。如某市报刊登过一条题为《夤夜查险》的报道，该市广播电台主持人不加编辑就直接"据为我用"。后来据读者和听众反映报纸上的"夤"字难住了近95%的读者，也使得近45%的听众只顾思考"银业"是什么新兴行业还是人名字，而没有仔细听节目。据《现代汉语词典》，"夤"的读音为 yín，意思为"敬畏"或"深"。可想而知，这条标题中的"夤"的意思应为"深"。这样的报道，题材是浅显的，字词却生僻得很，面对普通的受众是非常不合适的。再比如，某电台老年节目中直接采用了通讯员的稿件，歌颂一位老农民如何关心公益事业。节目主持人浑厚的声音，配以古韵十足的古筝曲，洋洋洒洒5分钟，好听！可惜的是报道中没有明确指出老人多大年纪，而是用"耄耋"一词代替，并且多处引用并不常用的古文或古诗句，上了年纪的听众恐怕很少有人能真正听得懂。据《现代汉语词典》，"耄耋"的读音为 mào dié，意思泛指老人，其中"耄"指八九十岁的年纪，"耋"指七八十岁的年纪。退一步讲，就是理解了"耄耋"一词的意思，听众也会被弄糊涂，报道中的古诗词又是什么意思呢？即评是给听众听的，没有人听得懂即评也就失去了价值。以上例子足以说明，不少新闻报道失去价值或价值不大，其原因在于作者或编者有意或无意用了生僻的字词。

因此，我们做即时评论时，对于生僻的字、词，要设问一下："大多数的听众能听懂吗？"

（四）不用、少用公文语言

公文是公务文书的简称，也称文件，如命令、决定、通知、通报、报告等。公文有公文专用的语言。平实，是公文语言的特点。

目前，我国新闻媒体中用得较多的公文语言模式有三种：常用"该"；常用"第一……第二……第三……"，或"一是……二是……三是……"——罗列。这些字或句式用在公文中很合适，因为公文本身的性质决定了公文的用语必须严谨明了，但这类字和句式出现在广播的新闻报道中就会使报道既不像公文，又不像报道，有些不伦不类了。之所以出现这种不伦不类的新闻报道，原因就在于，还有不少新闻工作者热衷于泡会议、跑机关，把别人现成的通报、通知、通稿等公文拿到手里稍加修改就当作新闻给发了。这样做出来的新闻报道，难免会公文味儿十足。

虽然不反对公文语言得体地出现在新闻报道中，不反对收集公文材料的采访方式，问题是不能照搬照抄公文，而是要把公文中有新闻价值的东西提炼出来，用新闻的语言表达出来。比如说，将新闻报道中使用的"该同志""该单位"替代为"他或她""这个单位"；对于新闻报道中经常出现的"一是……二是……三是……"或"第一……第二……第三……"的语句模式，可以用"和""及""或""或者"等词语来代替。

（五）用熟语

熟语是指语言中定型的词组或句子，使用时一般不能任意改变其组织，包括成语、谚语、歇后语等。

谚语、歇后语由于具有幽默、顺口、好记的特点，深受老百姓的喜爱。它们由于合乎新闻语言的要求，是一种很好的新闻语言，所以近年来新闻报道中，谚语、歇后语出现的频率越来越高。

（六）多用修辞

平时的新闻报道中，很多都在自觉不自觉地运用修辞手段，比如报道中常出现的"铁饭碗""大锅饭""走后门"等，就是修辞中的比喻，由于用惯了，大家也就不觉得是在运用修辞手段了。

修辞的方式很多，大致分为两大类：一类是从内容着手，包括比喻、借代、比拟、摹状、对比、映衬、夸张、婉言、双关、反语、引用、警策等；另一类是从语言形式着手，包括对偶、排比、叠用、蝉联、回环等。这两类修辞方式的性质虽然不同，关系却很密切，像比喻、借代、对比、映衬、双关、警策等就跟语言形式有关，而对偶、排比等，往往也涉及内容。

　　在新闻报道中，用较为妥帖的修辞方法，往往能使得报道充满动感，人物更加丰满，更利于充分表达要体现的内容。广播新闻报道中采用的修辞方法主要有两种：比喻和比拟。比喻，就是打比方的说法。比喻的主要作用是用来刻画人物或事物的形象，突出其某方面的特征，给人以深刻的印象。如郑州广播电台在通讯《新时代最可爱的人》中对青年战士的刻画："像新时代中矗立的钢铁丰碑。"新闻报道中运用比喻，第一要贴切，第二要创新，第三要通俗。比拟就是把无生命的东西当作有生命的东西来描写，或把有生命的东西当作无生命的东西来描写。前者叫拟人，后者叫拟物。新闻报道中拟人用得较多。

　　在即时评论中，要坚持把以上几种方法综合运用，即要在少用甚至不用生僻的字词、公文语言和古汉语的前提下，适当地选用熟语、运用修辞；同时，在选用熟语、运用修辞的同时，也要避免用生僻字词、公文语言和慎用古汉语。这样才能保证即时评论语言的通俗化。

二、即兴评述语言要准确

　　所谓准确，就是要用最恰当的字句，恰如其分、恰到好处地表达客观事物，表达思想感情。

（一）最精确的词语的选用

　　真实是信息传播的第一要求，离开了真实的前提，辞藻越华丽，调子唱得越高，就越可能失去人的信任。

　　那么，选取什么样的词才能给受众一种真实、准确、科学的认知，这是我们特别需要关注的问题。首先是对于限定词的选用。限定词是在名词词组中对名词中心词起限定作用的词类。在新闻中有五个构成新闻的必需材料：谁、发生了什么、发生的时间、发生的地点、发生的原因。因此，限定词的使用对新闻语言的准确鲜明起着至关重要的作用。如"北京118部门今日晒预算首次细至'项'级科目"，标题中"首次"即对这一新闻事件发生次数的限定，同时也言简意赅地表达了此次预算的重要意义。"老虎受惊吓跳楼，真老虎自杀真是前所未闻"，记者在标题中使用"前所未闻"，恰如其分地表达了此类新闻事件的极其稀有，同时更是以"真老虎跳楼真是前所未闻"表达出了这年头，在党中央严打贪腐之下，不少真"老虎"跳楼自杀，在报道新闻事实的同时，巧妙地为中国共产党的政治作风树立了一面飘扬的旗帜。然而，如果只是纯粹为了"吸睛"而使用相关限定词，当下里，的确是制造了轰动效应，为媒体创造了收益，然而对于社会的长远发展将是不利的。例如，比较以下两个标题"苏州家长开宝马高架上逼停校车，校方：开除该学生""只因孩子迟到，家长开车高架桥上逼停校车"，同样的一个新闻事实，人民网对于家长所开的车进行了限定说明，开的是宝马车，而扬子晚报却对该车所属品牌只字未提，这样一个小小的举动，限定与否，对受众造成的影响是截然不同的。

其次是对于副词的选用。"副词的主要功能是修饰动词、形容词，充当状语。"它分为时间副词、程度副词等，在新闻写作中，很多记者都会使用诸如此类的语句"这个提议很好""这个提议非常好""这个提议特别好"，上述语句同样是要表达这个提议好，那么到底是多好呢，如果对其作用夸大了或者缩小了，就有失准确，容易让受众对新闻事实产生疑虑。

再次是对形容词的选用。形容词主要用来描写或修饰代词，表示人或事物的性质、状态、特征或属性。对于新闻使用形容词一说，长期以来，一直都是众说纷纭，莫衷一是的状态，有的学者认为，不应该使用，因为那样有悖于客观报道原则，妨碍了新闻的真实性。而有的学者认为，使用形容词能够更加生动、真实地反映客观事实。汉语是世界上词汇量最丰富的语言之一，通常，一个意思可用多种不同的词语表示，如"笑"便有很多不同的表达方式，那么，在新闻写作中，对"新闻当事人笑了"，这样的一个动作应该怎样加以形容较为准确呢？笑，是内涵丰富的一种交际手段，"谄笑""苦笑""冷笑"说明了笑和场合对象的关系。可见，为了较为准确鲜明地表达出新闻事实，适当的、恰当的形容词是必要的，同时要尤为谨慎。

最后是对于同义词的选用。同义词大部分都是同中有异，而这些细微的差异正是我们学习和使用同义词必须掌握的内容。随着人类的思维不断精细化，现代汉语中的同义词数量也越来越多，如能恰当选择和使用则能使语言表达更加细致、精巧。例如，"先生""老师""师长""教员"都指为学生传道授业解惑的人，但是，在新闻写作中，如何根据时代背景、场合等来选用，是我们应该特别注意的问题。如"教师"多用于书面语言，"老师"则多用于现实生活中，而"先生"则指的是资深的、德高望重的老师……

（二）做出最妥当的概括

在即时评论中往往不可能把事情的方方面面都事无巨细地说出来，做一定的概括，是有必要的，同时也是对记者新闻写作水平的一种考验。而很多常用的概括词语，如"一定程度""或多或少""中午""下午""可能""也许"等，会使评论变得模棱两可甚至模糊不清。

（三）表达鲜明的语义内容

流行于 20 世纪 20 年代至 40 年代的魔弹论认为，在新闻传播过程中，传播者是主动的，而受众则是被动的。传播者把"信息子弹"发射出去，受传者必被击中，应声倒下，传播效果直接而明显。显然，这种言论过分夸大了传播效果，忽略了影响受众的种种社会因素。然而，也正是由于种种社会因素，受众对于新闻的分辨能力往往参差不齐，新闻总是在不同程度地发挥着导向作用。因此，在新闻报道中用词一定要准确些、再准确些，切忌以个人主观倾向，夸大事实。

综上所述，即时评论语言的准确鲜明性，对于受众来说至关重要。汉语的词汇是相当丰富的，同是表示一种情态，同义词就可能多达几个甚至几十个。选择不当，即使没什么大错，也不能贴切地表情达意，甚至还会使人产生误解；选词恰当，则可以表达准确，形神兼备，增加语言的感染力、说服力。因此，在实践活动中，我们应该尽量做到选用最精确的词语，做出最妥当的概括，表达鲜明的语义内容，从而使受众接收到准确鲜明的语言信息。

第二节　简洁又精练

一、即兴评述语言的简洁性

生活口语最容易犯的毛病是重复，而即兴评述这种艺术化了的语言恰恰讲究的是简洁和精练。所谓简洁，就是既简明又整洁，切忌烦琐、拖拉，避免使用闲话、碎话、废话、脏话。总的来说，简洁是一个人综合素质的反映，它反映了一个人对事物本质的深刻认识能力和高度概括能力。

现代社会，评述是一种文明的体现，是一种文化形态，是一种约定俗成的礼貌规范。在评述过程中，需要运用语言来传递信息，表情达意。对于信息的表达与传播，我们的文化传统一般认为，应当用尽量经济的言辞表达尽可能丰富的内容。也就是说，在言语表达中，要对客观世界大量的不同类型的信息进行科学的筛选、加工、整理、归纳，去粗取精，做到言简意丰，使人们可以在较短时间内获取高质量的信息。但在实际生活中，我们并不是绝对地追求即兴评述的简洁、精练，有时也需要有冗余的语言。这里就谈谈即兴评述的简洁和冗余问题。

所谓语言的简洁，就是用语要经济，以较少的词语描绘和概括丰富的信息内容。二十三届奥运会开幕式上美国总统里根的讲话总共只有短短的二十七个字："我宣布，进入现代化时代的第二十三届奥运会，在洛杉矶正式开幕！"言简意赅，既交代了奥运会召开的地点，又指明了这届奥运会的特点，即现代化时代的奥运会，并且还提供了奥运会正式开幕这一重要信息。听众在注意力高度集中时，对发送来的信息的接收率是比较高的，但这种高度集中的注意力往往只能维持几到十几分钟，在这期间说者用简洁的语言发送高质量信息，听者就能把言语形式最大限度地还原为它所代表的全部信息，那么就能收到较好的评述效果。这是从听者注意力集中的时间这一角度来讲的。

从说者语意的表达来看，用简洁的语言可以传达说者丰富的思想内容，所谓"片言可以明百意"。有一则广为人知的对话片段，详情如下。德国诗人歌德一天在公园里散步，走到一条狭窄的小径时，迎面碰到一位傲慢的批评家，那批评家意欲羞辱歌德，就故意趾高气扬地说："我从不给蠢货让路！"歌德笑笑，退到一边："我恰恰相反！"批评家攻击歌德，意为"你是蠢货，所以我不让路"；歌德反击，意为"我一见蠢货就让路。你是蠢货，所以我让"。这里两人的语言都简洁含蓄、意味深长，尤其是歌德的回答，更显得幽默从容。

不可否认，在评述过程中，简洁的语言可以传递高质量的信息。那么是不是言语表达越简洁越好？需不需要一定的冗余信息呢？

这里所谓的冗余信息，"就是指超过传递最少需要量的信息，而不是一般意义上的多余的话。可以说，所谓语言就是利用冗余信息。这是因为，在正常情况下，为了保证理解，总是给出比实际需要多得多的信息"。这就表明，在言语评述中，言语表达绝不是越简洁越好，言语表达也需要一定的冗余信息。如果用得恰到好处，会获得巧妙、独特的评述效果。

（一）"冗余"存在的合理性

众所周知，言语评述的过程是编码—发码—传码—收码—解码，在评述过程中，任何一个环节出了问题，都会影响评述效果，甚至达不到评述目的。说者很难完全确切地传输自己要传输的信息，而听者也难完全确切地接收全部信息。在这种情况下，"给出比实际需要多得多的信息"是有必要的。研究表明，由于当代社会物质文明快速发展，视听信息既刺激又纷繁多样，人们普遍耽于视觉感官享受的愉悦，"听力差"已经是当今社会面临的重大问题。而且社会生活节奏加快，社会热点不断出现，社会成员的心理状态出现不同程度的焦虑和浮躁，这就使人们的聆听耐性大为减弱，"听力"下降已成为当代人存在的普遍问题，这样，冗余信息的存在就显得尤为必要了。

（二）冗余语言在评述中的作用

1. 利用冗余语言休闲消遣

说闲话、聊天是人们最古老、最常用的休闲消遣方式，是一种市井的自娱形式。当人们百无聊赖时，常常以聊天的方式，说一些冗余的语言打发时光。谈天气，谈新闻趣事，谈柴米油盐，什么都可以谈。说者在这些冗余语言中缓解了自身寂寞的情绪，也就是说在这里满足心理需求是首位的，信息显然处于次要的地位；而听者也在一种似听非听的状态中消磨时光。这样，在语言的运用上不是着眼于信息的明晰，而是追求感情的酣畅和理想的氛围。

2. 利用冗余语言打招呼问候

与人相遇，总有人先主动打招呼。除了标准的说法"您好"之外，还有一种特殊的招呼方式，就是明知对方在做什么，还有意将这事重复一下。比如早上遇见邻居推车带着孩子往外走，就说一声"送孩子上学呀"以表示问候；天下雨，在站台等车遇见熟人时说："这鬼天气，一个劲儿下雨！"以此打个招呼。类似的冗余语言在日常评述中是很多的。将原本清清楚楚的事情再复述一遍，表面上看是提供了多余信息，多此一举，其实这类冗余语言已是我们相互之间打招呼的习惯语，显得亲切、随和，听者不会感到厌烦。

3. 利用冗余语言转换话题

在语言评述中，有时说话的人可能说得过多，听者需要中断其话题，或者话题不宜正面回答，不易顺着展开等，为了不失去必要的礼貌，这时，可以利用冗余的语言，改变话题，转换说话方向，或者中断特定话题的交谈。中央电视台主持人崔永元有一次录制"和雷锋在一起的日子"节目，现场请来了一位92岁高龄的老奶奶。老奶奶耳朵不好，听不到主持人说话，所以轮到她说话时，就滔滔不绝地讲了起来。崔永元意识到她的话跑题了，节目时间有限，直接打断又不妥，于是自然地插了一句："大娘，您喝点水吧！"当然，崔永元并不是真的要老奶奶喝水，老奶奶也没有喝水，冗余语言巧妙地改变了现场的话题，接下去其他人发言了。

4.利用冗余语言调节气氛

在有些情况下，出于某种原因，如话题太严肃，气氛紧张，或交谈双方生疏，或交流中出现了意见分歧，局面尴尬，处于僵持状态等，这时，恰当地插说一些冗余语言，可以起到缓解尴尬局面，清除僵持气氛的良好作用。这里，冗余语言其实就是评述的润滑剂。如在一次重要谈判中，谈判双方以前从未有过任何接触，谈判中产生分歧，气氛显得沉闷。于是主办方代表便开口了："王经理，听说您是属虎的，你们厂在您的领导下肯定是虎虎有生气！""谢谢您的吉言，不过，可惜我一回到家，就虎威难再了。""噢，为什么？""因为我妻子属武松！"一阵笑声，气氛缓和了，谈判得以继续。

5.利用冗余语言提供思索、理解的时间

说者在日常评述过程中应当树立一种"听众意见"，时时想到听者在听话时存在的三个时间差：听话理解的时间差；听话记忆的时间差；听话时情感反应的时间差。

此外，说者还应注意前面提及的当今社会人们的视听心理发生的变化。正由于这些因素，说者在日常评述中除了留有一定空白，也可以利用冗余语言给听者提供一定的时间去思索、理解。比如电视上一些谈话类节目，最突出的就是凤凰电视台的《锵锵三人行》，有意识地把有用的话和没有多少意义的冗余的话放在一起做节目，这样听众在观看节目时就不需要精神过于紧张，可以以放松的心态参与、融入谈话。

即兴评述的简洁与冗余并非简单的对立，二者也有内在的一致性。就语言发展的趋向来看，简洁明了是其基本要求、基本指向。因为语言要承载的信息日益纷繁复杂，这就要求用语要尽可能简洁。冗余其实并不是指言辞本身，而是就评述所必须表达的信息而言的。也就是说，冗余的话就言辞而言其发展也是指向简洁的，但就表达的信息内容而言则显得多余。如看到有人在公交车站台，说"等车呢"，起到了打招呼的作用，在评述中它是冗余语言，但"等车呢"三个字很简洁，用的是省略语。冗余有时表现为简洁语言的重复叠加。老师讲解了一个问题后问学生："对不对？"在得到学生的肯定回答后又加了一句"对吧"，意思和上一句差不多，但用语非常简洁，而不是用"我讲的这个问题是这样的吧"之类的话来表达。

冗余语言在评述中所起的作用，离不开特定的语言环境。我们在这里并不是简单地评判即兴评述是简洁好，还是冗余好。只要结合语言环境，不同的语言现象都能很好地发挥各自的媒介功能，给人际交往增添亮丽色彩。

二、即兴评述语言的精炼性

所谓精练是在准确的前提下，用简洁、明晰的语言，传达最有价值的信息，做到言简意赅、言约意丰、言近旨远。言简意赅的意思是，简单扼要，不啰唆、不拖泥带水、不隔靴搔痒，条理分明，中心突出，从复杂的思维活动中概括提炼出最关键的信息点；言约意丰的意思是，话要尽可能少，而思想内容却要尽可能丰富、深刻；言近旨远的意思是，话语浅近简洁，但含义深远，就是言有尽而意无穷，说得耐人寻味。做到以上3点，就需要有一个精练的主题，而主题又需要通过标题来体现。

唐代著名诗人刘禹锡的《陋室铭》中有这样的名句："山不在高，有仙则名；水不在深，有龙则灵。"即兴评述的主题就恰如山中之"仙"、水中之"龙"，离开了它，表达就黯然失神；有了它，表达才神采流动。所以，主题就是即兴评述的"灵魂"，但主题并不等于标题，"花香蜂自来，题好文一半"这句话充分说明了标题的重要性。我们需要将找到的主题再次提炼，就像冶炼真金，萃取精华一般，最终得到一个新颖别致、简洁明了的标题。这样的标题往往能达到先声夺人的艺术作用和效果。那么，怎样才算是好的标题呢？

（一）极简

即兴评述的标题应当符合极简主义的原则，多一个字会显得赘余，少一个字就表达不清。

精练的标题传达信息更快捷，更容易被听众感知和记忆。但需要注意的是，文字少，并非信息量少。既要短，又要有思想内涵，这也是对即兴评述者文字驾驭能力的考验。

有位即兴评述者的主题是，希望大家能从多个角度看待问题，不要以偏概全。所以他的标题引用了莎士比亚的名言"一千个人心中有一千个哈姆雷特"，但他自己也心存困扰，因为这个标题既拗口又偏长，所以他便直接改成了"一千个哈姆雷特"，充分激发了听众的好奇心，并且标题简单好记、朗朗上口，也很有深度。

（二）真诚

标题要忠于内容，即在概括内容时，不可虚构，也不能夸大。标题可以从内容中选择一部分，但要顾及内容本身，不能歪曲即兴评述内容。

相信每个人在微信朋友圈中都看到过名不副实的转帖，标题非常吸引人，但内容完全不搭边。在即兴评述中，要避免这种做法，要真实，不要花哨；要诚恳，不要弯弯绕绕。对于听众而言，一个真诚的即兴评述者带来一场真诚的即兴评述比他有高深的即兴评述技巧更重要。而即兴评述的标题，最应体现出即兴评述者的"诚意"来。

（三）生动

大多数人不会选择去听题目为"某人某年工作总结及次年工作计划""携手同行、共创未来""我骄傲我是某某人"等一类的即兴评述，因为单从标题上就可以判断出即兴评述者的风格。如果必须使用这些无趣的题目，那么可以尝试加上副标题。标题不但要极简和真诚，趣味性也是很重要的考量标准。毕竟在这个时代，趋同性已经不能吸引更多人的眼球，特立独行的风格反而更受欢迎。所以，即兴评述标题必须生动，可以运用比拟、引用、"跟风"等方法。

"比拟"实际上就是运用比喻的手法，可以拟人拟物，以增强标题的活力，如"时间的朋友""答案，你慢点来""青春似剪刀"。

"引用"可以简单理解为模拟一些精彩的短语，可以是诗歌词赋，也可以是影视书刊上的原话，以便让听众对你的即兴评述留下更加深刻的印象，如"爱你的宿命""那些年我们追过的……""人生相对论"。

"跟风"就是把目前比较流行的语句经过简单修饰后作为自己的即兴评述的标题，以借力的方式推广自己的即兴评述，但需要注意的是必须根据场合来适当选择，可以调侃但绝不能诋毁，如"普通人的中国梦""不管你扶不扶，我扶""'被'熔断的朋友们"。

（四）常见的即兴评述的标题格式

如果上述所有内容都无法帮助你提炼主题，那么尝试做个填空题吧。其实优质的即兴评述标题在"外表"上是类似的。它们往往会"长"成以下几个样子。

①左右并重：如不忘初心，方得始终。
②说明式：如手机，别做我家庭的第三者。
③疑问式：如你比四年前过得好吗？
④肯定式：如永远别说你不会！

第三节　平易又质朴

老舍先生说过："我们应该有点石成金的愿望，叫语言一经我们的手就变了样儿，谁都能说，但又都感到惊异，拍案叫绝。""必须馅多皮薄，一咬即破，而味道无穷。" "皮薄"，就是要说明白话，说通俗易懂、上口顺耳的话，别让人听着费劲； "馅多"，就是要说有内容的话，说有品位、有质量、有信息容量的话，不能让人听着毫无滋味。

所谓平易，就是要让语言口语化。人们在日常生活中几乎天天动口说话，用口语比用书面语言的机会多，久而久之积累了大量丰富生动的口语词汇，形成了适合口语表达的多变的句式，而这些词汇和句式，说之上口，听之入耳，好懂易记，质朴率真，这是书面语所不及的。同时，口语不但有声有义，而且讲话还常常依据对象和情景，运用语调的高低、语音的轻重、语气的变化、停顿的长短、语速的快慢等，辅助语义的表达。这些要素的结合不但能起到有效传递信息的作用，而且生动活泼，绘声绘色，朗朗上口，富有极大的表现力。

要使即兴评述的语言做到口语化，首先要解决思想认识问题。不要一动笔就往书面语言上靠。写完后自己照稿讲一讲，看看是否上口，把那些不适合评述的书面语改为口语化的即兴评述语言。其次，要注意选择那些有利于口语表达的词语和句式。如在词法上，要注意用词的通俗化，多用现代词语，少用古代词语；多用双音节词语，少用单音节词语等。至于句子的长短问题，由于即兴评述受到评述者说话时呼吸节奏的制约，有较多停顿，因而在即兴评述中就要多用短小简朴的短句，这样既清楚明了，听众也容易记住。另外，还要注意整句和散句的结合使用，尽量不用倒装句等，这些都有助于即兴评述语言的口语化。

一、评述内容要口语化

（一）注意选取有利于口语表达的词语

为适应口语表达"口传""耳收"的特点，评述应多用双音节或多音节词。比如，说"当我走上评述台时"就不如说"当我走上评述台的时候"顺口入耳；说"因我未受专门的评述训练"就不如说"因为我没有接受过专门的评述训练"舒缓清晰。评述过程中要注意话语中词语音节要搭配匀称，一般单音节词与单音节词相配，双音节词与双音节词相配，或四音节词组与四音节词组相配。如毛泽东在《改造我们的学习》一文中的一段讲话，就很注重词句音节的搭配，读起来上口，听起来悦耳，富有韵律美："无实事求是之意，有哗众取宠之心。华而不实，脆而不坚。自以为是，老子天下第一，钦差大臣满天飞。这就是我们队伍中若干同志的作风。这种作风拿了律己，则害了自己；拿了教人，则害了别人；拿了指导革命，则害了革命。"除声音要配合匀称外，评述时还可多用些俗语、歇后语等，以便达到生动活泼的效果。

（二）注意运用适合口语表达的句式

通常情况下，形体简短，修饰成分和连带成分少的短句比长句更适于口语表达。如闻一多先生在《最后一次评述》中的一段话："今天，这里有没有特务？你站出来！是好汉的站出来！你出来讲！凭什么要杀死李先生？杀死了人，又不敢承认，还要诬蔑人，说什么桃色事件，说什么共产党杀共产党，无耻啊！无耻啊！这是某集团的无耻，恰是李先生的光荣！李先生在昆明被暗杀，是李先生留给昆明的光荣，也是昆明人的光荣！"在这里，闻一多先生反问式、感叹式的小短句如连珠炮弹，频频射出，淋漓尽致地吐出了评述者的胸中块垒，喊出了人民的愤怒声音。短句表达简洁有力、明快晓畅的特点，由此可见一斑。

（三）要注意运用适合口语表达的口气

评述时说话的口气及其表达方式对实现口语化也很重要。如果我们的评述用亲切商量的口气，采用与听众谈心的方式来评述，话语就会来得自然、真切，就容易缩短与听众的距离，达到声入心通的效果。革命家蔡畅同志有如下一段非常精彩的评述："未婚的女同志在工作中，可能会碰到一些与自己有关的切身问题，如在某机关工作，有男同志向你求婚，怎么办？这做决定的权力属于你自己，由你决定。"只要我们在运用词语、句式、口气及修辞方式等方面注意了与口语表达相适应的要求，注意了说话要顺口入耳、通俗易懂、朴素自然，我们的评述就会产生效力，就会为广大听众所喜闻乐见。

二、要注意评述风格

风格这东西需要自我揣摩、自我训练，需要长期向他人学习和亲身实践才能形成，一旦形成以后，就要注意一以贯之。

（一）评述要切合自己的身份

不管你是在编写评述辞，还是在即兴发表意见，都要符合你的身份，这样才容易形成独特的个人风格。

（二）评述要切合自己的性格

人与人相比，其性格总是不相同的。如有的人稳重练达，有的人天真烂漫，有的人谦虚谨慎，有的人机警灵活，等等。假如你是一个性格内向的人，你最好把这种稳重的深思熟虑的特点带到你的评述中来，以看问题的深刻来说服听众。假如你是一个性格外向的人，你最好把这种直爽豪放、开诚布公的特点带到你的评述中来，以洋溢的情感来感化听众。抓住自我，认识自我，发挥自我的长处，那么，创造你的个人风格就有了良好的开端。

（三）评述要切合自身的教养

善于评述的人会根据自身条件扬长避短，最后形成了自己独特的风格。鲁迅先生是思想家、文学家，他的评述一直保持这种特色——分析深刻，幽默诙谐，富有哲理，外冷内热，等等，于细微处见功夫。只要我们善于总结、修正、积累，自己的独特风格也就形成了。

三、努力吸引和征服听众

能否吸引和征服听众，是评述是否具有效力的关键所在。实践证明，下面几种方法，对于抓住听众，征服听众是非常有效的。

（一）评述内容要贴近听众

对于评述的听众来说，如果评述的内容与他们毫不相关，他们是不会愿意来听的。相反，如果评述者讲的是听众所关心的国家大事、社会问题和人生理想等诸如此类的话题，那么听众就会比较喜欢，就会洗耳恭听。

（二）说服听众要采用迂回策略

当你以说服听众为目的而发表评述时，如果听众原有的观点刚好与你的相反，要想说服听众放弃他们原有的观点，转而接受你的观点，那就要采用一定的技巧，如采取迂回策略往往能达到预期的目的。

四、要有强烈的时代特色

评述是社会宣传的有力工具，也是人们自我教育的一种有效形式。要想让自己的评述充满魅力，成为时代的号角，就应该反映出强烈的时代特色。

（一）要始终把握时代的脉搏，在评述内容上狠下功夫

要使评述闪耀出时代的光彩，内容是关键。首先要使评述的主题富有时代特征。白居易曾说："文章合为时而著，歌诗合为事而作。"评述也不例外。评述者应充分考虑当今时代的新要求、新任务、新特点、新思潮，要始终站在时代前列，敏捷地追踪时代信息，提炼出合乎社会发展方向的、具有深刻时代

性的主题。其次，要贴近现实用新例。我们在评述中要使用新鲜的实例和数据等材料，做到贴近现实、贴近听众，可利用报刊、广播、电视、互联网等现代化传播工具提供的信息，尽量使用"前不久""昨天""刚才"所获知的实例，使我们评述的内容始终具有当代气息。

（二）要选用符合当代听众接受习惯的恰当的评述形式

要密切注意词汇的变化。当今社会新生词不断出现，原有的词增加新意时有所见。评述者应及时准确地把握这些变化，运用最能贴近现实，引起同代人共鸣的"现代语"。要把握评述语言的总体节奏变化。现代人的语速、节奏较以前快了很多，从宏观上讲，适当地加快语速，结构上来点有跨度、有跳跃的安排，对突出评述的当代特色不无裨益。同时要注意态势语言的更新。

如果我们在评述中再加上一些幽默的语言，就会使我们的评述更具渗透力、感召力和凝聚力，使评述锦上添花，更加精彩迷人，更具魅力。

第四节　生动又亲切感人

即兴评述不但要使人听得懂，还要使人有所"动"。靠什么打动人呢？不是靠堆砌漂亮的词汇，也不是靠买好献媚，而是靠以理服人、以情感人的力量。所谓生动，就是具有活力，能够感染人，感动人。生动是即兴评述语言的重要特点，这一特点增强了即兴评述的说服力、鼓动力和穿透力。第二次世界大战中的1944年6月，蒙哥马利元帅对在诺曼底登陆作战中承担突击任务的士兵发表了这样一段精练的即兴演讲："你们在干一件无与伦比的大事业。世界将通过你们完全变一番模样。历史将为你们树立一座丰碑，写上'你们是迄今最优秀的军人！'"这篇演讲给了士兵极大的鼓舞。难怪他们说："元帅的贝雷帽和演讲给了我们扑向死神的力量。"

一、即兴评述语言的生动性

评述是一门语言艺术，因此，评述语言除了要准确、通俗之外，还要生动。所谓生动，是指语言表达充满生机与活力，能够吸引人和感动人。纵观当今讲坛，不少人的语言表达，或艰涩干瘪，或板滞空泛，让听众感到枯燥乏味。究其原因，就是缺乏生动性和吸引力。

（一）保持新鲜度

评述内容必须保持语言的新鲜度，因为评述内容中的陈词滥调，只会引起听众的厌恶和反感。这就要求撰稿人，一方面要恰当运用新词语，以体现鲜明的时代特色，另一方面要善于从成语和口语中吸取富有生命力的词语，并加以巧妙运用，给听众以耳目一新之感。例如，朱苏力在北大法学院新生欢迎会上讲了这样一段话：

在今天这个世界中，北大已不再仅仅是或总是你的资本，弄不好它也会成为你终身的负担———用公司法的名词来说，是一种"负资产"。因此，同学们，尽管北大的名字从此将同你相濡以沫，但未必可以托付终身。北大产生过许多名人，但不要以为自己进了北大也就成了名人；其实这些名人大致与你我本人无关，有关的那一点也只是在概率上。我们已经身在一个个体主义的社会，一个竞争的社会了，父母或家族或门第的余荫已经消散，那些家境贫寒的农村同学能够深刻地感受到这些；学校或导师的大名都不过是产品的商标和商誉，往往意味着更多的责任。这就注定了北大并不仅仅是一个学习书本知识的地方，千万不要以为书本中、课堂上已经包含了你获得一生幸福的秘方。你们要"迎接挑战"，要"发现你的热爱"，但更重要的是要把大学校园视为一个现代化的组织机构，在这里，你要全面接受一种训练，一种现代化的训练。

朱苏力的这段精彩致辞，大量使用了富有新意的词语。他用经济学名词"资本"和"负资产"来告诫新生不要以北大而自负，用成语"相濡以沫"和书面词"托付终身"来诠释学生与北大的关系，用数学名词"概率"来提醒学生正确认识北大名人，再加上"门第""余荫"这类文言词和"秘方"等口语词的运用，使评述的语言既具有现代色彩，又蕴涵传统韵味，让听众觉得新意盎然，生动感人。

（二）讲求形象性

评述还应当讲求语言的形象性。因为形象性的语言，能够激发听众的联想和想象，从而给听众留下鲜明的印象并带来强烈的感受。这就要求撰稿人必须掌握形象思维的方法，善于运用比喻、拟人、象征、通感等修辞手法和表达方式，增强语言的形象性和生动感。例如，罗欣在《诚信，脆弱的珍贵》中，讲了这样一段结束语：

所以，随着我国社会主义市场经济体系的不断完善，呼唤诚信之声日渐升高，恪守诚信的典范层出不穷。在平凡的岗位上，"中国诚信公民"邓立明夫妇在随手可得的大奖面前尽显诚信本色；在生命的最后关头，我们湖南涟源的普通矿工聂文清，用粉笔在安全帽上留下了自己的欠账清单，诚实守信的高尚人格正在铸造我们的民族精神！还有，"诚信政府""诚信经济""诚信档案"也正一一向我们走来，我们已从单纯的呼唤道德、呼唤诚信向制度化、系统化、人性化转变，我们要让老实人不再吃亏，要让全社会给予诚信更多、更有效的呵护。朋友们，这还不够，我们每个人都是诚信建设中的火石，只有每个人都勇敢出击，才能擦出诚信建设的火花，才能聚成熊熊烈火，驱逐、毁灭裹挟着虚假和欺诈的黑暗！因此，我们不要再用怀疑的眼光说"我还能相信谁"，而应当思索"谁能相信我，做些什么别人才能相信我"。到那一天，脆弱而珍贵的诚信便会长成参天大树，它的每片绿叶，都会沐浴阳光雨露，迎风招展，生机无限！

罗欣在讲述了古往今来一些"诚信缺失"的事实及其危害之后，发出了"要诚信，不要虚假"的呼吁。接着列举了现实生活中堪称"恪守诚信的典范"人的动人事迹，并赞扬"诚实守信的高尚人格正在铸造我们的民族精神"。评述者把每个人都比作诚信建设的火石，擦出的火光将驱逐"裹挟着虚假和欺诈"的黑暗，迎着阳光雨露，"诚信便会长成参天大树"。整个评述在形象化的生动描述中结束，给听众以强烈的激励和巨大的鼓舞。

（三）注重具体化

评述必须注重语言的具体化。因为空泛的内容和抽象的概念缺乏生动感，很难吸引和感染听众。这就要求撰稿人一定要根据表达主题的需要，对评述中的人物和事件进行具体的描述，以生动地表现人物活动的真实场景和事件发展的实际过程，让听众真正领会人物的精神品质和事件的思想意义。例如，蔡朝东在题为《诚信万岁》的评述中，讲述了一位名叫龙伟的工兵班长在收复老山的战斗中"滚雷"的事迹。他这样讲道：

战斗胜利后，连队的战士纷纷为龙伟请功，师里也整理了他的事迹材料，准备报请军区机关给龙伟授予"活着的滚雷英雄"的称号。为了进一步把材料写得扎实一些，师宣传科长和一位军报的记者专门到后方医院采访龙伟。当他们告诉龙伟，准备给他授称号时，龙伟却诚恳地说："我们三个工兵一起上去，他们两个都牺牲了，要授称号的话，应该授给牺牲的战友。"科长说："不，他们该立几等功，按作战时的表现，已给他们评了。但你不一样，你是在关键的时刻，用身体滚雷，为部队开辟了进攻的道路，发挥了关键的作用，这就是英雄行为，因此应该给你授称号。"

龙伟说："我当时爬在草丛里观察，因为草太深了，看不清楚，我就挣扎着站起来，想把情况看准后再开始排雷，但我腿上的伤口忽然一阵剧痛，坚持不住，摔了一跤，就滚下去了。"

"什么？你不是有意滚雷，是摔跤压响了地雷？"军报记者吃惊地问。

"是的，确实是这样。"龙伟平静地点点头。

科长急了，拉拉龙伟衣服说："龙伟，你滚雷是事实，压响了三颗地雷，受了重伤也是事实，在你英雄行为的鼓舞下，部队冲了上去也是事实。你不要这样说，你就说当时想到了黄继光，想到了董存瑞就滚下去了。"

可是，龙伟始终没有改口。军报记者非常感动，从这朴实无华的战士身上，他看到了什么是真正的伟大，什么是真正的可爱。

蔡朝东详细讲述了宣传科长和军报记者为了写请功材料采访龙伟的过程。从事情的起因、经过，到最后的结果，都讲得既真切又清楚，富有现实性和场面感。特别是对采访过程中人物对话的真实描述，不仅符合特定的语境，还体现了不同人物思想性格的差异，再加上人物说话时不同语态和动作的细节刻画，使叙述语言显得十分具体而又生动，无疑会给听众留下鲜明的印象。

（四）增强风趣感

评述应当具有风趣感。因为毫无风趣的评述，会让听众感到枯涩无味，而富有风趣的语言，会显得生动活泼，亲切感人。这就要求撰稿人一定要把独特的风味和幽默的情趣，融入评述生动的语言表达之中，从而大大增强评述的现场效应。例如，方英文在西安联大的一次文学活动中发表了题为《把美和愉快传染给别人》的评述，他在评述中这样讲道：

为了参加今天这个文学活动，我昨天进行了一点小小的美容。我染了发。我的两鬓在几年前就冒出数根银丝，我毫不在意，并没有拔掉它们，因为此乃大自然之规律，只是在我的头上有点"早熟"罢了。但是最近，我每天都要为自己的白发浪费许多语言。我出门见人，或人来见我，无论因什么事，冲我而来的第一声感叹便是，呀，你头发怎么白了？……我自己不在乎我的白发，可我的白发给别人带来了不愉快，这说明我的白发不是个人问题，而是社会问题、"污染环境"的问题。于是我拿起镜子认真端详，发现我满头黑发如深夜的森林，唯独鬓角两坨白发格外刺眼，完全不是那种均匀分布的、常见的白法，极像是那些"先富起来的一部分人"，难怪谁见了谁不舒服。我觉得大丈夫活在世间，如果因各种制约而不能造福广大的人类，那就在有限而微小的范围内给人以尽可能多的美感和愉快吧！

方英文面对在座的文学爱好者，并不先谈文学的特征和创作的经验，而是在一段令人忍俊不禁的开场白之后，不厌其烦地解说起了自己染发的原因。他声称自己两鬓冒出的"银丝"是"早熟"，白发"给别人带来了不愉快"，是"污染环境"的问题，如此等等。这看似一番"闲话"，实则透示了题旨。如此富有风趣感的评述语言，巧妙而又幽默，本身就能够给听众以"尽可能多的美感和愉快"，而这正是对文学功能的独特理解。就评述内容写作而言，让语言生动起来，就是要求语言的表达，既要新鲜、形象，又要具体、风趣。这样的语言，充满了强烈的吸引力和感染力。

（五）实例：乔布斯演讲制造语言生动性的四大亮点

乔布斯登台演讲时，总是热情洋溢，看起来似乎有无穷无尽的精力。他在演讲时，为了制造语言的生动性，往往从音调、停顿、音量和语速四个方面着手。

1. 变化音调传达情感

乔布斯喜欢运用音调抑扬顿挫的变化传达情感。试想，如果在 iPhone 手机的发布会上，他一直使用单调的音调，音调适中，语气平和，那么实际效果一定大打折扣。

当他说"大家听明白了吗"和"而是一款产品"时，他的音调高亢响亮。他在演讲中常常会冒出很多口头禅，他爱用"令人难以置信的""真棒""酷"和"巨大的"这些标志性的词汇。

乔布斯不断地调整其音调，召唤、鼓动听众随着他的思路时而惊呼，时而赞叹，时而大笑，时而震撼。

2. 停顿是奇妙的"休止符"

停顿是演讲中奇妙的"休止符"。恰到好处的停顿往往比语言能更有效地传达思想，更具有戏剧性。"今天，我们将向大家推出第三类笔记本电脑。"2008年1月，乔布斯在 MacWorld 大会上对观众说道。在介绍之前，他停顿了几个节拍，接着他说："它就是所谓的 Macbook Air 系列。"他又停顿了一下，才抛出了震惊全场的标题性口号——"它是世界上最薄的笔记本电脑"。

停顿也是一种说话的艺术，恰到好处的"停顿"对于一次成功的演讲具有重要意义：它能促使人们对主题进行深入的关注和思考，使演讲者的信息更加有效而巧妙地传达出去。乔布斯演讲从不急于求成，他常常赋予演讲生命，让它"自由呼吸"。当他阐述一个关键点时，时常缄默数秒钟，从而达到出人意料的演讲效果。

3. 变化音量增强戏剧效果

音量的高低起伏应结合演讲的内容。呼吁、号召时自然提高音量，加重语气。乔布斯不断地调整音量以增强演讲的戏剧效果，牢牢抓住听众的注意力。

当他一开始在发布会上演讲时，他通常会使用较低的音量，而当他介绍某种产品时，就会提高音量；相反的情形他也处理得恰到好处。例如，当他介绍第一代 iPod 时，他提高嗓音说："能够做到任何时候都将你的整个音乐库随身携带，这是欣赏音乐的巨大飞跃。"紧接着，他又压低嗓音说："但 iPod 最酷的地方还不只是这些，它可以将你的整个音乐资料库都装入口袋里。"

4. 变化语速突出重点

语速和演讲的节奏密切相关。乔布斯的演讲有张有弛，语速拿捏快慢适中，起承转合驾轻就熟。进行示范演示时，他往往会使用正常的语速，阐述标题或主要信息时语速则大大减慢，他希望大家理解并记住重点。当乔布斯第一次介绍 iPod 时，他压低声音几近耳语，强调这一关键的转变。他还常通过放慢语速来增强戏剧效果。

二、即兴评述语言的亲切感人特征

在评述中，为了表达各种思想感情，为了显示评述内容的轻重缓急，评述者的有声语言必须抑扬顿挫、跌宕起伏、灵活多样。正所谓"嘈嘈切切错杂弹，大珠小珠落玉盘"。评述者的语言只有富于变化，才能减轻和消除听众长时间接受同一频率的声波所产生的抑制状态。评述者如果从上台到下台总是使用同一种声音，同一种节奏、音量、速度，就会失去评述的艺术魅力和吸引力，就会使人感到如坐针毡，如临火山，烦躁不安。

所以说，多变化是有声语言艺术的要求之一。有声语言的多变化，主要表现为音量大小的变化和音调高低的变化。

（一）音量大小的变化

评述的中心是"讲"，评述的工具是"语音"。著名的法国演员老郭连柯说过："嗓音的力量不可估量，任何图画的感染力，远远比不上舞台上所发出的那一声正确的叹息。"这虽然是针对演员而言的，但对评述者来说，也可借鉴。在评述中响亮悦耳的嗓音必然会大大增强评述的效果，相反，沙哑、刺耳的嗓音也必然会大大减弱听众的兴趣。

一个人的音量取决于声带振动的振幅。声带振幅由气压大小来决定，气压的大小又由呼气强度大小来决定。振幅越大，声音越响，振幅越小，声音越小。在评述中，说话响亮是一个基本要求，但评述者在整个评述中，其音量的大小总是在不断地变化的，这个变化绝不是无目的的、随意的，而是随思想感情的变化和诸多综合因素的变化而变化的。具体来说，评述的音量大小变化有以下几点诀窍。

①上台开口说第一句话时，音量不要太大，但也不要太小，一般能使听众听清楚为佳。开口时音量太大，一是会使听众觉得评述者太狂，缺乏修养和礼貌。二是开口说话音量太大，自己评述起来费力不讨好，尤其是越往后讲，越吃力，观众听起来会感到刺耳、难受，甚至会反感。

②音量大小要根据评述内容的变化而变化。情感激烈之处，音量要大些，反之，就可以小些。高兴、激昂、排比句等处音量要大；抒情、描述、伤感、悲哀等处音量要小些。讲别人的事情和观点时音量可大些，讲自己的内容音量可小些。另外，评述者音量大小的变化还要符合自己的身份。

③音量大小根据听众的层次和人数而定。面对以长辈、上级、专家、学者等为主体的听众，说话时，音量不能太大，起伏也不能太大，这样能显得评述者谦虚、谨慎。面对青少年、学生评述，音量可大些，显得活力四射，富有朝气。听众多，成千上万，音量则大；听众少，几十上百来人，音量则小。

④音量大小根据会场秩序和场地条件而定。会场秩序好，观众静心地听，音量则应适当放小；会场音响好或会场较小，音量则小；音响差，会场大则音量可适当放大。

当发现听众交头接耳讲小话和会场秩序不太好时，说话者应把音量放小，或停顿一下，切忌将音量放大。如果在这种情况下，评述者盲目将音量加大，那么交头接耳者既可以听评述，又可以小声和别人交谈，一举两得，何乐而不为呢？再者，评述者一个人声音再大，也不可能制止别人说话，相反只能引起听众的逆反情绪。所以，评述者只能在调整自己说话的思路和内容的前提下，进行"冷"处理，"静"处分，将音量放小，甚至稍稍停顿一下，因为绝大多数听众都是愿意听评述的，当评述员调整了评述内容，将音量压小时，听众中交头接耳的声音就会显得突出，听众便会自觉不自觉地停止交谈，于是，整个会场便安静下来。这就是我们常说的"控场技巧"之一。

⑤在音量大小的变化中，有两点评述者要特别注意。一是音量大小要恰当、适度。音量当大则大，当小则小，当平则平。大，决不可大到声嘶力竭的程度，有理不在言高；小，也不能小到让听众听不到的地步。二是音量变化要顺畅、自然。评述者决不能随心所欲地没有目的地忽大忽小，这种没有意义的生硬的

变化，不仅会让听众不舒服，还会引起误会，其效果自然事倍功半。没有变化的音量是没有感染力的，但变化不当的音量，听众也是不喜欢的。

（二）音调高低的变化

音调又叫音高，是指声音的高和低，包括声音的抑扬、升降和起伏。这种有高有低、有升有降的声音变化，不但能赋予评述语言抑扬顿挫的特点，而且也能表达一定的思想情感。评述时，不同的语调，可以表达出不同的语气。根据语言学家的研究，可将汉语的语调归为四种类型。

1. 平直调

平直的语调平直舒缓，没有高低升降的变化，常用来表示庄重、严肃、悲痛或平淡等语气。多用于一般的叙述与说明。

2. 高升调

高升调是由低到高。常用于号召、鼓动、反问、设问、申斥等，也可表现激昂的情绪。

3. 降抑调

降抑语调是先高后低，语势渐降，可表示自信、赞扬、祈使、感叹、祝愿等。

4. 曲折调

曲折语调是升高再降，或降后再升，有曲折变化。常用来表示含蓄、讽刺、夸张、惊讶、怀疑、幽默等情感。

评述实践告诉我们，只有做到音调上的千变万化，才有气息上的千姿百态；只有做到音调上的抑扬顿挫，才有声音上的姹紫嫣红。但音调的变化不是随心所欲的，要受评述目的、评述内容、评述对象和评述环境等因素的制约。

评述中，音调高低的变化，可以从以下三个方面来把握。

第一，起调不要太高或太低。

评述的起调和唱歌一样，说第一句话时如果起调太高，就会失去抑扬顿挫的声调变化，并且容易失去亲和力。而且起调高越往后讲，越吃力，到最后就会出现歇斯底里的喊叫，严重影响整个评述效果。如果起调太低，没有起伏，喃喃自语，则必然会使听众无法听清你的讲话，从而造成不必要的紊乱。

第二，高音、中音、低音要交叉配合使用。

高音的特点是高亢、明亮；中音的特点是丰富、充实；低音的特点是低沉、宽厚。

在评述中，高音多用来表示惊疑、欢乐、赞叹和慷慨激昂的感情，高亢明亮的声音会使听众为之一振，达到促人警醒的目的；中音多用来表示一切较平缓的感情，评述中使用中音能使听众感到亲切、可信、动听，便于听众听得清、听得懂；低音则多用来表示沉郁、压抑与悲哀之情，低音在评述中用得不是很多，它能表现出冷静、理智、伤感、庄重、悲壮、深沉等感情色彩。

根据高、中、低音的作用及其运用规律，在评述中就应该做到音调变化多端，有高、有低，高、中、低音交叉配合使用。简单地说，就是评述的语言要有旋律的变化，要用唱歌的声音来评述，这样就会达到"说的比唱的还好听"的效果。反之，如果评述时音调的高低没有变化，从头到尾都是一个腔调，像老和尚念经一样单调、平淡，就会让人感到枯燥乏味。

第三，要注意处理好音调和音量以及评述内容和情感的关系。

音调和音量二者既有区别又有联系。其音高，音量未必就大；其音低，音量也未必就小。但二者由于均受思想感情的制约，因此需要密切配合。思想情感浓重激烈之处，就需要声音高一些，音量大一些，以重扣听众的心扉。如内容一般，情感舒缓，声音就可小一些，音调就可低一些。只有二者紧密配合，才能收到理想的效果。如果失去一方，就会使声音大失光彩。

我们在运用音调变化时，一定要从内容和情感的结合上考虑。这样，音调的变化才能准确、质朴而自然，并增强语言的感染力，否则不但破坏了声音美，而且也必然有损于表情达意。我们一定要从特定的内容和情感出发，准确灵活地运用评述有声语言音调高低的变化。

第三章　即兴评述心理素质的培养

第一节　即兴评述必备的素质

评述是指即兴评述者在特定的时间和空间环境中，以有声语言为主要手段向公众就某一问题或事件发表自己的观点。评述在实质上是一种宣传活动，其最终目的是说服、教育、感召和激励广大听众。

一、即兴评述对素质的要求

评述的过程就是即兴评述者以自身的"演"和"讲"使听众产生与自己的期望相一致的态度转变的过程。无疑，即兴评述者的素质是评述成功的决定因素。即兴评述者的思想品德、文化涵养等对评述的效果有着莫大的影响。那么，成功的评述对即兴评述者的心理素质有哪些要求呢？

（一）从"知"即认识过程来看，即兴评述者应当具备的素质

1. 丰富的想象力

在试讲的准备阶段，即兴评述者在进行思维和记忆活动时，若能同时对评述时的情景（如听众的反应、场上的气氛等）进行一定的想象，并据此进行调整（如设计不同的开场白），不但有助于提高讲稿的质量，而且可使评述更加贴近现场气氛。很多成功的即兴评述者在评述的准备阶段都善于对实际评述的情景进行大胆想象，有一些即兴评述者在评述过程中表现出来的"急智"实际上不是急中生智而是事先设想到某一情况的结果。

2. 良好的记忆品质

即兴评述者对所讲的内容必须了然在胸，这是人所共知的常识。对讲稿的熟悉是增强评述效果的基本条件，但是记住要讲的内容不等于背诵讲稿。如果把评述视为背诵讲稿，就等于对听众的反应视而不见，而且一个常见的恶果是过分依赖讲稿，当即兴评述者突然忘记内容时头脑将一片空白。英国前首相丘吉尔在年轻时就曾因为在英国国会之前大背评述词而使自己陷入困境。记住评述内容的技巧是把稿子由始至终按逻辑思路整理出一条线索。只记住要点留下一定的空间在实际评述时再做发挥，这样才能迫使即兴评述者一边讲一边思考，而只有这样才是在"讲"而不是在"背"。此外，还要求即兴评述者有以下良好的记忆品质：精确性——不会张冠李戴；持久性——不是一记就忘；准备性——在需要的时候能够及时把各种有用的信息提取出来。

3. 良好的思维品质

思维能力是人类最重要的认识能力，也是人的智力的核心。"言为心声"，评述的内容就是即兴评述者对问题思考的结果。即兴评述者能否以理服人受制于其思维品质的优劣。即兴评述者的良好思维品质主要包括以下几点：思路清晰、逻辑严密，让人听后不会觉得前后矛盾；有一定的独立性和灵活性，特别是在同一主题的评述中，独到的思维角度将给人耳目一新的感觉，能很好地吸引听众的注意力，思维的灵活性与独立性密切相关，表现为善于从不同角度立论，对能说明论点的例子达到信手拈来般的娴熟，在论证手段上不拘一格；同时良好的思维品质还表现为思维活动迅速正确，能机智处理各种发生在评述过程中的偶发事件。女作家谌容在美国某大学发表评述时，在场听众向她提出了一个挑衅性的问题："听说你至今还不是中共党员，请问您对中国共产党的私人感情如何？"谌容机敏地回答道："你的信息很准确，我确实还不是中国共产党党员。但是我的丈夫是个老共产党员，而我同他共同生活了几十年尚无离婚的迹象，可见我对中国共产党的感情有多么深。"这一席话语惊四座，体现了谌容良好的思维品质和雍容大度。

4. 敏锐的观察力

成功的评述离不开对听众心理的洞察，这是对即兴评述者观察力的考验。即兴评述者在撰写讲稿时，首先要做的就是了解所要面对的听众有什么心理特点和哪些共同的需要与兴趣，这要靠平时的观察积累。曲啸同志生前曾到沈阳大北监狱给罪犯做评述，其内容是让罪犯认罪伏法接受改造。在评述开始的称呼上曲啸考虑到犯罪的人最讨厌"罪犯"这个称谓，经过一番苦心思考，他用了这样的一个称呼，即"触犯了国家法律的年轻的朋友们"。可以想象这一称呼对罪犯们来说是多么亲切，"亲其师而后信其道"，接下来的评述自然取得了很好的教育效果。此外，在进行现场评述时，即兴评述者还要细心观察听众的反应。那种把评述理解为即兴评述者在唱独角戏的观点是大错特错的。评述与上课一样，是双方互动交流的过程。一个有经验的即兴评述者不但能意识到自己是主角，而且也一定知道在评述过程中应时时注意听众的反应。听众的反应是即兴评述者调整评述内容和策略的依据，也是评价评述成败的最重要指标。

（二）从"情"即情感过程来看，即兴评述者应当具备的素质

1. 高尚的情操

虽然说高尚的情操不是由一次评述就可以观察得出的，但是高尚的情操作为个人人格魅力的表现，必将在评述活动中投射出来。听众可以从评述的内容和即兴评述者的精神面貌领略到即兴评述者的思想境界。即兴评述者的高尚情操既可保证评述内容的思想性，又可使听众对即兴评述者产生敬佩之情，从而产生情感的"泛化"，对评述的内容变得容易接受。即兴评述者的高尚情操要体现在一个"爱"字上：爱生活，爱生命，爱周围的人，同时也爱自己，时时以肯定和悦纳的目光看待一切事物。"没有爱就没有教育"，评述的目的是说服和影响他人，故可以说"没有爱就没有评述"，只有把听众视为朋友和知音，即兴评述者与听众之间才会产生同悲共喜的效果。此外，高尚健康的情感还要求即兴评述者具有幽默感，即善于用诙谐的语言表达情感。列宁就曾指出幽默是一种优美的健康的品质。在评述中运用幽默，不但可以增加生动性，而且有时还能起到缓和气氛的作用。如美国著名的黑人律师约翰·罗克曾在其《要求解放黑人奴隶的演说》中，设计了这样的开场白："女士们，先生们，我到这里来，与其说是发表讲话，还不如说是给这一场合增添一点'颜色'。"这是幽默的最高境界，既有趣可笑又有深刻的含义。

2. 对评述的内容充满激情

著名评述家艾伯特·胡巴德鲁说："在评述中赢取观众信任的，是评述的态度而不是讲稿的内容。"即兴评述者在评述时表现出来的激情对评述的成功起着关键性的作用，尤其在"风暴评述"这一靠激情震撼听众的评述法中。这一方面是因为即兴评述者对评述的热情将对他自身的行为产生巨大的动力作用，可以让即兴评述者完全投入评述当中；另一方面是因为即兴评述者一走上

台便成为全场注目的焦点，此刻听众的情绪尽握手中，由于情感具有感染功能，因此即兴评述者的感情投入是带动全场气氛的关键一环。闻一多先生的《最后一次评述》之所以吸引鼓动人，正是因为他把自己燃烧的情感、火热的激情带入了评述当中。一提起马丁·路德·金《我有一个梦想》的著名演说，人们头脑中浮现的也首先是即兴评述者那感情炽热、激情澎湃的面容。

3. 善于运用各种表情手段

即兴评述者要让听众了解自己的思想，与自己的情感产生共鸣，除了利用语言这一手段之外，还要善于运用各种表情手段。人的表情有三种：面部表情、身段表情和言语表情。这三种表情在人际沟通中起着非常重要的作用。从面部表情来说，应做到顺其自然而富于变化，一颦一笑都要能和评述的内容和拍，尤其要注意发挥眼睛的作用，做到能用眼睛说话。从身段表情来说，主要应做到能运用各种手势动作配合评述的内容，这首先要了解各种手势的作用。一般来说，自然而平稳的手势可助即兴评述者平静地说明问题，急剧而有力的手势可助即兴评述者升华感情，稳妥而含蓄的手势可助即兴评述者表明心迹。言语表情主要是指语调的高低、语速的快慢，声音是即兴评述者与听众的媒介，即兴评述者要善于结合评述内容和听众的反应，来决定声音的变化起伏，达到"以情托声"的目的并紧紧吸引住听众的注意力。

（三）从"意"即意志过程来说，即兴评述者应具有良好的意志品质

这是因为评述作为一种高强度的活动，其实质是一种意志行动。意志的良好品质包括自觉性、自制力、果断性和坚持性。可以说这四种品质对完成一次成功的评述来说都是必需的。即兴评述者对评述的目的有着深刻的认识，这是自觉性的表现；为了达到目的主动克服各种内部和外部困难，如抵制无关刺激的干扰，调节自己的情绪服从评述的需要，机智处理评述过程中的突发事件，这是自制力、果断性和坚持性的集中表现。即兴评述者要有较高的情商——对听众和自身的情绪状态能及时适当地把握并能施以有效的调控，使评述朝着自己期望的方向顺利进行。一个情商高的人其实就是一个意志坚强的人。

以上从知、情、意三方面说明了即兴评述者必备的心理素质结构。在实际生活中，这三个心理过程是浑然一体互相渗透的，即兴评述者在加强自己某一方面的心理素质时，无形中对其他心理素质也会起到促进作用。如要做到评述时饱含激情，需要一定的想象，也离不开意志的参与。良好的心理素质是评述

成功的基础，而心理素质的完善主要靠后天的磨炼。没有人生来就是评述家，从古希腊的德摩斯梯尼到前文提到的丘吉尔，及至我们熟知的一些评述家，他们的经历都告诉我们，只要经过不懈的努力和有计划的训练，评述成功并非难事。评述是一个人的知识才华和心理素质的大展现，而知识是经过后天的积累而后渊博起来的，心理素质更是在实践锻炼中才能得到完善。所以，要成为一个成功的即兴评述者，还需要具备"自信"这一性格特征：相信你自己，只要有心，并练之有法，你一定会做得更好！

二、即兴评述必备的心理素质

即兴评述者一般要承受一定的心理负担。当然有时很容易出现心理失衡的现象。这就要求评述者平时加强心理训练，具备良好的心理素质，既热情果断，又镇定自若，而且还能侃侃而谈。一般地说，成功的即兴评述者应具有如下的心理素质。

（一）充分的自信心

自信心是即兴评述者重要的心理支柱，对于即兴评述者具有重要的影响。它可以使即兴评述者坚定信念，振奋精神，充分发挥创造性。

（二）强烈的成功欲

成功欲是促进演讲的重要内驱力，它在演讲行为中起着巨大的推进作用。它可以触发即兴评述者的心理动机，使演讲者对评述结果高度关切，进而引起演讲者对评述内容与评述技巧的关注，促使即兴评述不断改进，以取得更好的成绩。

三、评述者必备的态势语言

美国心理学家艾伯特·梅拉比安说："人的感情表达由三个方面组成，即55%的体态，38%的声调及7%的语气词。"这说明了态势语表达的重要性。心理学研究还表明：人感觉印象的77%来自眼睛，14%来自耳朵，视觉印象在头脑中的保持时间相对较长。初学演讲者很难取得演讲的最佳效果的主要原因是，非言语技巧表达的生硬或者根本不用。

（一）态势语言在即兴评述中的作用

语言是思维的表达形式，思维是语言的表达内容。一个人语言表达能力的好坏，其实是对思维是否具有严密逻辑性或者思维是否混乱的反映，所以说，我们应该把口语表达能力作为衡量人才的一个重要标准。人们的口语交际能力，主要有三种表现形式，即交谈、即兴评述和辩论。在这里，我们着重分析态势语言在即兴评述中的表情达意的作用。

人们在进行言语交际过程中，除语言外，还大量使用各种非语言手段，以达到交流信息、传达感情的目的。非语言手段主要包括态势语言和副语言两方面内容，而态势语言是非语言交际中最重要、最丰富的一种表达手段。态势语言是人们进行言语交际的三大表达形式之一。如果说口头语言是人类以有义有序的声音为物质材料的信息载体，书面语言是人类以有义有序的文字为物质材料的信息载体的话，那么，态势语言则是人类以有义有序的面部表情、身势动作、空间距离、服饰装束为物质材料的信息载体。态势语言是人类特有的语言表达形式。在人们进行言语交际的过程中，当人们不能使用口头语言和书面语言的时候，或者不宜使用口头语言和书面语言的时候，态势语言就能够独立地发挥它特有的表情达意的作用了。当然，即使人们在进行口头语言表达的时候，态势语言所起的作用，也是不容忽视的。

陈望道先生在《修辞学发凡》一书中指出："态势语言是以面部表情、身势动作、空间距离和装扮服饰为物质材料，在人际交往和社会发展中，凭借视读理解情感意义的语言形式。"简单地说，态势语言就是能在一定程度上表达思想感情的表情、姿态、动作，是一种无声的语言。

即兴评述，是指在特定的时空环境中，以有声语言和相应的体态语言为手段，公开向听众传递信息，表述见解，阐明事理，抒发感情，以期达到感召听众的目的的一种直接的带有艺术性的社会实践活动。我们可以看出，态势语言是即兴评述的一种重要的表达手段。这就充分说明，态势语言不仅是人类社会交际的信息载体，还是即兴评述语言的组成部分。所以说，即兴评述者不仅要具有较强的口语表达能力，还要善于用动作表情来辅助说话，也就是要善于用态势语言来表情达意。教育家陶行知说过："即兴评述如能使聋哑人看得懂，则即兴评述之技精矣。"这正说明体态语言在表情达意方面具有极其重要的作用。

1. 可以增强整个即兴评述表情达意的效果

在即兴评述中，即兴评述者要面对听众，听众从即兴评述中接收到的信息，不仅仅是即兴评述者的声音，还包括即兴评述者的眼神、表情、手的动作、身体的姿势等。即兴评述者在台上的举手投足、神情色变都是一种无声语言，都对有声语言起着铺垫、强调等作用，甚至会起到"此时无声胜有声"的效果。

在即兴评述过程中，如果即兴评述者只注意到口头语言的表达，而忽视态势语言的表达运用，用传经布道似的木然表情一本正经地进行即兴评述，自然就会降低听众听讲的兴趣，从而就会影响到信息的传播；在即兴评述过程中，如果即兴评述者只用语言去感染听众，而不用其他手段来调动听众的情绪，这样的即兴评述肯定是难以收到良好的效果的。所以说，在即兴评述过程中，态势语言和有声语言一样都有着不可替代的表情达意的作用，二者缺一不可。

　　美国心理学家艾伯特·梅瑞宾经过全面调查得出：一条信息的传递效果，词语的作用只占百分之七，声音的作用占百分之三十八，面部表情的作用占百分之五十五。在这里，我们不用去考察和确认他的调查的准确度到底有多少，不过我们可以从中看出，体态语言在言语交际行为中所占有的重要地位是显而易见的。

　　正是由于态势语言在即兴评述中具有较强的表情达意的作用，所以，对于一个成功的即兴评述者来说，他不仅需要具有良好的语言表达能力，还需要掌握较强的态势语言的运用能力，使自己的言语表达更加具有形象性和情感性。因此，即兴评述者在运用有声语言进行即兴评述的同时，他还会借助于手势、身势、面部表情等态势语言来取得最佳的即兴评述效果，使得听众能够对即兴评述者表达的内容理解得更加透彻、更加深刻。

　　即兴评述过程中，态势语言与有声语言协调运用可以有效地提高即兴评述的情景性、生动性和形象性，可以使听众在获得声音感受的同时，获得形象上的感受。我们知道，有声语言作用于人的听觉，而态势语言则作用于人的视觉。这两种信息同时传递，听众不仅可以听到绘声绘色的即兴评述，还可以通过丰富多彩的表情、姿态、动作获得语言之外的形象感受。现代神经生理学的研究表明：人的大脑右半球接受形象信号，左半球接受语言和逻辑信号。在即兴评述中，如果我们只注意口头语言的表达，而忽略了态势语言的运用，在整个即兴评述过程中，缺乏态势语言的默契配合，即兴评述者与听众的信息交流就变得不够完全。所以说，即兴评述者在即兴评述的过程中，在运用口头语言的同时，还要配上协调的态势语言。这样，就调动了听众大脑的两个半球参与工作，也就是调动了听众的视、听两个感官活动，听众获得的信息会更加清楚、更加明确。

　　以情感人是即兴评述的一个重要特征，从某种角度说，情感是即兴评述的命脉。所以，即兴评述者首先要对即兴评述的内容进行内心体验，然后再运用态势语言，伴随着激情洋溢的口头语言，把自己的喜怒哀乐淋漓尽致地传递给听众，引起听众的情感体验，从而提高即兴评述效果，让听众自然地受到感染。

即兴评述过程中，态势语言与有声语言协调运用可以让听众发展思维、产生联想。当我们即兴评述时，用不同的面部表情来反映即兴评述内容所描述的情境变化，听众可以根据我们的表情了解人物的心理活动，想象言语中所描述的情境，并置身于我们描述的情节之中。

即兴评述者的态势语言应该是真与美的结合。他的体态动作、目光和表情本身要协调一致，不矫揉造作，带给听众和谐自然的美感。因此，即兴评述者要培养自己高尚的情操，在即兴评述中不用不文明不礼貌的态势语言，自觉改掉不良的习惯动作，扬长避短，努力美化自身的态势语言。

总之，即兴评述的形象性、情感性特点决定了态势语言在即兴评述中的效果。高层次的态势语言可以让听众产生一种"水到渠成"的感觉，让听众在整个即兴评述过程中，感触到、领悟到声音和动作和谐配合下产生的美妙的语言表达艺术。

2. 根据听众的态势语言及时改变与调节即兴评述方法

态势语言不仅是即兴评述者传递信息的手段，还是即兴评述者了解听众的思想动态，获得反馈信息的重要依据。在即兴评述过程中，听众可能没有表现出不愿意听讲的表象，但是熟悉人体语言的即兴评述者可以通过观察听众在听讲过程中表现出来的态势语言，了解听众对即兴评述的反应，从而及时调整自己的表达策略，获得相对完美的即兴评述效果。

在即兴评述过程中，即兴评述者应尽力掌握态势语言的表达艺术，使深刻的语言、得体的表情和灵活适当的手势融为一体。虽然态势语言是每一个即兴评述者在即兴评述过程中都必须使用的一种表情达意的手段，运用得当，可以使有声语言增色生辉，但运用不当，同样也会削弱或者破坏有声语言的表达效果，所以，在即兴评述过程中即兴评述者对态势语言的运用应该讲究技巧，注意方法，不能喧宾夺主，让态势语言在整个即兴评述过程中满场飞。

总之，在即兴评述过程中，即兴评述者恰当地运用态势语言，不仅可以有效地提高即兴评述的情景性、生动性和形象性，使听众在获得声音感受的同时，获得形象上的感受，从而使听众能够对即兴评述者表达的内容理解得更加透彻，更加深刻，还可以使即兴评述者从听众那里获得信息反馈，从而及时调整言语表达的策略，进而掌控和调节听众的情感状态，更好地完成即兴评述任务。

（二）即兴评述中姿势语言的构成

态势语言，又称为无声语言，是指能在一定程度上表达即兴评述者的思想感情的眼神、表情、姿态、动作，也可以说是即兴评述者用动作和表情说的话。态势语言不诉诸听众的听觉，只诉诸视觉。态势语言的作用在于辅助有声语言更准确、更有效地表情达意，弥补有声语言表达上的不足，同时，也因为态势语言是以动的主体形象出现在听众面前的，作用于听众的双眼，所以，准确、协调、自然、优美、灵活自如的态势语言的运用，还会造成一种现实的艺术美，给听众以美的享受。

人类生来就是富有动作性的。即使是平常谈话，姿势动作也具有相当的价值。即兴评述者的手、足、口、眼及全身的动作，举手，投足，启齿，展眼，或前进，或退后，或颦眉，都与他演说的内容有密切的关系。德摩西尼甚至说："即兴评述之秘诀在于姿态。"我国的教育家陶行知说："即兴评述能使聋子看得懂，则即兴评述之技精矣。"这些话都是在强调态势语言形式的重要作用。

既然态势语言如此重要，那么它到底有哪些组成部分呢？态势语言由如下一些基本因素构成。

1. 站姿

一个优秀的演说家，他即兴评述的每一个时刻，无论动与不动，都应当像一尊优美的雕像，体现着一种姿态美，形象美。高尔基赞扬列宁的演说时说，"他的演说和谐、完整、明快和强劲，他站在讲台上的整个形象简直就像一件古典艺术作品，什么都有，然而没有丝毫多余，没有任何装饰，即使有的话，也看不出来，正如脸上的两只眼睛，手上的五个指头那样天生不可缺少似的"。要造成即兴评述者的优美姿态和优美形象，首先是如何站的问题。双脚是全身直立的基础，许多姿势均发源于此。即兴评述者登上讲台，要恰当地处理好双足和下肢的位置，保持站相的稳定优美、舒适自然。站立的姿势适当，即兴评述者会觉得全身轻快，呼吸舒畅，发声吐词流利自然不受阻碍，身体灵活易于旋转，同时还能呈现出一种美的造型来。特别是由于与听众的眼睛处于同一水平线上，即兴评述者的双脚比其他器官更容易被注意。所以，双脚的姿势至关重要。光说不练不行，就如何站立来说一说，双脚站立的常见姿势基本有以下两种。

（1）"丁"字步

一只脚在前一只脚在后，两脚之间呈九十度垂直的"丁"字形，两腿前后交叉距离以不超过一只脚板的长度为宜，即兴评述者全身的力量应该集中在前脚上，后脚足跟略微提起。其中，右脚在前，左脚在后的，可称为"右势丁字形"；左脚在前，右脚在后的，可称为"左势丁字形"。这种"丁"字式的站姿多用于表达强烈感情的典型的即兴评述，有利于激发听众的兴趣和感情。在即兴评述过程中，可根据需要，随时变换左势和右势，比如，要诉诸左方听众时，就使用左势，要诉诸右方听众时，则运用右势为宜。

运用这种姿势需要注意的是，两腿不宜紧靠在一起，否则会显得呆板没精神，两只脚不要平行地放在一条直线上，因为双腿所构成的平面，与前排听众的脸恰呈平行状态，即兴评述者身体的重力均等地落在两只脚上，就会形成机械对称，失去对比，不仅毫无美感，还会直接影响即兴评述效果；即兴评述者站在台上错开双脚时，不能把人体重量平均地放在两只脚上，不论时刻多么短暂，都要把主要重量放在一只脚上。如果我们从即兴评述考生的颈后窝拉一条垂直的线，让它直拉到脚后跟，那么，人体重心就应该在这条线上，而另一只脚仅仅是为了保持这个姿态的平衡，防止身体左右摇晃。

（2）"稍息式"

两脚之中任何一脚略向前跨步，两脚之间呈七十五度角，脚跟距离在五十寸左右。这种站姿要求两脚均须直立，全身力量多半集中在后脚，前脚只是辅助，承重较轻。在即兴评述过程中，也可以根据需要随时变换左势或右势。要改变立式时，只要后脚前进一步，变左势为右势，或变右势为左势即可。"稍息式"的站姿在即兴评述中被广泛运用，说理、达意、传知性的即兴评述一般都用此式。

即兴评述者在讲台上做即兴评述，要有一个基本的立足点，但并不是不可走动。可以根据即兴评述内容的需要向四个方向移动位置。一般说来，向前移步表示积极性的意义，如支持、肯定、坚信、进取等；向后移则表示消极性的意义，如疑虑、否定、颓丧、退让等，向左右移动则表示对其一侧听众特别的传情致意等。即兴评述者的移步必须密切配合即兴评述的内容，在即兴评述停顿的时刻不可移动身体，否则就会造成游离性的多余动作，破坏即兴评述的和谐统一性。

2. 眼神

意大利的艺术大师达·芬奇在《笔记》中说过："眼睛是心灵的窗户。"英国生物学家达尔文在《人和动物的表情》一书中，认为眼睛的活动和变化是人类情绪的表征。唐朝大诗人李白也有过"实眼抛春心"的名句。古人的这些经验总结，告诉我们人的眼睛是很能够表达思想感情的，甚至能够表达出用语言难以表达的极其微妙的思想情感。生活实际也说明，人的内心衷情，胸中隐秘，总是会自觉不自觉地在自己复杂多变的眼神中流露出来。

在即兴评述过程中，运用眼神来表情达意能够起到十分重要的作用。优秀的演说家，总是十分重视和善于运用眼睛来"说话"，表达出丰富而多变的思想情感。一个站在讲台上进行即兴评述的人，在整个即兴评述过程中，他的眼睛能把他的思想感情、心理变化、品德、学识、情操、性格、趣味和审美观等毫不掩饰地展现给听众。而听众也总是会通过即兴评述者的眼神来窥探他的内心世界，展开广阔的联想，接受教育。

即兴评述者的眼神是多种多样的，不同的眼神表达不同的思想感情。对此，古人早有论述：眼神明澈坦荡，表现着为人正直，心怀博大；眼神狡黠、奸诈，表现着为人虚伪，心胸狭窄；眼光执着雄视，表现着为人志怀高远；眼光浮泛溜动，表现着为人轻薄浅陋；眼光如匣剑出鞘，表现着为人正派敏锐；眼光如蛇蝎蛰伏，表现着为人刁钻邪恶；眼神坚毅，则表现着自强自信；眼神晦衰，则表现着自毁自堕。在即兴评述时，眼神还是即兴评述者启示、引导听众的最好方法之一。在即兴评述过程中，即兴评述者的言辞如奔泻的江河，一泻千里，不允许中断不适宜穿插讲其他题外的事情。如果场下出现个别听众私语或做出有碍于即兴评述的举动，这时，即兴评述者无须中断演说高喊一声"请注意听"，而只要投过去两道目光，听者就会明白即兴评述者的意思，从而重新集中注意力来听讲，这就起到了"劝止"的作用。即兴评述者还要通过眼睛的察言观色，随时了解听众的思想情绪、心理变化和听讲的兴趣，从而针对情况，采取措施，改变或提高听众的情绪和兴趣。进而言之，听众也还可以从即兴评述者的眼神中，体会出即兴评述者内心的语言，从中受到潜移默化的教育。

即兴评述中运用眼神的方法主要有以下五种。

（1）前视法

就是即兴评述者的视线要平直向南而流转，统摄全场听众。一般来说视线的落点应放在最后一排听众的头顶部位。即兴评述者除特殊需要外，眼睛应保持平直向前，注视所有的听众。这样的视线，可以使听众感到"他是在向我做即兴评述"；也有利于即兴评述者保持端正美好的身态。有些缺少经验的即兴评述者，在做即兴评述时，或每每仰望天花板，或时而俯视地板或时而环顾左右，或引目张望门窗以外，这些都是不应有的动作。因为每一种视线都有它的固定意义。例如，视线向上，是傲慢、祈求、思索的表现；视线向下，是羞怯、悲伤、悔恨的表现；环顾左右有表示向邻座征询的意思；至于眼睛向门窗外看则是即兴评述者情绪不安定、不沉着的表现。但"平直向前"的视线，并不是要一动不动地直视，不是盯住前面的听众忘掉最后一排的听众。

（2）虚视法

这是即兴评述者观察时运用的一种转换性的目光。所谓虚视就是即兴评述者的眼睛好像看着什么地方，什么听众，但实际上什么也没有看。这是对演员的一种用眼法的借用，舞台演员面对观众的目光常常是这样虚视的。虚视尽管什么也没有看在眼里，但它是良好的观察力的一种过渡，这种眼神可帮助即兴评述者克服分神、紧张的毛病，显示出彬彬有礼、端庄大方的神态来，又可以帮助其把思想精力集中到讲演内容上来。

（3）环视法

即有节奏地或周期性地把视线从会场的左方扫到右方，再从右方扫到左方，从前排扫到后诽，从后排扫到前排，不断地观察全场，与所有听众保持眼神接触，增强相互间的感情联系。运用环视法要避免眼睛滴溜溜地频繁乱转，这样会使听众不知所以然感到滑稽可笑，同时，要注意每一个角落都环顾到，不要冷落了坐在角落上的听众。

（4）点视法

就是有重点地观察，注视不安静处或不注意听讲的听众。一般听众发现了即兴评述者的目光，就会触目知诺，停止骚动、私语。

（5）闭目法

这是视线变化的特殊表观，是一种无方向的视线，无视线的视线。闭目法有它特定的意义和作用。比如当即兴评述到英雄人物壮烈就义，即兴评述者和听众的情绪极度高涨，心情极度悲伤的时刻，或在科学家经过艰苦卓绝的忘我奋战取得重大突破而激起人们极大的敬佩的时刻，即兴评述者可以短暂地闭一下眼睛，以表示某种特殊的感情。这一特殊动作，能够促成听众情绪的高度凝聚，深深地沉湎在怀念或敬慕之中。此时的"无视线"可以取得意想不到的效果。有些即兴评述者有一种不良的习惯，总爱频繁地眨眼睛，这不但会影响正确的思想感情的表达，而且也有损于即兴评述者的形象，凡有这种毛病的人必须加以克服。

随着即兴评述者思想感情的千变万化，眼神的变化必定是多种多样的，有待于即兴评述者细心体察和匠心处理，不好机械地做出事前规定。但有几点是值得注意的。

其一，眼神的变化要有一定的目的，无目的、无必要的眼神变化就会乱意坏情。要力戒那种故弄玄虚、神秘莫测的眼神，因为这种眼神会造成听众的迷惑和反感。

其二，眼神要同即兴评述的思想感情的变化同步产生和终止。思想感情表达完毕，相应的眼神也要恢复正常。脱离思想内容的眼神会使听众产生形不达意的滑稽感。

其三，要和有声语言形式、手势、身姿等密切配合，协同动作，以求收到更好的效果。孤立的眼神会显得单调无力，不能充分实现传神达意的作用。

京剧表演艺术家程砚秋在谈到京剧舞台表演的"五功四法"时说："上台全凭眼。"一个优秀的即兴评述者也应该有眼神上的艺术修养，善于用眼睛对听众"说话"。

3. 手势

即兴评述手势是即兴评述者在即兴评述时用双手所做的与有声语言相配合、相协调的种种动作，它是对人类表情达意所运用的种种手势的系统性的综合应用。在演讲的态势语言中，手势占有最重要的地位，是表现思想感情的最主要手段。生动的有声语言如果配以恰当、优美的手势，就能使即兴评述更富有感染力、说服力和号召力，造成理想的即兴评述效果。

做手势的总原则是服从内容的需要，恰当自如，和谐，优美。手势和站姿一样，也应当有对比和反衬，避免机械的对称。典型的即兴评述艺术要求即兴评述者的双手不宜同时下垂，因为那样会给人呆板笨拙、机械对称的不美感觉。双手摆放的位置：一只手放在臀部，另一只手下垂；一只手放在臀部，另一只手放在腹部；一只手放入上衣口袋，另一只手下垂；在感情允许时，一只手叉腰，另一只手下垂。当然我们在现实的即兴评述中看到，即兴评述者的双手同时自然下垂仍然是较普通的现象，但要记住无论如何手臂下垂不能僵直，应当让肘和腕微微弯曲，以造成上臂与肘、肘与手之间的对比；或者让一只手拿件道具，如书刊、扇子等，这样，一手拿物一手空本身就是一种对比，可以形成一种不对称美。即兴评述者用一只手做动作叫单式手势，两只手同时做动作叫复式手势。场合较小、感情平稳时宜用单式手势；场合较大、感情强烈时，宜做复式手势。即兴评述的手势应该自成体系，各具特色，不要求千篇一律，千人一体。在一次即兴评述中，手势的使用只有恰如其分，而且变化多姿，才能产生良好的作用。但是，各种手势又都具有它相对固定的含义和作用，一般说来，不同的手势表现着不同的思想感情。因此，即兴评述者也应当研究和掌握各种不同手势的独特意义及其使用方法。

①仰手势，就是把手掌心朝上，拇指张开，食指伸直，其余三指做自然微曲状态。这种手势，或表示欢欣赞美的意思，或表示申请祈求的意思，或表示谦逊诚实的意思。

②覆手势，就是把手掌心向下，手指头的状态和仰手势相同。这种手势有时表示不高兴、不愿意的意思，有时表示否认、反对的意思，有时表示安抚、许可的意思，有时则用以指示距离、表明高度、模拟在黑暗中的摸索动作等。

③伸指式，包括单独伸食指、拇指、小指和几指并伸几种情况。单伸食指，余指内屈，表示专门指示某人、某事、某意，或者表示指导听众特别注意。单伸拇指，余指内屈，通常是表示赞许。单伸小指，余指内屈，大多表示轻蔑。数指并伸往往表示数量、计数和对比等。

④握拳式，就是五指收拢，握紧拳头。这种手势，有时表示示威、报复，有时表示激动的感情、坚决的态度，有时则是为了增加语言和思想的力量。在演讲中，握拳不宜多用，一定要到感情最集中、最强烈的时候再用，用得越少就越能获得好的效果。

⑤抱掌式，就是双掌合抱。抱掌高举时，表示祝颂、祈祷的意思；抱掌低垂，放在前腹时，表示悲怨、失意的意思；抱掌摇动时，表示亲友相逢时的欢悦之情或惜别之时的不舍之情。

⑥抚身式，即用手抚摸自己身体的某一部分。双手自摸，是深思之状；以手挠头，是懊恼、回想之意；有时以手抚胸，表示反躬自问；有时手抚伤痛，表示诉说痛苦。

⑦外撇掌式，就是手掌向外侧撇伸，与手臂形成一定角度。这种手势可以表示三种情态：憎恶、恐惧和极度惊慌。

以上这些手势和臂部动作密切结合，又可形成上举、下压、平移等几类动作，各类动作又可分为双手式和单手式两种。一般情况是，表达积极意义的，如希望、成功、肯定、兴奋，手臂动作就向上、向前、向内；表达消极意义的，如批判、蔑视、否定、颓丧、失意等，手臂动作则向下、向后、向外。至于双手或单手动作及其幅度的大小要根据即兴评述时的内容、情绪而灵活掌握。

每一个手势的动作过程，都具有三个环节，即预备、发出、收回。即兴评述者在某一特定的思想情感需要表达出来的时候，手势就要预备起来，一旦思想情感表达出口，手势就要同时发出，使某一特定动作刚好落到相应的词语上，这样才能配合密切，显得有力。手势收回时要自然，不露声色，不引起听众的注意。但由于手势是不断改变和相互连贯的，所以手势的收回动作和预备动作往往是交叉进行，合二为一的。当手臂伸出做手势时，无论哪一个环节，哪一种姿势，都应该是自然弯曲的。人体的四肢，生来就是有弯曲度的。如果做动作时，手臂不是顺乎天然，而是故意伸得笔直，就会显得僵硬、笨拙，给人不雅观、不舒适的感觉。

优美、适度的手势怎样产生呢？有些青年即兴评述者在即兴评述之前就设计好了各种动作的模式，临场的时候，机械地搬用，这样做效果往往不好。成功的手势往往不是事先设计好的，而是临场时根据即兴评述的内容、听众的情绪和场内气氛，在即兴评述者的感情的支配下，自然表现、即兴处理而产生出来的。只有这种出自内心、发乎自然、合乎内容的手势，效果才会是理想的。这又牵涉即兴评述者的修养问题了。

有的即兴评述者虽然也能将手势和内容相配合，但是手的出势、停势、收势的点、力、方向处理得不恰当。比如表示果断的手势，应将右手从胸前直接举到胸前上方的最高点，然后直落到最低点。可是有的即兴评述者右手还没有举到头顶，就在半途中草草地落下，这就不能表达出果断的感情。有的即兴评述者认为，即兴评述的手势是做比不做好，多做比少做好，于是乎手势泛滥，两句一招，三句一式，左挥右舞，大劈大砍，令人眼花缭乱，不知所以。又有些演讲者走向另一个极端，当他们出现在听众面前时，仿佛石人一般站立着，两手无力地下垂或后背，从头至尾不更换一个动作。这样，即使即兴评述词写得再好，恐怕也会失去活力，让听众鼓不起精神来。还有的人在即兴评述的前半部分没有一个手势，拘谨得很，仅在最后一段时间里，连续不断地加上手势，造成前松后紧、前后脱节的不平衡现象。这些做法都是不可取的。

即兴评述者在手势运用上需要注意以下几点。

其一，手势要简洁明了，容易被听众看懂和接受，不至于让听众多费心思去猜度。有人喜欢多用奇怪的手势，想借此博得听众的注意，这样结果往往适得其反。所以，不需要的、无意义的手势，应当完全省去不用。

其二，手势要适宜，与即兴评述的内容协调、合拍。不适宜的手势，或者使人感到生硬不快，或者惹得听众轻蔑讥笑。在即兴评述过程中，即兴评述者有时会找不到恰当的词语来表达特定的思想感情，在这种情况下，就可以用手势来代替一般找不到的字句。

其三，手势需要变换。即兴评述者运用手势不可老是重复地做某一种手势。重复一种手势，不但单调无味，毫无艺术性可言，而且会形不达意，甚至招致听众的厌烦。所以即兴评述者要善于变换即兴评述手势，或用左手，或用右手，或两手并用，使听众在得体的富于变化的手势中得到满足，在脑海中留下深刻的印象。有声语言形式和态势语言形式是即兴评述的形式要素的两个基本方面。这两个方面珠联璧合，有机统一，才能形成完美的即兴评述形式。其中，有声语言形式作用于听众的听觉器官，态势语言作用于听众的视觉器官，两种信息同时协调地传递，就会增强即兴评述的感染力和说服力，使听众在潜移默化中受到教育，收到事半功倍的效果。

当然，对态势语言作用的限制，不等于对其价值的削弱。而只是规定了其作用的发挥必须以为即兴评述整体服务为前提。然而态势语言为即兴评述整体服务并不是消极被动的，而是有声语言的积极的、能动的合作者，它不仅可以补充或强化口语表达的理性内容及其感染力，还可以起到口语表达所无法起到的作用。

即兴评述艺术所要求的是具有一定语言意义和积极作用的态势动作，切不可离开有声语言的内容，去追求形式主义的态势"表演"。

第二节　即兴评述中的心理障碍

一、紧张

表达时产生紧张感是难免的，尤其当说话者面临重要的演说场景时，这种情况更不可避免。事实上，适度的紧张是必要的，因为表达活动需要说话者处于积极的心理状态，具备一定的兴奋度，但是过度的紧张往往会使说话者表现失常，导致表达失败。以演讲为例，初学者由于紧张往往会出现一系列生理反应，包括心律、血压的变化等，如眉毛紧缩、心跳加快、脸涨得通红、手心出汗、两腿发软等。这种紧张在演讲前及演讲初期达到极点，一旦轮到上场，时常出现口干舌燥、声音发颤、表情呆滞、语调失常、动作僵硬、姿态死板、心慌意乱、语言颠三倒四等情况，甚至平时能倒背如流的演讲稿也会出现卡壳的现象，这些都是心理过度紧张所导致的所谓的"屏息"现象，在这样的心理状态下其演讲的效果可想而知。

很多大演说家，在他们最初参加演讲时，都曾遇到过不自在和焦虑、恐惧的情境。例如，马克·吐温第一次在公开场合演讲时，觉得嘴里好像塞满了棉花，心跳得像在争夺跑步比赛的奖杯。恐惧往往是因某些不确定性因素而产生的不安、担心和惧怕的心理，情绪紧张也是因对自己的水平缺乏自信或对结果没有把握而产生的。缺乏经验的初学者出现这种反应是非常正常的事情，罗斯福曾经说过，"每个新手，常常都有一种心慌病，心慌并不是胆小，乃是一种过度的神经刺激"。因此，不必过分担心自己的紧张心理，经过不断的练习和实践，掌握一些自我调节的科学方法之后，过度的紧张感是可以很快地得以消除的。

（一）紧张的表现

小张平时能言善辩，口若悬河。他对自己的口才是挺有信心的，但一旦要开始评述了，便不自觉地心跳加快，手心出汗，双腿发软。上台后他说话声音都不自在了，还容易忘词，平时潇洒自如的风度一扫而光，事先的准备工作也丝毫不见效用。这究竟是怎么回事呢？实在让人很懊恼。小王也是这样，台下可以"舌战群儒"，台上半天挤不出一句话来，不要说面对众多听众演讲，就是在课堂上回答问题，也让人替他着急。他自己失败了几次后，也沮丧地承认自己"不是那块料"。

实际上，这些表现都是因为紧张，问题出在心理素质上。在日常生活中，类似的例子比比皆是。比如有的学生平时学习成绩特别好，但一上考场便手脚发软，脑袋里一片空白，考试成绩总是不理想，而且越是大考越糟糕；有的人平时很健谈，一见生人便语无伦次，交流交往更是无从谈起。一个人能力的大小是由他的综合素质决定的，要想提高办事能力，必须提高综合素质。但如果心理素质得不到锻炼提高的话，综合素质的提高便是句空话。心理素质好的人能够临危不乱，冷静地处理问题，最大限度地发挥自己的潜力，甚至超常发挥，结果往往出人意料得好。上台演讲，很多人都会晕场，还未轮到自己上台，就已经手心出汗，两腿发软，心跳加快了。硬着头皮上了台，也会口干舌燥，喉咙发紧，表情尴尬，动作笨拙，心慌意乱，颠三倒四，不敢正视听众，搔头摸耳，等等。很多时候还会突然卡壳，把本来背得滚瓜烂熟的演讲词给忘了，这一下更手足无措，脸红耳赤了，可越急越想不起来，有的人就这样红着脸下台了。这都是紧张心理所导致的。要想正常发挥，挥洒自如，这种心理素质上的致命弱点必须克服。

（二）紧张原因剖析

1. 自卑

演讲紧张的第一个原因是自卑，这是由中国传统文化造成的。人们从小就受到"言多必失""枪打出头鸟""沉默是金""祸从口出"的熏陶，因此，在日后的行为中总是非常谨慎，不太愿意发言，怕出现状况，给自己造成不好的影响。这也是很多人参加学习、培训时不愿意坐在第一排的原因，其实坐在第一排有很多好处：可以督促自己认真听讲，可以接收到更多的资讯，等等。多数中国人受传统文化的影响，缺乏相应的锻炼，无形中给自己造成很多压力，导致自卑心理严重。

2. 准备不充分

如果一个人准备得不充分，演讲时一定会感到紧张。这就相当于上战场时带了枪，却没带子弹。演讲前的准备包括很多内容，如演讲内容的确定、自身状态的调整等。

3.怕出错、求完美

中国人很多时候比较悲观，总在担心"万一讲不好""万一搞砸了"怎么办，很少会想"万一讲对了""万一听众认可了"。这两种可能性的概率是基本相等的，如果总是想着负面的、不好的结果，就会容易出错，容易紧张。"怕"字由一个"忄"和一个"白"组成，可以理解为怕就是白担心。既然怕解决不了任何问题，那人们在各种场合发言时就没有必要再害怕了。把用在担心上的时间转化为熟悉演讲的内容、思路可能更有效。很多人追求完美，希望做一个完人。但是往往越是追求完美，结果就越糟糕。没有任何一个演讲或发言是完美的，每次演讲或发言后都需要总结经验、吸取教训，找出可以改进和完善的地方。演讲是一门遗憾的艺术，央视主持人主持春晚都会出错，何况是一个普通人。有遗憾和不完美是正常的，人们没有必要苛求自己、给自己增加压力。当一个人不过分追求完美时，就会变得放松，以最好的心态演讲，从而影响自己、影响听众。只有这样，才能讲得更好，才能更好地影响观众、产生更好的效果。

4.恐高

恐高，即恐惧高人，这里的"高人"指领导、专家等比自己强的人。往往有这些人在场的时候，演讲者就会感觉很有压力，担心自己是在班门弄斧。实际上，演讲者应该转变想法：只有在鲁班门前弄斧，暴露自己的不足，高人才可以给予指点，自己才能更好地成长和提升；即使两人观点不同，也可以进行讨论、交流，高人的观点可能比较权威，但并不一定是真理；即使自己表现得不够好，领导、专家也都经历过同样的阶段，一定可以互相理解。此外，有些人向领导汇报工作时会很有压力，其实，没有人比自己更了解自己的工作，领导并不了解自己工作的细节。因此，调整好自己的心态，即使有高人在场，也要自由发挥。恐高还有另外一层意思，即恐惧站得高。很多人坐着讲话时很有底气、自信心很强，可是一站起来，就感觉差别很大，压力倍增，手脚不知道如何摆放，浑身感觉不自在。如果身前有讲台遮挡，情况可能会好一点；如果把桌子拿走，就会感觉压力更大，而且站得越高，压力越大。人们去咖啡厅、茶馆时，总喜欢挑选靠窗、靠边、靠墙的位置，表面看是这些位置便于欣赏风景，从另一个角度考虑，则是这些位置比较能够给人安全感。演讲也是如此，当身体的三分之二都被遮挡时会比较有安全感，但当没有遮挡物时，就好像自己所有的短处都被听众一览无余，开始担心自己的身材、脸型、服装，给自己施加压力。事实上，只要在所处的领域成为成功人士，所谓的缺点、缺陷也可以成为发挥优势的契机。演讲不是选美，不以个人的容貌评判高低，听众也不注重演讲者的外表。例如，在一个培训班上，一个大腹便便的学员做自我介绍时说自己有一个很大的优点，就是特别"中厚"，当别人理解为他很忠厚时，他说自己的"中厚"是指中间比较厚，其他学员听后立刻报以热烈的掌声，最后还选举他为班长。

5. 太在意别人的看法

很多人在演讲时太在意听众的看法，在意听众给自己的评价和分数。当一个人总想着这些时，就会一心二用。演讲者在台上应当一心一意、集中精力表达自己准备的内容，只有这样，演讲才能获得听众的认可。听众的良好反馈只是演讲的附属品，如果演讲者太在意听众的看法，使得注意力分散，那就得不偿失了。

6. 环境陌生

有些人在陌生环境演讲时会感觉压力较大，就像到别人家里做客会感觉比较拘谨一样，如果是这样，演讲者就需要提前到会场了解情况，做到心中有数，培养熟悉的感觉。有些人反而在熟悉的环境演讲会比较紧张，这是因为他们认为听众不认识自己时演讲效果无所谓，但是在熟悉的场合，听众都了解自己的水平，反而不敢发挥了。此外，有些人在重要场合演讲时会较为紧张，其实，演讲就像学生参加考试一样，越在乎考得越不好，越不在乎发挥得越好。因此，演讲者要学会放松，调整心态。

7. 第一次演讲

任何事情都有第一次，包括演讲。第一次演讲时没有经验，紧张是正常现象，当同样的事情或场合经历过几次之后就会应对自如。在人多的场合演讲也容易紧张，这时演讲者不妨换一种心态，将听众分成多个小团队，如将100人分成10个小团队，这样就可以大大缓解自己的压力。

8. 曾经有失败的经历

古语有云："一朝被蛇咬，十年怕井绳。"曾经的失败经历会给人留下阴影，以至于每次遇到相同或相似状况时都会胆怯、紧张，从而不敢发挥。这种人是典型的活在过去，而没有活在当下。过去失败不代表永远失败，上一次失败不代表这一次还会失败，活在过去是没有意义的。人们应该活在当下，只要这一刻很好，并且做了充分准备，就要相信结果一定会很好。如果受失败经历的影响较为严重，应当采取一对一的辅导治疗，消除过去的阴影，重新树立自信。

二、胆怯

怯场是任何一个人经历紧张状况时都会发生的问题。平时我们经常看到这样的现象，有的人在回答课堂提问时总是低着头，且声音非常弱小，在公众场合讲话时更是面红耳赤，语无伦次，半天也表达不清自己的意思，甚至面对黑压压的听众，站在演讲席上心慌意乱得不知该如何是好，这种由紧张所产生的语言、神态紊乱及表情尴尬的心理问题就是胆怯，它是由害怕造成的。根据调查，大约有一大部分人认为怯场是自己学习的最大心理障碍。怯场心理产生的原因很多，有的是因为个性问题；有的是因为认知问题，如过分注重自我，怕被别人耻笑，怕出丑；还有的是因为遭受过失败和挫折等。但总的来说，怯场的原因就是"害怕"两字，所以要想克服怯场，一定要用意志来克服害怕心理，努力提高自信心，多给自己胆量，多给自己鼓励，而不是自己吓自己。

三、自卑

自卑是一种消极的心理状态，它使人离群、苦闷、失去自信心。在口语交际过程中，有自卑心理的人，不敢大大方方地与人平等交往，担心受别人冷落与嘲笑，在进行言语交际中，他们也常常会情不自禁地出现脸红心跳、语无伦次、手足无措等现象。在学校里，有自卑心理的同学往往处理不好同学之间的关系，在性格上表现为内向和沉默寡言，常常会给教师开展正常的教育教学工作带来困难。

自卑往往是由以下两方面原因造成的。一是身体缺陷。如身高、体重、相貌等方面不如别人。二是表达时咬字不如别人清楚、音色不如别人好听、声音不如别人洪亮、抑扬顿挫不如别人掌握得好等。很多人就是因为害怕别人嘲笑而不敢在公众面前进行话语表达的，这样不仅难以提高口才水平，还会因此产生极度的抑郁心理，影响心理健康。自卑主要表现在以下三个方面。

（一）在别人独到见解面前的卑怯现象

对每一谈话者的发言，我们感到都是真知灼见，给人以启迪，甚至有振聋发聩之效。整个谈话场面此类发言层出不穷，我们置身其中，不觉心有所动，别人的水平那么高，见解那么独到、深刻、精辟，我是无法比及的。我要保持沉默，不要说出来闹了笑话，坏了别人的胃口，降了场面的品位。结果越想越别扭，错过了许多说话的机会，把自己弄成了多余的角色。其实谈话有若干人参与，每个人都会围绕话题认真思考，发表一孔之见。这是他认识最深刻，最急于发表出来，感觉最应与别人交流的东西，自有其精辟、深刻之处，这是再正常不过的。我们只要认真听取他人意见，并做积极思考，也会有自己的见解和认识，发表出来也会对他人产生启迪作用。如果仰面看人，自惭形秽，小觑自己，怎能不出现卑怯现象呢？某校文学社经常组织文学沙龙活动，别看这些青年学生稚气未脱的样子，但谈起文学话题，个个高谈阔论，不乏精彩之论。某女生自入社以来很想与同学们交流，可每次活动她都在别人的高见面前丧失了信心，有些意见到了嘴边又犯起嘀咕，打了退堂鼓。其实这个女生在文学上还是有见解的，创作上也小有成就。稍加分析，我们就会发现她是在别人的独到见解前产生了错觉，出现了卑怯心理。如果她能意识到这些，同样会发表令人耳目一新的见解。

（二）在别人说话优势面前的卑怯现象

人千姿百态，其说话也各具特色，方式、角度、特点都不尽相同，说话形式的差异表现为说话时的争奇斗艳，这就形成了一个人的说话优势。比如有的人口齿伶俐，有的人严谨清晰，有的人音色悦耳抑扬顿挫。在别人这些优势面前，有人可能会想：我能有这样的说话能力吗？我怎能比攀得上他呀？如果听听我的发言，岂不大煞风景，让人难堪。还是不说为好，免得丢人现眼。其实这是在心理上过分夸大了别人的说话优势，是被对方镇住了，不知不觉地将自己的说话劣势与对方优势进行参照。实际上每个人都有自己的优势，坚持自我，认真说话，同样会赢得别人的认可。有一个年轻人说话一板一眼，虽语速缓慢，却很清晰，富有节奏感，还是很能打动人的，笔者对此很欣赏。可他在笔者面前总是说话不多，那卑怯的样子让笔者大惑不解。后来笔者才知道，他十分仰慕笔者说话的幽默俏皮、轻松灵巧，感到自己相形见绌。他只看到了别人说话的优势，却忽视了自己的优势，由此产生卑怯心理，实在大可不必。

（三）在别人心理优势面前的卑怯现象

说话表面看是一种嘴皮子功夫，实际上与人的思维状况和心理面貌密切相关。而说话能力、思维状况是稳定因素，心理面貌则是变化因素。因此一个人的心理面貌常常是一个人说话水平发挥程度的决定因素。面对不同的说话对象和说话关系，说话心理常会出现微妙变化。地位、身份、关系是影响这种变化的重要因素。比如一个领导，他在下属面前谈话就具有心理优势，说起话来，思路大开，气畅语酣，妙语连珠，能充分发挥，通常能超过平常水平。此时我们会感佩不已，觉得对方说话水平就是高人一筹。自己未等开口，早已先泄了气，应有的水平也削了一半，只好怯怯懦懦洗耳恭听，勉强说几句也气弱语虚，缺少底气。

四、自傲

自傲是一种以自我为中心的心理倾向，是人际交往的大忌。在口语交际中表现出自傲心理的人往往只将注意力集中在自我身上，过高地估计了自己的能力。他们在交际会话中滔滔不绝，自以为技压群雄；或者在独自演讲中高谈阔论，不顾听众情绪。自傲心理使人孤傲离群，使交际双方关系难以协调，对口语交际极为有害。一个人如果对自己期望值过高，希望通过过度的表现来抬高自己的演讲能力，那么，当这种抬高超过自己的能力时，就会出现事与愿违的结果，出现失控的现象。例如，有的演讲者把演讲台当成他个人表现的场所，演讲前自我陶醉、自我欣赏、自我满足，演讲中趾高气扬、忘乎所以、滔滔不绝、炫耀自己的知识和才能，极度渴望得到掌声和喝彩声，但是一旦演讲失败或评价不高时，他们则像泄了气的皮球一样，情绪低落、自卑自怜、郁郁寡欢、闷闷不乐，或者变得气急败坏、恼羞成怒，情绪难以控制。

第三节　即兴评述中心理调节的技巧

正确认识和评估自己，在实践中摆正自己在人际交往中的位置，逐渐形成健康的交际心理是克服心理障碍的最好方法，心理素质是可以训练的，而且如果训练方法得当，常常可取得事半功倍的效果。

一、心理稳定，思维清晰

初上讲台或在大会场所讲话，事先可采取以下方法使心理状态趋向稳定：做几次深呼吸，使呼吸与心跳趋向正常；慢慢喝水，慢慢咽下，稳定情绪，专心致志考虑讲课或演讲内容；上台后不急于开口，扫视全场，待静场后再开讲；自我暗示法，登台之前，先对着大镜子修饰一下自己的容貌，然后自信地凝视着自己的形象大声说几遍"你今天一定成功"，然后精神焕发地跨出家门。

二、增强信心，消除自卑

（一）从生理的角度进行心理调节

生理与心理是互动互制的。心理的变化会引起生理的相应变化；同理，生理的调节也会对心理产生影响。当说话产生卑怯现象时往往不由自主，难以控制，通过生理上的一些调节措施，往往能取得良好效果，比如深呼吸、搓手、舒展四肢、走动、洗涮等方式，都可以使卑怯紧张的心理消除、缓解。有个青年当自己在公众场合说话出现卑怯心理时，就采用漱口、扭拧皮肤等独特方式缓解和转移自己的卑怯情绪，效果也很显著。一次面对几位专家，他开口发言时口舌哆嗦，他喝了几口水，狠扭了自己几下，顿时卑怯心理没了踪影。

（二）以心理暗示进行心理放松

心理的毛病用心理的方法去矫治最直接最有效。心理卑怯现象是心理夸张性感受所致，必须让心理感受重新归位。要达到这一要求，需要采用心理暗示的方式，对对方做客观、正确的认识，对自己做准确、公正的评估，这样就能保持清醒，树立信心。如当别人说话显示出我们所无法达到的优势时，我们可做这样的暗示：这是他的优势所在，我同样也有优势，一样是他比不上的。一个女孩对一个善搭腔、会交友的青年羡慕不已，但她暗示自己：我会分析、善演说，他比得上我吗？结果在这个青年面前不再有卑怯心理，充满了自信。

（三）摆正对对方的认识

说话的卑怯现象，从本质上说是对对方评估过高引发的。过高地评价了对方，悲观地评价了双方的关系，从而看轻了自己，产生距离意识和崇拜意念，此时既卑又怯，也就自然而然了。我们要摆正对对方的认识，切勿对对方过高认定，更不要神化，要还其本来面目，把他看作一个平常人。同时谈话者都是平等的，发言时也以讲民主为宗旨。正确认识自我，摆正自己的位置，提高自信心，这样还会产生卑怯心理吗？有个青年教师生性懦弱，在领导和德高望重的老教师面前常有卑怯现象。如果他能把对方看成平等的交往对象，视作自己的同事，卑怯现象自会彻底消除。

（四）克服表现欲望，注重表达效果

有时我们说话产生卑怯现象，并不是小觑自己的缘故，而是极强的表现欲望造成的。说话之初一心想着一鸣惊人，压倒他人，当发现别人口才卓绝、见解精到时，心理上产生失落感、挫折感，情绪受到冲击而一落千丈。对此，要培养朴实、自然的说话风格，把自己的意思圆满地表达出来就行了，不要期望值太高。这样心态平稳，卑怯意识也就无从谈起。有个教师参加省里的一个教研会，发言时挥洒自如，从容自若。一个初出茅庐的青年人何以如此练达？关键是他心态平稳、正常，没有过高的期望。

（五）增强责任感，消除退却情绪

在别人出色的表现面前，一旦产生了卑怯现象怎么办？打退堂鼓草草收场，难免尴尬。此时要增强说话的责任感，以力陈己见为职责，坚持下去决不退却，怯懦心理反会得到克服。往往就是那一口气，顶了下去，口舌也随之麻利起来，卑怯现象会自动克服。某一文学征文比赛，一同学名落孙山，他在那些严肃的评委面前一种卑怯感主宰着他，但他觉得自己应该力陈己见，帮助评委科学评判，起初语言哆嗦，一旦挺了下来，话也顺畅起来，自己的意思也准确地表现了出来。

三、突破紧张

（一）学会转移你的注意力

任何即兴评述者都有过初登讲台的尴尬。美国大演讲家詹宁斯·伯瑞安初次上台评述时，两个膝盖不停地抖动；古罗马雄辩家西塞罗刚开始演讲时，"面色苍白，四肢和整个心灵都在颤抖"；马克·吐温这位美国著名的作家第一次演讲时，"紧张得连嘴都张不开，说起话来，嘴里像塞了棉花"；印度前总理英迪拉·甘地初次演讲，"不是在讲话，而是在尖叫"；被喻为世纪演讲家的英国前首相丘吉尔刚开始演讲时，"心窝里似乎塞着一块9寸厚的冰疙瘩"。

怯场的心理人人都有，那些成功的演讲者之所以能战胜紧张心理，走向成功，是因为他们有良好的心理素质。良好的心理素质，使他们更多地拥有了克服紧张的经验，多了一些克服紧张的方法，从而使紧张的情绪逐渐消失。

克服紧张情绪的方法有很多，自己安慰自己就是行之有效的一种。

当你走进考场，感到自己心跳加快，意乱心慌时，你可以告诉自己，这没什么，这是正常反应，别人比我还紧张呢！紧张一点才有紧迫感，没有压力就没有动力。

当你因为初次登台而顾虑重重时，你可以这样对自己说，万事开头难，这一次过去了，以后就不怕了，再说初次上台即使表现稍微差一点，别人也会理解的。

当你看到场上有很多听众而感到紧张不安时，你也可以这么想，这些人我都不认识，说错了又有什么关系呢？我敢一个人面对这么多人，这就是勇气！平时讲话是一个人或几个人听，今天人虽然多一些我还不是只讲一遍，他们还不是只听一遍吗？那么，一个人和一千人又有什么区别呢？

当你临上场而腿脚发软时，你可以安慰自己说："只要上台就没事了，上台一开始演讲，就光顾着讲，想不到紧张了。不就是几分钟吗？不就是走上讲台吗？我是来演讲的，讲好就行了，难道会连路也不会走了吗？"当你看见前面的选手表现得突出时，你很可能会感觉更可怕一些。那你就可以尽情"贬低"别人，"挑"他们的毛病，告诉自己，他们能做到的，我也完全能做到，而且能比他们做得更好。就算有人拿走了第一，不还有第二、第三吗？说不定自己比他们表现得更优秀呢！

你可以告诉自己，我已做好了充分的准备，不会有什么意外的。你可以告诉自己，如果这么一点小事都怕，以后遇上更大的事怎么办？你可以告诉自己，即使出错，也只是一瞬间的事，几天之后别人说不定就忘了这档子事了，这又算什么呢？你还可以告诉自己，就算这次失败了，我也得到了不少经验。只要开了头，就可以来第二次，还有什么值得紧张害怕的呢？

理由是多种多样的，你尽可以使心理向对自己有利的方向倾斜。当你学会自我安慰时，你即使失败了也不会太沮丧。人如果过于患得患失，不能使自己从紧张情绪中解脱出来也是很可怕的。人还是需要一点精神胜利法的，只有这样，才能在自己的意念里转败为胜，忘却沉重，进入崭新的境界。

学会自我安慰，宽待了别人，也善待了自己。当你能够自由地控制你的意念、你的情绪时，你也就能够随时随地找到轻松和愉悦，你也就能变得心胸坦荡，眼前一片光明，你也就能够主动地去控制局面了。不光是演讲，面对生活中任何令你紧张不安、焦急不已的事，你都可以通过这种方法来放松自己的精神，这样你的人生就慢慢从浮躁之中走出来，而变得平和、厚实了。自我安慰其实也是一种注意力转移法。

我们再来看另外的例子。

捷克大出版商谢哈克很害怕当众演讲，因为有一次他在对自己的部下训话时由于紧张说错了3个员工的名字。对此，他一直耿耿于怀，总是担心出错。每次演讲时，过去的一幕总是不自觉地又浮现在眼前。他对自己这种"一朝遭蛇咬，十年怕井绳"的心理状态十分讨厌。有一次演讲，老毛病又犯了，气得他狠狠地拧了自己的腿一把，没想到他这次平静多了，演讲也因此而成功。

这其实也是一种注意力转移法。腿一疼，注意力就转移到腿上来了。痛感一下子使脑子里乱七八糟的念头都自然隐退了，头脑会因为突然而来的刺激而清醒，就好比头脑发热的时候用冷水洗把脸或喝一杯冷饮，都能使思路变得更清晰一点。中国古代的著名演讲家苏秦，在落魄之后仍坚持勤奋读书，经常通宵达旦，有时困了会打瞌睡，因此他就用根绳子把自己的头发绑在房梁上，头一低，头皮就被扯疼了。光这样还不够，在自己犯困时，他还用一个锥子狠狠地刺自己的大腿，这就是著名的"悬梁刺股"的故事，苏秦使用的也是注意力转移法。

学会自我安慰，学会转移自己的注意力，你就可以控制自己的情绪了，你就可以脱离紧张，逐步地进入最佳状态了。

（二）不要怕别人笑话，不要怕出丑

初登演讲台的人过于紧张，一个重要的原因就是怕在众人面前出丑，怕被别人笑话。紧张的心理人皆有之，大家都可以理解。如果你坦然面对，敢于把短处袒露给别人看，短处也就不再隐秘，不再成为短处。有勇气站在大家面前献丑，你就无所顾忌了，反而更能放开手脚了。

有一次，一位教师给学生上课，由于心里太急了，上台时不小心把教案掉在了暖壶上，装满开水的暖壶当时就炸开了，下面传来学生的嬉笑声。这位教师脸一下子红了，言行笨拙起来。尴尬了一阵，手忙脚乱地把地面收拾了一番。但很快地，他控制了自己的情绪，用自然平和的语气对学生说："同学们，对不起，面对诸位，我很紧张，上台之前腿就发软，心发慌；走上台脸发麻，手哆嗦，没想到打坏了热水瓶，此时更是声发颤，心发抖了。看来我没本事在这里站着说教，我们还是采取座谈的方式吧！"这位教师干脆把自己的短处揭给别人看，学生在一片谅解的笑声中接受了他。

在一次演讲比赛中，一个平时并不怎么起眼的初次上台的青年演讲者居然打败了众多高手，摘走了大赛桂冠。有人向他请教演讲的诀窍，他说自己初次上台，本来就没有想到能拿奖。上台之前，他就已经做好了出丑和失败的准备，毕竟是第一次嘛！没想到这样一来，他反而不紧张了，心理上没有任何压力，场上谈笑自若，结果反而取得了最好的成绩。以后，他每次上台之前，都自己鼓励自己："第一次上台没有出乱子，这次有经验了，再不行也就是第一次的水平，顶多是拿不到名次，这又有什么关系呢？"越是如此低调处理，他越能挥洒自如，游刃有余。

同学们在即兴评述时如果非常紧张可以试用此法。你干脆就往最糟的方面想，问问自己评述失败了可能会发生什么最坏的情况。你将发现问题很简单，失败很常见，不会影响一生的前途与命运，失败了也并没有损失什么，相反能得到不少宝贵的经验。人们不是常说"失败乃成功之母"吗？这说明不少人办事并不是一次就能成功的，用得着这么在乎吗？即使是出了错，在台上不顺利，也谈不上什么丢脸，出丑。人们来听你演讲，并不是心怀敌意，蓄意来给你找茬的。你忘词了，或是紧张得动作滑稽，表情僵硬，别人也只是一笑了之，不

会由此否定你整个人，更不会因此而死死记住你。演讲失败了，也不是什么道德缺陷，还不至于让别人当成丑闻来传扬。其实，只有你自己在意自己的失言或失态，听众并不会像你想象的那么关注你，说不定演讲还未结束，他们就忘了呢！而且，他们是来听你演讲的，又不是特意来看演讲的你的，所以没有必要把自己看得那么重要。

日本播音界元老相川浩告诫人们："有勇气站在大家面前献丑，就有希望成功了，即使失败多次也无须在意，仍然重新开始，这样才能一点一点地进步。"

美国"成功教育之父"戴尔·卡耐基说："问问自己，演讲失败了可能会发生什么最坏的情况。镇定地接受这个最坏的情况，要知道最坏也坏不到哪里去，无非就是如此而已。"

丢掉你的虚荣与过分的自尊，一切问题就会迎刃而解，对于成功的演讲者来说，不正是这样吗？

（三）保持良好的心态

在即兴评述中，经常能看到有这样的人：在其他选手都非常紧张的情况下，他们能够从容自如；在其他人都唉声叹气的时候，他们也能够始终面带微笑。其实，他们未必不紧张，只是他们能够有意识地隐藏这种紧张，神态自若地出现在听众面前，这样做有什么意义呢？

当他们从容自如、谈笑风生的时候，他们不仅能够感染别人，更重要的是，还能够感染自己，让自己迅速进入积极状态，把低落的情绪给压制下去。在紧张的情况下，你不妨多说一些热情的话，多用高昂开放的语调，多用几个强有力的手势，多给人几个微笑，让别人觉得你是明朗积极、热情自信的，也让自己觉得自己精神面貌不错。千万不要唉声叹气，说些丧气话，那样你就会丧失掉最后一点信心，导致彻底失败。

保持良好的心态，向积极的方向想问题，即使紧张也要表现得沉着镇静和信心十足，让自己感化自己。青年朋友们可能都有体会，上课发困，不愿再听讲的时候，如果你坚持坐端正，眼睛死死盯住老师，尽自己最大的努力克服困倦，怪事就会发生，你会觉得睡意在一点儿一点儿地消退，很快自己就能进入听课的积极状态。相反，如果不控制自己，任由睡眼惺忪，睡意就会越来越浓，不到几分钟，就会进入梦乡。当你紧张的时候，你不妨用相反的态度刺激自己，你可以尽量做出平静的样子，沉稳而自信，过一阵儿，你会惊奇地发现，自己的确平静了许多，心确实沉静下来了。当场上气氛普遍低沉，别人都情绪低落的时候，你更得提高警惕，千万别被他人的情绪所感染，而要积极地采取相反的态度。

你首先得在思想上乐观激昂，让想象的慷慨激昂带动自己。然后，你还得在外表上尽可能开朗豪爽，让自己"迷倒"自己。你可以正襟危坐，自信而沉静地目视前方；你可以不紧不慢地走上讲台，慢条斯理地介绍自己，开始自己的演讲；你还可以在登台前不当一回事似地与旁人谈一些轻松的与演讲无关的话题，这样，你的心情就会变得舒展很多。

如果你平时喜欢叹气和唠叨，你千万要把这毛病给改了，这会使自己的情绪更加低落，也会给别人留下一个怨天尤人、精神不振的不良印象。试想，如果你旁边的选手老唉声叹气，怨这怨那，你会不会心烦，甚至厌恶？如果一到紧张心慌的时候，你老爱一个劲地自言自语，怨东怨西，这其实是在继续给自己加重负担。学会微笑，学会轻松地耸耸肩，对别人、对自己都有益处。

保持一个良好的精神面貌，包括外表上的振奋，包括若无其事的从容，也包括自信。要想成功，最不能少的就是自信。信心不足，即使听众不多，你也会紧张；有自信，你才能坚定地走上台去。

保持一个良好的心态，你还需要让激情贯穿始终。上台之前，让人感到你神采奕奕，上台之后，你也应该讲得投入而有神。如果讲着讲着，自己都觉得没劲，那给听众的印象肯定是轻弱无力的。要想说服别人，除了内容合理外，你还得用情绪去感染别人，给别人留下一个好的印象。在演讲比赛中，场上气氛越沉闷，听众情绪越低落，你就越要注意用自己积极的情绪打破沉闷，给人强劲有力、耳目一新的感觉。离场前也别忘了有生气，要始终保持积极向上的态度、精神振奋的形象，这样才能让听众感觉到你的自信、你的活力、你的风度。

保持一个良好的心态，你将一步一步坚定地走向成功！

四、苦练敢说，驱走恐惧

爱默生说，"恐惧较之世上任何事物更能击溃人类"。罗宾生教授曾说，"恐惧皆衍生于无知与不确定"。培养胆量，消除恐惧的最好方法就是勤学苦练。方法主要有单独练和请人指教练，等等。演讲者要有练好口才的强烈愿望，且不要丢掉任何练习机会，在讨论会上，要争先发言，敢于当众讲话。在非正式场合，要寻找话题，既敢对熟人讲，又敢对陌生人讲，争取成功一次。撒切尔夫人第一次发表演说时，心理紧张不安，十分害怕，但当第一次演说获得成功后，她信心百倍，并对演讲产生了浓厚的兴趣。总之，有了第一次的成功，我们就能有第二次、第三次……

著名的演说家和心理学家爱德华·威格恩先生曾经非常害怕当众说话和演说，在他读中学时，一想到要起立做演讲就莫名惊悸。他曾诚恳地说，"活在这个世界上，我最不敢期望做到的，就是当个大众演说家"。但他经过努力之后克服了这种恐惧。在他大学毕业一年后，他便自告奋勇，就健全币制发表演说，"开始时，我窒息、结巴，眼看就要全军覆没了，不过，听众和我都勉强撑了过来。小小的成功使我勇气倍增，我继续往下说，自以为只有 15 分钟，使我惊奇的是，其实我已经说了 1 个半钟头"。是的，爱德华·威格恩先生终于学习到，要克服当众说话那种震天动地的恐惧感，最确切的方法之一，就是用成功的经验做后盾，只要你肯多下功夫，就会发现这种演讲、交际恐惧的程度，很快就会降低，这时它就是一种助力，而不是一种阻力了。

五、提高心理素质的训练

实施强化心理素质的训练要注意循序渐进，其具体方法主要有以下几种。

（一）口语表达训练

即兴评述，顾名思义，在演讲现场是没有时间给你做准备的，即使有，也是很短的时间。许多演讲者一方面想利用有限的时间做些准备；另一方面，又不知该如何下手。很多人都把即兴演讲的成功归结于平时的文化知识积累和临场的发挥。

其实，即兴演讲的技巧也是可以通过训练来获得的。

发声与正音训练的目的是获得良好的音质，说出标准的普通话。声音由声带振动后产生，发声要具备发声装置、外力装置和共鸣装置三个条件。人的发声装置是声带，外力装置是呼吸，共鸣装置则是口腔、咽腔、胸腔、鼻腔等部位。

通过训练，演讲者可以拥有良好的音质，说出标准的普通话。

1. 发声训练

发声训练主要包括以下三个方面。

（1）练气

发声训练就是说话训练，说话以气托声，需要气力支持。练气的过程可分解为吸气、呼气、补气。

①吸气。吸气时要气沉丹田，吸到让肚子瘪下去，胸腹胀起来，小腹收缩，然后胸尽可能张开。需要注意的是，吸气时不能耸肩、提肩。吸气时可以想象闻花香，想象 3 米之处有一朵玫瑰花含香带露、芬芳四溢，而自己则要把这些

香味全部吸入腹部。

②呼气。呼气时，要尽可能从底下控制，不可一下吹完。呼气时可以想象吹蜡烛，想象3米之外有一只正在燃烧的蜡烛，需要呼很长时间的气才可能将其吹灭。

在播音、讲话、做报告时，说到长句，通过吸气和呼气控制，以便能将其一口气表达完。为了对自己的吸气和呼气进行控制，可以使用"数枣法"练习或检验。

③补气。在表达更长句子时，如果一次吸气或呼气不能将其说完，就需要用补气的方法。一般来说，补气是指让气流冲击声带使其振动，专业名词是"发气泡音按摩声带"。补气练到一定程度，气流冲击声带，可能产生类似打呼噜的效果。

（2）练声

练声训练就是预声带、练嚼肌、挺软腭的过程。

①预声带。在正式讲话前，要先进行预热，让声带进入状态，例如，可通过字正腔圆地念书，将心态调整到位，使自己进入最佳状态，这样才会取得最好的成绩。在日常生活中，需要经常练一练、喊一喊，对声带进行预热。

②练嚼肌、挺软腭。练嚼肌，一般是指张口嚼，再闭口嚼，活动腮帮，让其自如。为了让嘴部的肌肉得到充分运动，可以学鸭子"嘎、嘎"叫，只有长期锻炼，声音才会产生共鸣。挺软腭就是将软腭挺起。

（3）练吐字

①练字头、字腹、字尾。练吐字包括练字头、字腹、字尾。练习发声时，要求将每一个字或字节，分成字头、字腹、字尾，咬紧字头，带响字腹与字尾，"咬字千斤重，听者自动容"，要用心、用生命讲话，只有这样才能感动人。

②练肺活量。通常情况下，人多次长时间的演说之后会缺乏气力支持，表达出来的有声语言可能会让人觉得空乏无力，因此，要经常练呼吸。只有进行长期的吸气、呼气训练，才能克服气力缺乏的问题。

日常生活中有两种训练肺活量的办法。第一，深呼吸、憋气、坚持、慢呼。先深呼一口气，然后憋气，坚持一段时间，最后慢慢呼出来。第二，吹蜡烛等物件。

③练响度。要想使声音清亮，能够"打"出去，就需要训练声音的响度。训练声音的响度，最好的方法是在清晨跑步或者爬山时，在气喘吁吁中大声讲话或背诵文章。在气喘吁吁、上气不接下气时大声说话，提高声音响度，在恢复到自然状态时，声音响度自然就能得到提高。

2. 正音训练

正音训练，主要包括以下四个方面的内容。

（1）正音训练：学会普通话

正音有两方面含义。第一，学会用普通话演说。最佳办法是找出自己的方言与普通话的声母、韵母、声调方面的对应差异，并进行方音辩证以获得改善。第二，针对吐字含混不清的情况进行训练，由慢到快练绕口令，坚持做活舌操。

（2）正音训练：方音辩证

方音辩证是指由方言变为普通话的过程。普通话演说训练要求找准方言与普通话在声母、韵母、声调方面的对应差异，然后针对问题进行改善。普通话训练不是一蹴而就的，要长期坚持使用，这样才能使发音得到纠正和提高。

方音辩证可以从以下三个方面进行。

①声母辩证。声母包括 z、c、s、zh、ch、sh、n、l 等。例如，练习"支持与字词、实说与思索、哪里与拉犁"等词的发音。

②韵母辩证。韵母包括 en、eng、an、ang、un、ong 等。例如，练习"认真与人证、安全与昂扬、温暖与隆冬"等词的发音。

③调值辩证。调值包括阴、阳、上、去、轻声。例如，"妈、麻、马、骂、吗"这几个词，发音都是 ma，但调值不同，所代表的字就大不相同，需要通过反复练习发声进行区别。在训练过程中，可以借助类似"妈妈骑马，马慢妈妈骂马，妞妞骑牛，牛扭、妞妞拧牛"这样的绕口令进行练习。

【案例1】

打鱼的经济学

一个哈佛大学的经济学博士看到一个渔夫摇桨拨橹，划着一个小船，他想，这么简陋的设备怎么能打到好鱼。

于是他跟这位渔夫简单地寒暄几句后，问对方用多长时间打的鱼，对方说没用多长时间，他又问："你今天怎么不用很多时间打鱼？"渔夫回答："我打的这些鱼已经够我一家生活得很好了。"

他接下来又问对方剩下的时间干什么，渔夫说："我回去跟我的孩子们玩一会儿，中午跟老婆睡个午觉，傍晚的时候到镇子上去跟朋友们喝喝酒，玩玩吉它。我很充实，很快乐。"

这个经济学博士说："我是学经济的，我帮你计划一下。你每天多拿一点时间打鱼，你就能打很多鱼，打鱼多了就会有更多的钱，然后买个好船。有了好船就能打鱼更多，然后你就可以建一个船队。这样的话，你就可以在墨西哥城买房子，到城市居住，你还可以到海边去居住，也可以悠哉地跟你老婆睡个午觉，然后跟孩子们玩，到小镇上喝酒。"

结果这个渔夫说："转了一圈之后，还不是回到我现在的这种生活。"

一个人要成为什么样的角色，是由自己决定的，要付出与之对等的代价。只有感悟人生，对生活充满激情，才能活得幸福。

（3）正音训练：绕口令

①作用。一般来说，绕口令练习在口才、口语训练中既有趣又有效，对纠正发音、锻炼舌肌十分有益。

②程序。绕口令练习的程序一般是由简到繁、由短到长、由慢到快。

③要求。在进行绕口令训练时，要求清、准、快、连，也就是清晰、准确、快速、连贯。一般的绕口令练习有：

对面有个白粉墙，

白粉墙上画凤凰，

先画一只黄凤凰，

后画一只绯红绯红的红凤凰，

红凤凰看黄凤凰，

黄凤凰看红凤凰，

红凤凰，黄凤凰，

两只都是活凤凰。

九月九，

九个酒迷喝醉酒。

九个酒杯九杯酒，

九个酒迷喝九口。

喝罢九口酒，

又倒九杯酒。

九个酒迷端起酒，

"咕咚、咕咚"又九口。

九杯酒，酒九口。

喝罢九个酒迷醉了酒。

玻璃杯倒进白开水，

白开水倒进玻璃杯。

玻璃杯倒进白开水就成了装白开水的玻璃杯。

装白开水的玻璃杯倒进白开水，

白开水倒进装白开水的玻璃杯。

天上七颗星，

地上七块冰，

台上七盏灯，

树上七只莺，

墙上七枚钉。

杭育杭育拔脱七枚钉。

喔嘘喔嘘赶走七只莺。

乒乒乓乓塌坏七块冰。

一阵风来吹灭七盏灯。

　　对于 n、l 不分者，可以使用下面的绕口令练习：

牛郎恋刘娘，

刘娘念牛郎，

牛郎年年恋刘娘，

刘娘年年念牛郎。

郎恋娘来娘念郎，

念娘恋娘，

念郎恋郎，

念恋娘郎。

　　对于 h、f 不分者，可以使用下面的绕口令练习：

灰化肥，

黑化肥，

灰化肥发黑，

黑化肥发灰，

灰化肥挥发会发黑，

黑化肥发灰助花飞。

　　对于声母 z、c、s，zh、ch、sh 不分者，可以使用下面的绕口令练习：

四是四，

十是十，

十四是十四，

四十是四十,

谁说十四是四十,

就罚谁十四,

谁说四十是十四,

就罚谁四十。

分音诗练习:

向着苍天歌唱,

不再伤心沮丧,

不要张狂和肮脏,

实事求是茁壮成长!

（4）正音训练：活舌操

活舌操是口语表达训练的重要环节,是能锻炼舌肌的口腔操。

①活舌操的动作要领。活舌操共分七节,其主要要领如下。第一节：嘴微开,舌尖抵上齿背沿上腭向后钩。第二节：舌尖抵下齿背,舌面拱起沿上齿往外突,同时,用上齿轻叩舌面。第三节：双唇紧闭,舌尖顶左腮右腮,左右开弓,由慢到快。第四节：舌头沿上下齿外围转圈,顺时针转几圈,再逆时针转几圈。第五节：将舌头伸出嘴外,舌尖向上卷,目标是够鼻尖。第六节：嘴张开,让出空间让舌头做伸缩运动,做弹舌状。第七节：嘴半张,伸出舌头做水平横向运动,使两边舌缘分别触到两边嘴角。

②活舌操的练习。练习活舌操,要严肃认真、一丝不苟。常练活舌操好处多,可以治愈肠胃溃疡,清新口气,提高家庭幸福指数等,而且练活舌操可以让自己的表情更加生动,说话办事更加周密,有效促进表达。

3. 朗读式训练

朗读式训练的核心是速读,这是美国前总统林肯使用的训练方法,其主要内容是通过朗读锻炼口才。

（1）朗读式训练的做法

简言之,朗读式训练的做法就是"低声—高声—快速—模仿角色—面对听众"。即在开始阶段,先用低声速读；练习到低声速读不存在问题时,使用高声阅读；高声阅读运用自如时,可使用快速阅读；然后再练习进入角色,模仿角色进行阅读；最后面对听众阅读。

（2）朗读式训练的稿件

以下列举了几段适合朗读式训练的讲话。

在影片《高山下的花环》中，雷军长的战地讲话非常具有煽动性，适合训练：

我们的大炮就要万炮齐鸣，我们的装甲车就要隆隆开进！我们的千军万马就要去杀敌！就要去拼命！就要去流血！可刚才，有那么个神通广大的贵妇人，她竟有本事从几千里之外，把电话打到我这前沿指挥所。她来电话干吗？她来电话要我给她的儿子开后门，让我关照她儿子！奶奶娘：走后门，她竟敢走到我这流血牺牲的战场上！我在电话里把她臭骂了一顿！我雷某不管她是天老爷的夫人，还是地老爷的太太。走后门，谁敢把后门走到我流血牺牲的战场上，没二话，我雷某要让她儿子第一个扛炸药包，去炸碉堡！去炸碉堡！

电视剧《亮剑》中适合速读的经典台词，例如：

我们团要像野狼团，我们每个人都要是嗷嗷叫的野狼！吃鬼子的肉，还嚼碎鬼子的骨头。狼走千里吃肉，狗走千里吃屎，咱独立团啥时候吃肉，啥时候改善伙食啊？那就是碰到小鬼子的时候！

（3）朗读式训练的要求

凡讲话时，要想更具感召力、影响力，嘴里说到什么，脑袋里就要有画面感，并让这些画面在脑海中流淌，深深地影响自己。

【案例2】

魏积安的出名史

魏积安在军艺毕业后，被分配到某军区的话剧团，后又来到南京军区话剧团。一次，总政话剧团要排演节目，全军挑选演员，魏积安被安排演一个士兵甲的小角色。节目是在部队集合以后，连长在训某战士，这个士兵甲为了给战友申辩说明情况，只有一句台词，"连长，他"。魏积安为了演好这个角色，每天早上在院子里揣摩"连长，他"。有一天总政话剧团团长在散步的时候，听到绿丛里传来"连长，他"的声音，觉得这个演员非常投入，很有潜力，后来魏积安被调进总政话剧团，现在成了著名演员。

张瑞敏先生曾说，"人生在世，都愿意做一个不简单的人。"所谓不简单，就是把简单的事认认真真地做好；所谓不容易，就是把人们公认为特别容易的事情认认真真、兢兢业业、不折不扣、任劳任怨地做好。可见，不简单、不容易，都要求干什么事都要进入角色，而进入角色要有很好的心态，懂得"人生在世定位很重要，不因自卑不到位，不因自傲常越位"的道理，这对速读训练非常有益。

4.口才训练七法

（1）速读法

速读法是指快速阅读，以提高口才的训练办法。

（2）背诵法

背诵法是指通过背诵，锻炼记忆和表达能力的训练方法。

（3）练声法

练声法是指像歌唱家一样练声调嗓子，使自己的语气声调加以完善的训练方法。

（4）复述法

复述法是指从书面表达向口头表达转移的训练形式。

复述法分提纲式复述、细节式复述、完整复述三种。复述法好似"鹦鹉学舌"，其顺序一般包括复述、描述、解释和阐述四个方面的内容。

（5）模仿法

模仿法是指通过学习别人的声调，或学习其他各种发声锻炼模仿能力，从而提高口才表达的训练方法。

（6）描述法

描述法是指在复述的基础上加入部分感情色彩，属于复述法的分支。

（7）角色扮演法

角色扮演法是指将自己假设为角色本身，然后进行表达训练。

【案例3】

老虎不在家，猴子称大王

一对老夫妻养了一头驴子，这头驴膘肥体健，被山里的小偷和老虎同时惦记上了。某晚上，老虎来吃驴，纵身一跃翻到了院内，刚一着地就听到老两口在对话。老太太说："老头子啊，门拴好了没有？我听外边有响动，别让老虎把咱们的驴吃了。"老头说："哼，老虎倒不怕，就怕下雨时间长了屋漏。"老虎听到老夫妻说老虎倒不怕而是怕屋漏，便开始琢磨屋漏是什么东西。

这时小偷来偷驴，蹑手蹑脚进来以后看见一个庞然大物，于是纵身一跃跳上虎背，老虎以为这是屋漏，撒腿就跑，小偷则觉得这只驴马力强劲，特别高兴。但是在天蒙蒙亮时，他发现胯下是老虎。于是在路过一棵树时，小偷纵身一跃上了树，老虎觉得背上轻了，但也不敢停下来。跑到深山碰到小猴子，猴子说："虎大王，何事惊慌？"老虎把碰到屋漏的事一五一十地讲了一遍。猴子很聪明，说："虎大王，我认识屋漏，您带我去看看，如果是屋漏，我就冲你眨眼睛，然后你再跑不迟。"老虎觉得有道理。于是猴子大摇大摆地骑上虎背往回走，走到树下时，看见小偷还在树上直打哆嗦，猴子想到平常老虎总欺负自己，要借这个机会敲打老虎，于是跳下虎背给老虎直眨眼睛，老虎吓得赶快又跑了。

一个星期之后，老虎在山里又碰到了猴子，就问："哎，猴子，那屋漏呢？"猴子说："屋漏谁都不怕，就怕我猴子。"虎大王觉得屋漏怕猴子，于是要让出宝座给猴子，双方百般推辞，最后达成共识，说老虎不在的时候猴子当大王。

这就是"老虎不在家，猴子称大王"的来历。

5.语言表达技巧

将字头连起来记忆的方法叫"字头法"。语言表达有七大技巧：情景再现、内在语、对象感、停连、重音、语气、节奏。利用字头法，将这七大技巧的字头相连，组成"情内对停重语节"，然后可以将其编成一个小故事，以便快速地记住。

（1）情景再现

所谓情景再现，是指触景生情、现身说法。

（2）内在语

语句的弦外之音、味外之味就是内在语，是指在演讲语言中所不便表露、不能表露，或没有完全显露出的语句关系和语句本质。简而言之，内在语就是话中话、弦外音、潜台词。

（3）对象感

对象感，是指在说话过程中意识到对象的存在，并与之进行交流、呼应的感受。在面对话筒时，应做到目中无人、心中有人。

（4）停连

停连包括两个方面的问题，停指停顿，连指连接。有停顿，有连接才能更好地传情达意。停顿和连接都是在有声语言行进中显示语意、抒发感情的方法。无论停或连，都是思想感情发展变化的要求，而不是任意的。

（5）重音

重音是相连的音节中某个音节发音突出的现象。

（6）语气

语气体现了说话人在交际中对谈到的情况所持的态度。语气有四种，分别是陈述、疑问、祈使、感叹。语气，是思想感情运动状态支配下语句的声音形式，简而言之就是思想感情、语气分量。

（7）节奏

所谓节奏，即讲究抑扬顿挫、轻重缓急、回环往复。其中，回环往复包括扬抑、停连、轻重、快慢等。

（二）自我暗示训练

自我暗示训练，主要是指通过内心积极的自我暗示，消除胆怯、紧张等心理障碍。

上讲台前，闭上眼睛，扩张胸腔，深呼吸数次，心中暗暗说"我有把握讲清楚，会表现得比别的同学好"。

走向讲台时，速度可比平时稍慢；登上讲台时，深呼吸1次，目光向前平视并自我暗示，"只要我不慌，紧张一定就会消除""说话语速慢一些，语调坚决一点"。

（三）目光接触训练

很多人初次在大庭广众下讲话觉得紧张，目光无处可放或呆呆地望着某处不动，甚至会低头以躲避台下听众的目光。因此，在目光接触训练时，不要只探究别人的目光的含义，而要用自己的目光去同别人交流，并尽量体会自己的目光是否体现出友好的交流感，如这样训练者仍然感到紧张，则也可以用虚视或扫视的办法来解决。

1. 眼睛变化与心理活动

（1）眼睛的变化能够反映一个人的心理变化

目光从表面上看，是一个人的注视方向。其实，目光是心灵的窗口，或者说是心灵的外在形态。眼神的一送、一收、一顾、一盼、一蹩、一睨，都有意义。如常说的"眉目传情""暗送秋波"等。一个人通过这个窗口袒露自己，又让他人通过这个窗口认识自己。正如爱默生所说："人的眼睛和舌头所说的话一样多。不需要字典，就能够从眼睛的语言中了解心灵世界。"俄国作家托尔斯泰曾写过85种不同的眼神，不同的眼神代表着不同的思想感情。关于眼神与心态的关系，我国古代的孟子早有论述。他说："胸中正，则眸子明（眼珠明亮）焉；胸中不正，则眸子暗（目光暗淡）焉。"他又说："听其言也，观其眸子，人焉廋哉！"魏晋时代的文人阮籍能熟练地运用眼睛表达情感，史书上记载："籍又能为青白眼。见礼俗之士，以白眼对之；见志同道合之士，则以青眼见。"鲁迅说："最高的轻蔑是无言，而且连眼珠也不转动。"这也是借眼睛表达情感的一种方式。

意大利著名演员索菲亚·罗兰谈自己的拍片体会时说："眼睛的美，不仅在于它长得圆大，更在于它能传达女人内心的情感。我的眼睛是准确反映我灵魂的一面镜子。"电影中常见这样的镜头，审讯者为了弄清被审讯者是否在说谎，常命令他："抬起头来，看我的眼睛！"被审讯者的眼神暗淡无光彩，则说明他心中有鬼；如果对审讯者说了谎，他的眼神会游移不定，从而露出破绽。

在人际交往中，尤其是在争辩时，一个人直视对方，表明这个人非常自信并且能够说服他人。自信而又力求说服对方的人通常都是目光逼人的。在协作情况下，亲切和欲望强烈的人多把目光投向对方。如人们不想与对方交流或自感不适应周围环境时，会有意避开他人的目光，将自己的视线收回来。避开对方视线的人，要么他有较强的自卑感，要么他根本不想与别人交流。

有一位心理学家在《推销员如何了解顾客的心理》一文中说："假如顾客的眼睛向下看、脸朝向一边，表示你被拒绝；假如他的嘴唇放松，笑容自然，下颚向前，则可能会考虑你的建议；假如他对你的眼睛注视几秒钟，嘴角以至鼻翼部位都显出微笑，笑得很轻松，而且很热情，这项买卖就做成了。"

此外，瞳孔的大小也反映出心理活动的不同。著名生物学家达尔文在他的《人类和动物的表情》一书中，从进化、适应和生存的意义上分析了人类情绪与瞳孔变化的相互关系。1960年，赫斯等人对此又展开了进一步的研究。他们首先把猫作为实验品，通过仔细观察，他们发现，当猫受到食物和熟悉的玩物的刺激时，它的瞳孔就会扩大。1960～1964年，赫斯等人对人类瞳孔的变化与人类的思想情绪的相互关系又进行了一系列的研究，结果表明，某些令人厌恶的刺激会引起人的瞳孔的收缩；而某些令人喜悦的刺激能引起瞳孔的扩大。经过进一步的实验和观察，专家们一致认为，瞳孔的变化如实地反映了大脑正在进行的思维活动。因此，我们可以有把握地说，瞳孔是兴趣、偏爱、动机、态度、情感等心理活动的高度灵敏的显像屏幕。

（2）目光接触的功能

①调控交往。注视在促进沟通等方面具有重要的作用。课堂提问，教师环视教室找学生回答时，没有准备或把握不准的学生，往往不敢和教师的目光接触，而对问题有自己看法并想站起来回答的学生，虽然不一定举手（因为举手也许会遭到他人的嘲讽），但敢于和教师的目光进行接触。日常生活中，如果遇见一个陌生的但颇有好感的人，我们常向他（她）投去温情的一瞥，等于是告诉他（她）："我的交往大门对你是敞开的。"如果不想惹麻烦，就会避免注视陌生人或回避陌生人的注视。相熟之人，一旦目光接触以后，即使无心交

谈也得敷衍几句。所以，当人有急事匆匆相遇时，大多低眉侧眼。

加利曾在实验室条件下观察一些互不相识的大学生见面时的情形，他发现，相互注视预示着交谈的开始。如果第一次接触就能互相注视，那么他们很可能会交谈。如果一个学生坐到已坐好的另一个学生身边，他们再一次相互注视，交谈就更有可能了。交谈一旦开始，注视仍有重要作用。阿盖尔和莫厄姆指出，在两人交谈的过程中，注视的时间几乎占去了全部交谈时间的61%，其中相互注视的时间占全部互动时间的31%，每次单向注视的平均时间大约为3秒，相互注视的平均时间只略长了1秒。

在人际交往中，目光会起到补充作用。两人面对面交谈时，一般的规律是说话的人看对方的次数要少于听讲的人，这样便于说话者将更多的注意力集中到所要表达的思想内容上。一段时间之后，如果讲话的人用眼睛看着听话者，那么，这就暗示对方可以讲话。

②反馈信息。注视还具有向谈话者反馈信息的功能。注视在这时被理解为感兴趣或有吸引等。直接的目光接触表明你对说话者十分感兴趣，并希望知悉、理解他的话题。强烈赞同者的目光比那些赞同不强烈的人，直视对方的时间要长。一个人越喜欢谁，他看谁的时间也就越长。

③表达感情。眼睛能表达人的感情。眼睛是面部表达情绪的3个主要区域之一。在各种情绪中，最能为面部表情所表示出来的是惊讶、恐惧和厌恶。而这些情绪的最佳表现区域是眼睛、眉毛以及与眼睛相邻的鼻翼。除此之外，愤怒、幸福和沮丧也能通过眼神一览无余。保罗·埃克曼和他的同事们还做了一项更细致、更全面的工作，他们对眼球运动和面部肌肉变化如何准确地反映不同情感做了详细说明。如愤怒的情绪通常是由两眉收拢以及用力瞪眼来表示的。日常生活中，我们和戴着不透明的太阳镜的人交谈会感到不舒服，并常常报怨"不知道他们在想什么"，这说明我们重视眼睛的活动，并且把它当作情绪的一种外在特征。

④确定关系。注视能够传达人际关系的性质。注视不仅可以明确表示人与人之间的喜欢与不喜欢，甚至也可以表示人际间的各种关系。在日常生活中，人们在一起谈话时，对望的时间往往不超过1秒钟，可以称得上是"一瞥"。一旦双方双眸直对，彼此间一定是有了好感，其亲密程度不言而喻。专家们发现，约会伴侣有着更广泛的、更多方面的互动关系，目光接触占据十分重要的地位。浪漫程度较高的情侣，相互注视所花费的时间明显多于感情不深、关系不牢的情侣。

注视还是人际关系中地位差异的重要标志。埃克斯林和他的同事们曾研究地位高的人和地位低的人交往时的各种注视方式，如上下级关系，研究表明，在任何情况下都是地位低的人看着对方，而地位高的人则常常是目空一切。

地位差异会有助于解释在目光行为现象上普遍存在的性别差异。一般说来，女性要比男性善于使用目光，但女性不像男性那样总是盯着对方，相反，她们总是在躲避人的目光。

2. 不同目光的特征与注视的类型

（1）不同目光的特征

①诚实。这种眼神的特征是目光正视、平缓沉静。电影《牧马人》中，当许灵均和李秀芝两人在小破屋里初次见面时，两人赤诚相见、毫不掩饰。这时他们两人的眼睛里发出了诚实正直的目光。难怪李秀芝说道："俺一看到你，就觉得你是一个好人。"

②呆滞。目光呆滞的表现特征是目光无神、反应迟钝。鲁迅先生在《祝福》一文中，写祥林嫂是一个乞丐时，说道："只有那眼珠间或一轮，还可以表示她是一个活物。"

③敏锐。这种眼神的特点是目光锐利、锋芒毕露。苏联电影《列宁在十月》有一个镜头是，捷尔任斯基在盘问内奸时，他拍桌连声命令道："看我的眼睛！看着我的眼睛！"此刻，捷尔任斯基的眼睛里射出了两道闪电般的愤怒的光芒，直刺得那个内奸惊慌失措，仅离几步之远，那个内奸的手枪子弹都无法射中捷尔任斯基。

④兴奋。这种眼神的表现特征是眼神明亮、热情奔放。当一个学生在运动场上奋力拼搏，力挫群雄，最后赢得冠军之际，他的眼睛里就带着极度兴奋的神情。这种眼神的流露，对于其他学生来讲，感染力是极强的。

⑤焦躁。这种眼神的表现特征是眼眶暗缩、神情不安。例如，人们在车站上等了半个多小时，但车没有来，这使他们的心情有些急躁不安。特别是那些有急事的人，他们的眼睛里就会流露出焦急烦躁的神色。

（2）注视的类型

目光接触分为注视和相互注视两种。注视是指直视对方的脸；相互注视是指某两个人互相注视。由于兴致不同，其注视的部位也不同。

①公事注视。公事注视是人们在洽谈业务和贸易谈判时所使用的一种注视行为。这种注视是用眼睛看着对方脸上的三角部位。这个三角部位以两眼为底线，上至前额。洽谈业务时，如果你看着讲话者的这个部位，就会显得严肃认真，别人也会感到你有诚意。在交谈过程中，如果你的目光总是落在这个三角部位，

那么，你就会掌握谈话的主动权和控制权。因此，这种注视是商人和外交人员经常使用的一种注视方式。

②社交注视。社交注视是人们在社交场合使用的注视行为。这些场合包括茶话会、舞会等各种类型的友谊集会。这种注视也是用眼睛看着对方脸上的三角部位。这个三角以两眼为上线，以嘴为下顶角，即双眼和嘴之间。你看着对话者脸上的这个部位时，就会造成一种社交气氛。

③亲密注视。亲密注视是亲人或恋人之间所使用的一种注视行为。这种注视就是看着对话者的双眼和胸部之间的部位。当男人对女人或女人对男人产生特别的好感时，一般就会看着对方的这个部位。所以，用眼睛注视对方的胸部周围只有在恋人之间才算合适。而对陌生人来说，这种注视就有些出格了。

④侧扫视。侧扫视是一种用来表示喜欢、轻视或敌对态度的注视行为。这种行为也不难区分，如果这种注视行为伴随着微笑或略微翘起的眉头，就是一种表示喜欢的信号。但是，如果侧扫视伴随着眉头下垂、嘴角下撇，这种注视就成了一种表示猜疑、轻视、敌视或批评性的信号。

3. 教师目光交流技巧的运用及训练

（1）教师目光交流技巧的运用

目光和眼神是非言语交流的重要手段，教师要善于运用这种交流手段，一方面能透过学生的眼睛，洞察其内心世界，了解学生是在认真思考还是心猿意马；另一方面，教师还要会利用自己的眼睛，对学生实行心理控制。

①赢得信任。教师课堂上的眼神，首先要给学生一种信赖感。呆滞的眼神给学生的印象是智力欠缺，难以承担教书育人的重任；而焦躁的眼神则使人感到此人缺乏自控能力，不沉着老练。教师双目炯炯，能振奋学生的精神；两眼无光，会使学生情绪低落。

②协调一致。教师眼神的变化要与教学内容相一致。教学内容丰富多彩，教师的眼神也要随之变化，如果自始至终只用一种眼神，会给学生以呆板单调的印象。教师应当根据教学内容的需要，配之以适当的眼神，从而使学生更好地理解教学内容。

③顾及四周。注视可以表示师生之间在课堂上的相互尊重。教师在上课时对某学生注视较多，这个学生就会感到亲切而专心听讲。而教师对另一个学生连看也不看一眼，他会认为教师对他很蔑视。教学实践经验证明，上课时，教师要经常不断地在学生身上转移自己的目光，不要只停留在个别学生身上。要使每个学生都感到老师不是在上课，而是在和他进行不间断的个别谈话，这样

就可以紧紧地抓住学生的注意力。现实中，有的教师上课时，视线长时间地停留在一点上，而不会运用巡视的眼神顾及四面八方，照顾全班学生，好像他不是在向全体学生讲课，而只是在对某几个人讲课。有的教师的视线老盯着讲义、天花板、窗子等，不正视学生，这些都不利于课堂教学质量的提高。因此，要做到目光照顾到班上每个学生，教师在上课时就要学会调整角度，照顾到各个方面。

首先是纵向角度，这是指教师视线的上下角度问题。教师若视线太低，只能看到前几排的学生，而照顾不到后面大多数学生。眼睛仰视，又会使学生感到趾高气扬、盛气凌人。所以，教师视线过高或过低都不好。正确的方向是眼睛保持平视，并且把自己的视线落在教室中排偏后的学生身上。当然，这只是一个基本视点，在讲课时教师还可以适当变动，顾及前、中、后各排的学生。

其次是横向角度，这是教师视线的左右角度问题。教师在上课时，绝不要长时间地把视线停留在某一点上，应该从左边扫视到右边，然后再从右边转到左边。当然也不要像摇头电扇那样有规律地进行，要尽量做到自然扫视。有的教师上课时总是倾身对着学生，这样照顾不到多数学生，这样的习惯应该改掉。

④调控学生。比如在课堂上，教师用目光调整学生的注意力。对专心听讲的学生用热情的目光，表示教师的满意；对精力不集中、做小动作或窃窃私语的学生，用冷漠的目光注视几秒钟，待双方目光接触以后再移开，这样既起到了告诫的作用，又保护了学生的自尊心；双方距离较远时，可用眼睛加强思想感情的交流，如当某个学生对一个问题犹豫不决，而教师又无法用语言指导时，可以用眼神及其他形体动作给予暗示。

⑤接受反馈。教师上课，一方面向学生输入信息，另一方面，学生也会通过自己的种种表现发出反馈信息，回传给教师，教师可根据反馈的信息调整自己的课堂教学。因此，教师应该及时地、全面地、准确地掌握反馈信息。教师需要一边讲课，一边巡视学生，注意学生出现的各种反应。

⑥恰当注视。教师在与学生交流时，要根据不同的情况，采取不同的注视行为，不同的注视行为对师生交流的性质和交流的结果会产生不同的影响。例如，教师批评一个犯了错误的异性学生，当这个学生来到办公室，我们应该采取哪种注视行为呢？如果采用社交注视（看着他的眼和嘴之间），那么，尽管讲话是非常严肃的，但这个学生有可能在听你讲话的时候表现出漫不经心的态度，这样就会削弱教师有声语言的严肃性。如果采用亲密注视，那么，会使对方感到窘迫，从而使学生对教师所讲的话产生抵触情绪。在此情境中，如果教师看着学生脸上的眼和前额之间，再配以有声语言，教师就会对学生产生一种

强有力的影响,而且看上去也会显得严肃认真。对此,学生既不会产生抵触情绪,又不会漫不经心,相反,教师对他的教育和帮助会产生积极的效果。

⑦视线控制。关于视线对学生学习和记忆的影响,有人做过专门的研究。结果表明,人类大脑中所储存的信息,大部分是通过视觉器官获得的。有人做过统计,认为大脑中87%的信息通过视觉获得,7%通过听觉,其余的信息则是通过其他感官获得的。由此可见,眼睛对知识的吸收起到了何等重要的作用。

为了提高学习质量,教师需要控制学生的视线。讲课时,教师要把重点写在黑板上,在讲到某一点时,还需要用不同颜色的粉笔画线标记,以突出重点,这就是一种对学生的视线进行控制的方法。根据"刺激物之间的对比关系"是无意注意产生的条件的规律,这种方法会吸引学生的注意力。

辅导个别学生时,为了最大限度地控制学生视线,教师可以用一支笔或某种指示器指着教具进行讲解,进而,抬起指在教具上的笔或指示器,使之留在教师与学生的视线中间,这样,学生就会抬起头看着教师的眼睛,并注意认真听教师所讲的内容。对于学生来说,他听到的内容和看到的教具,会在大脑中形成一幅图片,因此,对教师所讲的内容也就会理解得更加深刻,记忆得更加牢固。

日常经验和研究表明,教师对学生的视线控制不但有助于学生对知识的理解和吸收,而且有助于学生的记忆。现代化的"视、听、说"外语教学法就具有这方面的优点。

(2)教师目光交流技巧的训练

教师要按照面部表情训练要求进行眼神训练,同时要坚持下列实际练习。

①认真体会下列各种目光所表示的心态,并结合教育教学实际反复练习。目光明澈,表示胸怀坦荡;目光狡黠,表示聪慧幽默;目光炯炯,表示精神焕发;目光如豆,表示心胸狭窄;目光执着,表示志怀高远;目光浮动,表示轻薄浅陋;目光睿智,表示聪明机敏;目光呆滞,表示心事重重;目光坚毅,表示自强自信;目光衰颓,表示自暴自弃。

②按下列词语练习眼神的变化,注意同组眼神的区别。诚挚的目光—同情的目光;悲痛的目光—苦涩的目光;坚定的目光—愤怒的目光;鄙夷的目光—讥讽的目光;怀疑的目光—沉思的目光;喜悦的目光—兴奋的目光;惊奇的目光—惊恐的目光。

③分析下列各词语中眼神传递的思想感情,并结合教育教学中的实例反复练习。目光如炬;熟视无睹;目瞪口呆;冷眼旁观;戟指怒目;眉开眼笑;眼花缭乱;愁眉锁眼;佛眼相看。

（四）应急反应训练

如在讲话过程中，听众中突然爆发出哄堂大笑；讲稿被风刮走；记不起演讲词；有人突然提问（询问、反问、逼问、诘问）等，这时对演讲者而言，要做到的是冷静，举止适度，言语得当。提高口语交际者的应急反应能力的方法：一是要积极加入对话，不放过参与讨论的机会；二是在学习过程中要注意阅读驳论和立论材料，欣赏叙事性作品如小说和戏剧中精彩的对话描写；三是不要放过参加"辩论赛"之类的活动的机会，在辩论中有效快速地提高自己口语交锋的应急反应能力。

（五）角色心理适应训练

训练内容：通过角色扮演，尝试在模拟的情境中进行"自我推销"。具体训练程序如下。

①由4位学生扮演考官，1名学生扮演大学毕业生。

②各位考官性格各异。甲考官性格温和，问话亲切，富有启发性；乙考官性格内向，问话言简意赅，表情严肃；丙考官感情外露，问话中有鲜明的情绪倾向；丁考官思维富有独创性，问话多是逼问式。各"考官"对应试者轮番提问，以训练面试者对话过程中的心理适应能力。

③大学毕业生以稳健的谈话风格、质朴的语言、饱满的精神状态，向考官介绍自己的学识、才干、品行。介绍完后，逐一回答"考官"的提问，在训练中不断提高自己作为应试者的心理适应水平，提高口头陈述和立论的能力。

④根据课堂练习，增加一些对话和细节，最后由学生观众评出最佳扮演者。

除了上述方法之外，强化心理素质训练的方法还有自我心理分析训练、心理沟通与转换训练，等等。

（六）形态语言训练

1. 演讲上台的体态动作

（1）上台前
①要看好地形、路线，了解观众的情况。
②整理好自己的衣服、资料、道具、发型等。
③请各工作人员调整好音响、话筒高度。
（2）上台时
①要从容不迫、落落大方、潇洒自信。

②不能松松垮垮，随随便便，弓背弯腰。

③不能矫揉造作，扭捏作态，怪模怪样。

④不能缺乏谨慎，匆匆忙忙，大步流星。

⑤不能过于迟缓，拖拖拉拉，萎靡不振。

（3）上台后

不要急忙开口，而应用亲切的目光注视或扫视会场几秒钟，使听众的大脑做好接收信息的准备，得到无声的感染。

（4）移动

一般来说，在正规的场合演讲者站立好后是不宜移动的，但在特殊情况下，有时也要适当地移动。演讲者的身体如果需要移动的话，应注意以下三点：①动要在理，必须符合演讲内容的需要，或者出于其他的目的，比如，为了进一步鼓动听众或者制止一些特殊情况的发生，演讲者可以向前走动点；②动有规则，演讲者在走动方向、节奏、快慢等方面保持一定的规则，这样既能活跃会场气氛，又能稳定听众的情绪；③动要适当，宁少勿多，移动范围不应过大，不可跨越太远、来回走动。

2. 演讲站立的姿态

演讲必须站着，这是一个基本原则。古今中外成功的演说家几乎都是站着演讲的，就是在联合国的讲台上，不管是国家元首，还是政府要员，都一律站着讲，而且还限制时间。其原因就在于：第一，表示对听众的尊重；第二，避免长篇大论，或埋头念稿子的毛病；第三，显示演讲者的精神风貌；第四，增强和听众的交流，调节会场的气氛；第五，演讲者站立，可以给人一个完整的形象，只有站立，才能使手势、身势自由地摆动。

演讲者站在台上，要像青松一样挺立，不能掉肩斜背；可一脚略向前，一脚稍后，或呈稍息式，但绝不可扭曲身子，或过分侧向一方，以斜背对场中另一方，这是对场中听众不一视同仁的表现；两脚不可靠得太拢，也不宜跨得太开，演讲中应有所变换。总的要求是，站姿应自然、大方、不拘谨、不呆板，身子要正，无论动与不动，都应当像一尊优美的雕像，体现出一种体态美。高尔基赞扬列宁的演说时说："他站在讲台上的整个形象，简直就像一件古典艺术作品，什么都有，然而没有丝毫多余，没有任何装饰。"

鲁迅先生说："演讲有三美，意美以感心，一也；音美以感官，二也；形美以感目，三也。"演讲者一般都是站着讲，因为只有站着讲，态势动作才能自如，才能给人一个完整的形象，才能给人美的感觉。曲啸老师在没有病倒之前，有时一天讲四场，但他从不坐着讲，他说："听众就是演讲者的镜子，而且是多棱镜，从各个角度来反映演讲者的形象。演讲者的体态、风貌、举止、表情都应给听众以协调平衡乃至美的感受。要想从语言、气质、体态、感情、意志、气魄等方面充分地表现出演讲者的特点，也只有在站立的情况下才有可能。"

3. 手势训练

（1）手势语单、双手分类的训练

单手做的手势叫单式手势；双手做的手势叫复式手势。它们能在不同程度上辅助口语的表情达意。

训练情境：为下面的台词设计手势。

①演讲改变命运，口才助你成功！

②那么，来吧！同志们：学习吧，奋斗吧，我们的明天一定会更加美好！

③选择奋斗就选择了成功，选择舒适就选择了平庸。

训练要求：以上每一句话的手势设计，都可以分别用单手和双手表达。先设计单手动作，再设计双手动作，最后单、双手动作配合使用，从中感受一下单、双手动作对语言内容、情感程度表达的不同之处。

训练提示：在运用单式、复式手势时要注意以下三点。

一是感情的强弱。一般来说，讲到批评或表扬，肯定或否定，赞同或反对时，其情感特别强烈时，则可用复式手势。在一般情况下，用单式手势较为合适。

二是听众的多少。一般来说，会场较大，听众较多的场面，为了强化手势的辅助作用，激发听众的情感，可以用复式手势。反之，用单式手势较为合适。

三是内容的需要。形式是为内容服务的，这是决定用单式手势或复式手势的最根本的依据。如果离开了内容的需要，即使会场再大，听众再多，也不宜用复式手势。同样，根据内容的需要，应该用复式手势时，如果使用单式手势，则显得单薄无力。

（2）手指手势的训练

在说话中手指的动作是十分常见的，运用起来人人都会，简单明了。手指的运用主要能表示以下几种情况：第一，表示数目；第二，表示态度；第三，指点事物或方向；第四，凝聚注意力；第五，表示微小或精确。

训练情境：为下面的内容设计手指动作。

①爱迪生为了找到一种最适合做灯丝的材料，先后试验了近万种材料。

②我骄傲，我是中国人！

③在零下三十多度的酷寒中，一支红军的队伍正艰难地行进着。

④请问，是什么力量让小小的蚂蚁家族逃过了如此的灭顶之灾呢？

训练要求：手指手势的运用一定要自然、简洁，切忌做作与拖泥带水。

训练提示：手指可以指天、指地、指侧面，但切忌不要用手指直接指听众、指他人，这是一种缺乏礼仪常识和不礼貌的举动。因此，在演讲中、生活中每一个人都要避免用手指直指他人。

（3）手掌手势的训练

不管是在演讲中，还是在现实生活与工作的交流沟通中，手掌的运用是最普及、最常见、最频繁的，它是手势语的主角和态势语的重头戏。所以，我们必须重点练习与熟练运用。

手掌手势的基本要领：拇指张开，其余四指自然并拢微曲，手臂（手臂分为三段：上臂、前臂与手）根据手掌的位置而灵活变化。

常用的手掌动作有以下11种（颜氏十一手法）。

①伸手（手心向上，前臂略直，手掌向前平伸）——表示请求、交流、许诺、谦逊、承认、赞美、希望、欢迎、诚实等。

伸手训练："人活在世上，谁不希望自己的一生过得有意义、有价值一些呢？""自己活着，就是为了使别人生活得更美好！"

②抬手（手心向上，手臂微曲，手掌与肩齐高）——表示号召、唤起、祈求、激动、愤怒、强调等。

抬手训练："尊敬的各位领导、各位来宾，亲爱的同学们，大家早上好！""给人民当牛做马的人，人民把他抬得很高很高！"

③举手（五指朝天，前臂垂直，手掌举过头顶）——表示行动、肯定、激昂、动情、歌颂等。

举手训练："人生的价值在于奉献，生命的真谛在于创造！""经验证明，能使大多数人得到幸福的人，他本身也是幸福的。"

④挥手（手臂向前，手掌向上挥动）——表示激励、鼓动、号召、呼吁、前进、致意等。

挥手训练："努力吧！奋斗吧！我们的明天一定会更加美好！""同志们，朋友们：让我们在爱国主义的旗帜指引下奋勇前进吧！"

⑤推手（手心向前，前臂直伸）——表示制止、果断、拒绝、排斥、势不可挡等意。

推手训练："不！不能这样！这不是我们的逻辑！""谁不属于自己的祖国，那么他也就不属于人类。"

⑥压手（手心向下，前臂下压至下区）——表示要安静、停止、反对、压抑、

悲观或气愤等。

压手训练："时间就是生命，无端地浪费别人的时间，其实是无异于谋财害命的。""谁若把金钱看得比荣誉还尊贵，谁就会从高贵降到低贱。"

⑦摆手（手心对外，前臂上举至中区上部）——表示反感、蔑视、否认、失望、不屑一顾等。

摆手训练："一个人的价值，应该看他贡献了什么，而不应当看他取得了什么。""凡在小事上对真理持轻率态度的人，在大事上也是不可信任的。"

⑧心手（五指并拢、弯曲，自然放在胸前）——表示祝愿、愿望、希望等。

心手训练："爱国魂是最纯洁的灵魂，爱国心是最美好的心灵。""任长霞永远是我们每一个公安干警心中的英雄。"

⑨侧手（手掌放在身体一侧，手心朝前）——表示憎恨、鄙视、神秘、气愤，指示人物和事物等。

侧手训练："知识决定命运，学习成就未来！""你要想获得幸福，你就得给世界创造价值！"

⑩合手（两手在胸前由分而合，双手合一）——表示亲密、团结、联合、欢迎、好感、接洽、积极、同意等。

合手训练："警察的责任就是舍小家为大家，维护社会的安宁。""爱国主义就是千百年来巩固起来的对自己祖国的一种深厚的感情。"

⑪分手（两手在胸前由合而分，双手打开，做另一手势状）——根据打开后手势的区域不同分别表示空虚、沉思、消极（下区），赞同、乐观、积极（中区），兴奋、赞美、向上（上区）等。

分手训练："山重水复疑无路，柳暗花明又一村。""我们世界上最美好的东西，都是由劳动、由人的聪明的手创造出来的。"

（4）拳头手势的训练

拳头的动作在演讲中，一般表示力量、决心、奋斗、警告、斗争、愤怒、仇恨、无比激动、坚定信心、充满自豪等。

拳头训练：用拳头手势将下面的语言情感表现出来。

①"团结就是力量！"

②"我自豪，我是中国人！我骄傲，我是中国人！"

③"人格魅力是无穷的，道德的力量是巨大的！"

训练要求：做拳头手势时拳头只能对上，不可将拳头对人；根据说话内容的感情强度可以单手握拳，也可双手握拳。

训练提示：在与人交流沟通中拳头手势用得比较少，在演讲中也要注意控制拳头的使用频率。拳头动作有较大的排他性，在日常生活中要尽量少用。

（5）手势语必须遵循的原则

①雅观自然。运用体态语言、动作要做到端正、高雅，符合生活美学的要求。保持三个协调：手势与全身的协调；手势与口头语言的协调；手势与感情的协调。

②适宜、适量、简练。一是与演讲内容相适宜。二是手势的使用要适量，要不多不少。三是手势动作要简单精练。

③因人制宜。说话者要根据自身条件，选择符合自己的身份、性别、职业、体貌的，有表现力的，合适的手势。

（6）上区、中区、下区手势训练

①上区手势训练。在说话中超过肩部的手势动作，称为上区手势。手势在这一区域活动，一般表示理想、希望、喜悦、激动、祝贺等；手势向内、向上，手心也向上，其动作幅度较大，大多用来表示积极向上的、慷慨激昂的内容和感情。上区手势在演讲与大会上运用比较多，在平时交流与沟通中一般很少运用。

训练情境：用上区手势演示下面的内容。

"如果说，中国是头沉睡的雄狮，那么就需要我们每一个人用热情去唤醒，让它咆哮，让它呐喊！如果说，中国是条俯卧的巨龙，那么就更需要我们做主人的用双手去托起，让它腾飞，让它振兴，让它永远屹立于世界强国之林！"

②中区手势训练。说话时在肩部至腰部活动的手势动作，称为中区手势。手势在这一区域活动，多表示叙述事物、说明事理和较为平静的情绪，一般不带有浓厚的感情色彩。其动作要领是，单手或双手自然地向前或两侧平伸，手心可以向上、向下，也可以和地面垂直，动作幅度适中。中区手势是在日常生活与工作中运用最多的一种。

训练情境：用中区手势演示下面的内容。

"在世界民族之林中，我们中华民族是最伟大的民族之一。世界上没有一个国家像我们中国一样，有着上下五千年悠久的历史；没有一个国家像我们中国一样，从古至今就有着一脉相传的血统。"

③下区手势训练。说话时在腰部及以下的手势动作，称为下区手势。手势在这一区域活动，一般表示憎恶、鄙视、反对、批判、失望等。其基本动作是，手心向下，手势向前或向两侧往下压，动作幅度较小，一般传递出消极否定的信息。

训练情境：用下区手势演示下面的内容。

"人要成功，必须勇于接受挑战。没有挑战的人生，看起来很舒服，实际上却是平庸的。不想成为平庸者，却又不敢接受挑战，这是一种悲哀。"

总之，口语交际与心理有着非常密切的关系，可以说，心理素质的好坏影响甚至决定口才水平的发挥。因此，学习相关的心理学知识，掌握相关的心理规律，对于提高我们的口才是非常有用的。只要我们善于研究听众心理，有效调动听众的参与积极性，我们就能与听众进行心灵的交流，实现无障碍沟通。要坚信，只要我们掌握了心理素质训练的方法和技巧，并坚持不懈地进行练习和实践，就一定能够战胜自己，提高口才表达能力。

第四章　即兴评述思维能力的开发

第一节　思维的定义及思维和语言的关系

一、思维的定义

凯库勒在半睡半醒之中梦见蛇头咬住蛇尾，突然明白苯分子的环状结构，此即形象思维。流传已久的思维定义：思维是人脑对客观现实概括的和间接的反映，它反映的是事物的本质和事物间规律性的联系，思维属于理性认识。这种定义肯定了抽象思维，却排斥了形象思维，定义了半截，这是它的缺陷。我们有必要对思维重新定义。

思维分为形象思维和抽象思维，形象思维占 9 成，抽象思维占 1 成。形象思维为本，抽象思维为末，儿童玩游戏就是培养形象思维的过程。培养思维的过程和建房子相似。形象思维好比地基，抽象思维好比楼房，楼房的高度取决于地基的厚度。

如果只住三、五天，搭个茅草棚即可；如果只住三、五个月，修个木板房即可；如果只住个三、五年，建个土坯房即可；如果要住个三、五十年，一定要造个砖瓦房或者楼房。我们当然选择建楼房，那么就要夯实地基，优先培养儿童的形象思维（情商）。

（一）形象思维（情商）

记忆：过去经验在头脑中的反映。生物钟与记忆有关。

人们都有一个体会：梦醒后，事物轮廓容易回忆起来，而事物的细节却不容易回想起来；大块肌肉力量性的活动，如骑自行车、游泳、滑冰等，学会之后不容易遗忘，而小块肌肉技巧性的活动，如武术、舞蹈、体操、学习等，很容易遗忘。说明人的记忆是有选择性的。

事物宏观轮廓属于形象思维，事物微观细节属于抽象思维，记忆的特点：抽取轮廓，忽略细节。最大限度地调动形象思维（情商）参与到记忆活动中去，就能取得好的记忆效果，如李阳的疯狂英语。形象思维具有内容的兼容性。形象思维是立体式、全方位的，在人的信息总量里面占到9成。

智商是有人类之后才产生的，前后不过十万年左右，而从地球诞生到人类出现，情商伴随生物走过了四十六亿年的历程。历史告诉我们，先有情商后有智商。

情商：人的身心与环境的和谐共鸣的能力。

人想不被大自然淘汰，就要适应环境。只有外界的刺激通过各种感觉汇聚起来，形成表象、情感，人类的思维才有基础，外界在人脑中的投影就是形象，人对外表现出情商。人与环境直接交流的方式就是实践（劳动）。

形象思维：用直观形象、表象和情感、联想、想象等抽取轮廓、解决问题的思维。

右脑感性，主导形象思维，大脑右半球功能优势是处理节奏、旋律、音乐、图像、想象和图案等信息，右半脑被称为创造脑，也称为艺术脑。右脑直觉性思考依靠空间图像，具有平行性、整体性、跳跃性、灵活性和创造性。右脑擅长借助表象或称形象，进行模式识别和操作。在现实生活中，右脑能一眼就从人群中识别出一张面孔；右脑注重直觉判断。右脑能辨别音调、韵律、情绪和色彩等。

人类的潜意识思维是灵感、顿悟、梦、幻觉等的来源，感情、性格、兴趣、习惯、心情、心理素质、某些技能等都受到潜意识的影响。潜意识也属于形象思维。抽象思维在人的全部思维行为中占有的比率大约为1成，潜意识思维占有的比率大约是9成。心脏的挑动、肺脏的呼吸、胃肠的蠕动、腺体的分泌都是在潜意识思维产生的指挥命令下进行的。例如，当我们突然受到惊吓，心跳和呼吸会发生不由自主地变化。

抽象思维中的抽象和概括、分析与综合也可运用到形象思维中。如毕加索的抽象画，李小龙总结出的武术规律——太极图。

把整体拆成局部研究就是分析，把局部合成整体研究就是综合。比如武术动作的分解与合成。

形象思维也可以实现意识对客观现实的间接的、概括的反映。

（二）形象思维应激反应

形象思维凭直觉思考，反应速度比较快。膝跳反应、搏击的条件反射、"狗急跳墙，猫急上房，人急烧香"都是形象思维，反应速度以秒计。

《美洲虎的故事》：工作人员在森林公园引进几只美洲豹，唤醒了美洲虎的野性。《爱斯基摩结构》：因纽特人给领狗和力狗区分了待遇，狗之间便有了原动力。

（三）抽象思维（智商）

智商：人以语言文字、符号为载体从事智力活动的能力。人与环境间接交往的方式是教育和社交。

抽象思维：以语言文字、符号为载体，以判断、推理等形式，提取细节，解决问题的思维。抽象思维具有形式的条理性。

左脑理性，主导抽象思维，大脑左半球功能优势是处理语言、逻辑、数学和次序，左半脑被称为学术脑。大脑左半球依靠言语思考，有意识，具有逻辑性，能把握重点，形成系统。左脑借助言语，按逻辑程序思想去完成言语思维的任务。左脑则能叫出名字，对各人面孔特点和个人专长加以比较。阅读时，左脑对字面意义进行理解。在运动中，左脑注重规则指挥。

（四）抽象思维编程反应

抽象思维是思考形成条理的思维，反应速度比较慢，以年计。

韩信分油的故事说明抽象思维比较慢。牛顿的《自然哲学的数学原理》、爱因斯坦的《相对论》（狭义、广义）、门捷列夫的《化学元素周期表》、达尔文的《物种起源》从构思到出版都花费了几十年的时间。

（五）思维是在情商基础上意识顺滑流动的过程

古人云：心之官则思。心相当于电脑的中心处理器，而人的大脑相当于存储器，左脑储存抽象思维，右脑储存形象思维。言由心生，意识由心发出，可以将抽象的语言和形象的图像在心这个中心处理器里有序排列，形成解决事物的流程以适应环境，此即思维。

情商是树，智商是藤，情商为本，智商为末，是藤缠树而不是树缠藤。思维就是在情商基础上意识顺滑流动（思考）的过程。

二、思维和语言的关系

（一）语言与思维关系的争论

语言学界有关语言与思维关系的争论归纳起来可分为以下四类：语言先于思维，思维先于语言，语言决定思维和思维决定语言。以下是我们对这四种观点的简要概括。

1.语言先于思维

以法国哲学家孔狄亚克为代表的学者持语言先于思维的观点。孔狄亚克曾充分阐释过人类只有通过语言的使用才能主动控制思维的主张。他认为不使用语言，人们便无法自觉控制思考功能及其他思维行为。前语言时期人们的思想受制于生理机能及环境刺激。没有语言，人们不能自觉地记住过去，比较两种感觉或指导思考的方向。语言使人类主动运用自然赋予的思考能力。他因此得出结论：野人没有记忆，他们有的只是他们不能自由支配的想象。

2.思维先于语言

思维先于语言观点的代表人物是皮亚杰。他把儿童认知发展分为四个基本阶段：感知运动阶段（0～2岁），前运算阶段（2～7岁），具体运算阶段（7～11岁）和形式运算阶段（11～15岁）。他认为对正常儿童而言，有音节的语言发生在其感知运动阶段的终端，这期间儿童仰仗动作与感知的协调来组织经验，探索、适应外部环境。这个阶段是婴幼儿语言准备期，其准备包括发音准备和理解准备两方面。幼儿出生9个月后，虽然还没有语言，但已有动作思维，这表现为其能在手段和目的之间进行协调，从最初的图式中选取已知的方法用于新的情景，比如这期间的婴儿会抓住成人的手，向自己想取又取不到的物体方向拉动，或是要成人的手揭开被遮盖住的物体等。他通过对儿童思维发展阶段的具体分析认为，这时候儿童还没有语言，但已有了思维，也就是说思维先于语言。

此外，伍铁平先生也曾经从个体发生学及系统发生学等视角证明思维先于语言。他认为根据科学观察的结果，儿童总是先学会手势、身势、面部表情，然后才学会语言。经验告诉我们，幼儿通常在两岁左右才开始有语言，但其五个月时不但能根据颜色、形状来区别物品，并对其进行归类，而且还能识别周围人的面孔，区分食物、玩具等。这表明这时的儿童已有抽象、概括的思维过程。另外一条证据是根据考古学家的发现，语言产生于旧石器时代后期，而旧石器时代的人没有舌骨。此外，伍先生还认为，按照马克思的观点，人类先有生产活动然后才给事物命名。人们在生产活动中一定要通过思维才能达到预想的劳动成果。他根据以上种种证据得出结论：思维先于语言。

3. 语言决定思维

此种观点以萨丕尔—沃尔夫假说为代表。美国人类语言学家萨丕尔及其弟子沃尔夫提出的这一有关语言与思维关系的假说是当今最具争议，但又对人类学、社会学、哲学、心理学和语言学等一系列人文科学研究有巨大影响力的理论之一。萨丕尔—沃尔夫假说包含两部分内容。一是语言决定论，一个人的思维完全由母语决定，因为一个人只能根据其母语中编码设定的范畴和区别定义来认识世界，即语言决定思维、信念和态度等。语言不同的民族，其思维方式完全不同，这是该假说的强式表述。二是语言相对论，语言结构有无限的多样性，因此一种语言系统中所编定的范畴类别和区分定义为该语言系统所独有，与其他语言系统中所编定的范畴类别和区分定义不同，即语言反映思维、信念和态度等。语言不同的民族，其思维方式在一定程度上有差异，思维模式随着语言的不同而不同，这是该假说的弱式表述。无论是强式还是弱式表述，该理论的核心就是语言对思维起决定作用。

4. 思维决定语言

苏联学者维果茨基的观点与萨丕尔—沃尔夫假说相左，他认为思维决定语言。维果茨基对类人猿和人类婴幼儿的思维与有声语言发展过程进行研究，发现两者都存在"前语言阶段"和"前思维阶段"，即语言和思维并不是同时产生的，而是思维先于有声语言。正是基于这种认识，在思维与语言的关系问题上，维果茨基做出是思维决定语言而不是语言决定思维的论断。

此外，国内也有学者从新词构造及形象思维等角度来支持思维决定语言的观点。齐荣军发现思维对语言的决定作用还表现在有时候纯粹是为了交流的需要人们才用语言把思维表达出来。比如说，当我们构思一幅画时，用的是形象思维，根本不需要语言，但当有人让我们解释一下构思过程时，我们不得不借助语言把它表达出来。

（二）语言与思维的同存共进关系

对于以上学术界关于语言与思维关系的诸多见解，作者不敢苟同。我们认为语言与思维之间很难确定孰先孰后或谁决定谁。语言与思维之间一直保持着同存共进关系。下面我们将从对语言功能及语言起源假说的反思入手，来进一步阐述我们的新主张。

1. 对语言功能的反思

对语言与思维关系的审视可以首先从对语言功能的反思入手。赵元任指出，人们每每论及语言，总会自然而然地将其交际功能视为互通信息的手段。有关语言的功能，语言学界也有诸多其他论述。马林诺夫斯基曾经从人类学角度明确区分语言的三大功能：活动功能、叙述功能和巫术功能。罗曼·雅各布森则归纳出言语的六种功能：指称功能、诗学功能、感情性功能、意动功能、寒暄功能及元语功能。以上诸功能仅体现语言用于交际、传递信息的潜势。其实从心理语言学角度看，语言还有记忆和信息处理功能。桂诗春认为，语言直接作用于人的各种语言感官，使人脑产生对语言现象个别属性的反映。人类的语言能力是在多种神经机能基础上形成的，在长时期的进化过程中不断完善。心理语言学研究成果表明，语言除具有上述所列的交际功能外，还有保存、传授、学习前人积累的社会历史经验的潜势。它不仅可以帮助我们学习和分享人类科学文化知识，还能充当人类智力活动的工具，是人类进行思维的武器，有记忆和信息处理功能。这种记忆和信息处理功能可使思维变得更加成熟、复杂。也正是在思维日益成熟、复杂的过程中，语言的系统性和完整性才得以形成和完善。由此我们可以发现语言与思维正是在相互作用、相互促进的基础上逐步完善起来，并发展成发达的思维和完善的语言的。

2. 语言起源假说的再探讨

上文通过对语言功能的再思考，阐述了语言与思维同存共进关系的合理性。我们接下来拟从语言起源假说入手进一步阐明这一主张。在论及语言与思维关系时，人们多以现代成熟语言和发达思维为对象，忽略了两者定型前所必经的前语言和前思维阶段。在这个漫长阶段里两者应保持相互交织、同存共进关系。

我们认为现代语言形成前要经历一个漫长、延续的前语言时期。可以想象得到我们祖先当年处在前语言阶段的情景：他们在协作狩猎、集体劳动和征服自然的过程中需要齐心协力、互相配合，自然就需要借助某种信号来协调和统一大家的行动。劳作之余的情感交流、冲突平息等更需要借助某种信号。此时，劳动号子、自然声籁和肢体语言等都能被我们的先人派上用场。在他们漫长的、由简到繁的原始交流过程中，上述诸手段逐步演变成现代语言的前语言，再由前语言发展成今天成熟的语言。人类思维发展与语言的进化几乎踩着同一个鼓点，也是从简单到复杂一步一步演化而来的。

由于声音被公认为是现代语言的第一属性，人们在探索语言起源时，多从语言的有声性入手，比如常见的"拟声说""劳动号子说"等语言起源假说多关注语言的声源问题。这有其合理性，但还不够完整。人们在论及语言与思维的关系时关注的也是思维与成熟的有声语言的关系，却忽略或轻视了无声的肢体语言在语言发展乃至反映和促进人类思维过程中的作用。因此我们有理由相信下文对副语言的描述会帮助人们理解语言与思维的同存共进关系。

提起前语言的构成元素，我们对劳动号子和自然声籁等不存异议，甚至将其视为语言的起源，但对手势等副语言可能还会觉得有些牵强。其实，手势等副语言堪称人类原始交际手段的活化石。它存在于现代语言诞生以前，又伴随着现代语言渗透于现代言语交际的时时刻刻。广义的副语言指与话语同时使用或单独使用的手势、体态、面部表情等无声而有形的现象。这些现象伴随话语而发生又对话语产生影响，有某种意义，但这种意义又不为一般的词汇、语法或语音所承载。在系统的有声语言形成前，副语言起着和语言相类似的交际作用。人类早期的思维内容，很大程度上是经由手势等副语言反映的。人们借助手势等动作进行交流，表达意图，传递信息。眼神、手势、体形变化等身体动作还可用来表达自己的情感，促进沟通，增强表达色彩。虽然语言产生的确切时间尚无法考证，但无论是考古学家、人类学家还是语言学家，他们都无法否认，在最初的前语言时期手势等副语言所发挥的重要作用。只是由于后来手在生产劳动中的作用变得越发重要，加之肢体语言无法克服交际中的时空障碍，手势等肢体语言的交际优势才逐渐被削弱。在语言逐步形成的过程中，手势语等交际方式渐渐退化为次要的交流手段，成为辅助性的副语言。手语等副语言对于现代语言的形成是有一定帮助的。

就是在现代语言中，副语言也有其举足轻重的交际作用。现代戏剧脚本就可以帮助我们说明这一点。众所周知，作为剧本存在形式的语言只有两种，即人物语言和必须用括号括起来的舞台指示语。在剧本中，放在括号里的舞台指示语虽然也可以是描述性的，但它不能被看成小说中的叙述人语言，因为它不承担故事的叙述，而只是戏剧演出时关于舞台场景或人物动作的一种提示和说明，且一般来说，它们也必须是展示性的，而不能成为一种讲述。剧本中这些不要求在演出时说出的文字说明部分不仅包括对剧情发生时间、地点的提示，对布景、灯光、音响效果等艺术处理的要求，同时还包括对人物形体动作、心理活动和场景气氛的描述等。戏剧脚本对人物形体动作等所做的这种说明在舞台上就是通过演员的副语言展现的。透过剧本脚本中的指示语不难看出，副语言与语言有着如此紧密的联系。我们甚至可以大胆地主张副语言就是语言的一部分。

有些学者把语言定义为有声的符号系统，不把手势、身势、面部表情等副语言纳入语言系统，更不考虑无声肢体语言在前语言时期在促进人类思维的发展和满足他们的交际需求中所发挥的巨大作用，以及肢体语言对现代有声语言交际功能的补充和丰富，自然就会主张思维先于或决定语言。但透过上述分析，人们不难看出这种主张的局限性。语言是一个延续体，从系统发生学来看，前语言时期曾发挥过巨大作用的肢体语言算不算语言？如果不算，那么究竟从哪一天起本文所指的前语言才可算作与思维有关的语言？在漫长的历史进程中，人类交际工具究竟从哪一天起可以被看成语言的问题就如同要求生物学家界定胚胎何时可以称为胎儿一样，是从精子、卵子结合形成胚胎算起，还是从胎儿器官形成并开始有听觉、视觉算起？是从胎儿生出毛发、四肢运动灵活算起，还是从其脑细胞迅速发育接近成人脑重算起？这漫长的十月怀胎过程中究竟从哪一天起胚胎才算是真正成了婴儿？以上问题生物学家和医学家也很难界定。同理，我们在论及语言与思维的关系时，也不能从现代语言学的结论入手，因为语言的形成是一个漫长的过程，前语言时期的语言也是语言，正如人类思维产生前的思维也是思维一样。

以上从语言、副语言的关系可以看出，如果副语言是语言的一种体现形式，那么有声语言产生前的思维也就不是孤立存在的了，它是与语言的另一种形态——副语言共存的。关于语言与思维的不可分割性，德国哲学家赫尔德及瑞士语言学家索绪尔也早有论述。赫尔德在其论文《论语言的起源》中也论述道：语言是思维的工具、内容和形式。语言与思维一样，它们共同经历了不断成熟的阶段，二者相互依存。索绪尔则将语言与思维的不可分性描述为，语言像一张纸，思想是正面，声音是反面。不能切开正面的同时也不能切开反面，因而声音离不开思想，思想也离不开声音。否则，就只能陷入纯心理学或纯音位学范畴，而并非语言学范畴。

综上所述，语言的发展是一种社会心理现象，它遵循着一定的发展规律。思维是心理活动，也是一种心理过程，它的发展同样遵循着一定的规律。语言的发展促进思维的发展，思维的发展同样对语言的发展产生重要的影响。正如乔治·尤尔在探寻语言起源时所称：人类祖先由直立行走开始而改变其前肢的作用；声道结构发生的变化以及牙、唇、舌、喉出现的生理进化使得人类逐渐获取了发声的能力；人脑单侧化，左脑负责工具及语言的使用；在运用语言的过程中，人类需要同伴合作，经过漫长的进化便出现了人类交际；人类由此开始使用语言传授知识和技能。乔治·尤尔的上述观点同样可以证明语言与思维有着密不可分的关系，语言是思维的表达形式，思维是语言的内容。二者共同存在，相互作用、相互影响、相互推进，也相互制约。

语言与思维的关系作为历史上悬而未决的问题，一直倍受哲学家、语言学家、人类学家及社会学家的关注。

从以上讨论可以看出，客观世界并不是非黑即白，不应该被人为地绝对化。科学研究的真谛是发现真理，揭示事物的本质规律，描述其存在的客观形态。我们不能为研究而研究，把科学研究引入极端。正如索绪尔关于方法论的论述：对于所研究的事物，不能指望得到一种绝对的或权威的看法，而是要选择一种观察角度。同时，科学探讨过程的意义大于其结果本身。对语言与思维关系的再思考与讨论，可以不断加深我们对语言、思维及语言和思维关系的科学认识，帮助我们树立一种健康、客观的语言观和学术视角。

三、思维到语言的转化

（一）思维言语和外部言语

首先我们来认识一下思维言语和外部言语。思维言语，顾名思义就是大脑最初形成的最直观的内部言语。它具有非常鲜明的无序性和非线性的特征。这里我们打个比方来说，最初的思维言语，就好比无数张还没有码好的多米诺骨牌，每张牌都带有一定的思维意义，但没有经过顺序上的排列以及言语表达的过程，所以其内容比较混沌，言语包含的信息比较浓缩。根据权威机构对于思维言语的形成的描述可以发现，思维言语的形成，主要是借助人们对于外界客观现实以及所见所感的第一认识，属于直觉的范畴，它的形成，虽然没有经过具体的语言上的修饰和转换，却有着实际的思维意义。它来自客观环境等多种物质媒介给予的感官刺激，属于言语的雏形，是最原始的言语形式。那什么是外部言语呢？在这里我们这样给大家说明，不论是出于人与人之间的对话，还是对于某件事发表自己的看法，抑或是自言自语，都属于外部言语的范畴。外部语言，往往呈现出一定的逻辑性和条理性，是内在思想的体现。那么外部言语与思维言语有什么联系呢？在这里做简要说明。外部言语在形成之前，首先要经历思维言语形成的过程。外部言语所包含的信息从客观环境中产生并形成，保存在比较混沌且没有经过语序调整的思维言语中，然后在某些偶然的情况下经过触发，由大脑主观对这些思想进行分类和归纳，最后通过人的意识进行语言顺序的排列和调整，最后形成外部语言，体现在人们的话语当中。总的说来，外部言语是思维言语的产物，它较抽象的思维言语来说更为具体和直观，在表达的过程中能够给人们更通俗易懂的理解。

思维言语的形成往往是一种非常自然的过程，人们可以通过很多途径如视觉、听觉、触觉等实现思维言语的获得。但外部言语的转换常常遇到障碍，达不到思维预期的语言表达效果。在多次对学生口头表达能力的考察中笔者发现，存在这种欠缺的学生不在少数，而如何引导学生进行良好的语言转换过程，就成了我们语言教学过程中必须严肃看待和亟待解决的问题。

（二）语感

接下来引入一个概念，就是语感。语感，是对于语言的感悟能力，它体现在语言的感知者是否能够较为完整地认识语言表达的含义。衡量一个人的语感，其实就是对语言文字分析、理解、体会、吸收能力的考察。语感是一种经验色彩很浓的能力，其中牵涉学习经验、生活经验、心理经验、情感经验，包含着理解能力、判断能力、联想能力等诸多因素。要想解决人们现在普遍存在的表述能力欠缺的问题，增强语感是最有效的方法。

1. 语感的定义

要研究语感，首要任务在于搞清什么是语感。从20世纪30年代夏丏尊先生最早提出"语感"的概念到现在，特别是经历了20世纪90年代以来学界对语感定义热火朝天的大讨论后，语感的定义便多达几十种，界定的角度也各不相同。选几种有代表性的列举如下。

心理学角度的定义，"语感是一种对语言文字的敏锐的感受力、正确的理解力"。

语言学角度的定义，"语感是一种语言运用能力，是语言隐含意义的一种深刻的直觉"。

美学角度的定义，"语感是人们在长期的语言实践中培养起来的对语言文字的敏锐的审美感知能力"。

哲学角度的定义，"主观的语感源于客观的言语，是客观的言语对象对人的语言器官长期雕琢的结果，是人的语言器官长期感受言语对象不断积淀的结晶，是言语这一对象在人身上对象化的实现"。

教学论角度的定义，如"语感是在长期的规范的语言运用和语言训练中养成的一种带有浓重经验色彩的、比较直接迅速地、感悟领会语言文字的能力"。

在如此庞杂的定义群中，我们到底该遵从哪一种？我们有必要追本溯源，先去"语感"概念的提出者夏丏尊先生那里寻找答案。

夏老曾说，"语感"指的是"对于文字的灵敏的感觉"。他解释说："在语感敏锐的人的心里，'赤'不但只解作红色，'夜'不但只解作昼的反对吧。'田园'不但只解作种菜的地方，'春雨'不但只解作春天的雨吧。见了'新绿'二字，就会想到大自然的神奇、少年的气概等。见了'落叶'二字，就会体会到无常、寂寥等说不尽的诗味吧。"在此基础上，叶圣陶、吕叔湘先生也对语感做了进一步阐述。如在《文艺作品的鉴赏》一文中，叶圣陶说："了解一个字一个词的意义和情味，单靠翻字典辞典是不够的。必须在日常生活中随时留意，得到真实的经验，如此对于语言文字才会有正确丰富的了解力，换句话说，对于语言文字才会有灵敏的感觉。这种感觉通常叫作'语感'。"在另一篇文章里，他又说："经常留心自己的语言，经常观摩人家口头说的笔下写的语言，哪是好的对的，哪是不好的不对的，都仔细辨别，这样可以提高语感。"吕叔湘则从语言的三要素出发，把语感分为"语义感、语法感、语音感"，他说："人们常常说'语感'，这是个总的名称。里边包括语义感，就是对词语的意义和色彩的敏感；包括语法感，就是对一种语法现象是正常还是特殊，几种语法格式之间的相同相异等的敏感；当然还包括语音感。"这里，叶圣陶所说的"语感"指的是"对于语言文字的正确丰富的了解力""对于语言文字的灵敏的感觉"，吕叔湘所说的"语感"的三个方面——语义感、语法感、语音感也指的是对语义、语法、语音的"敏感"。

综合"语感"概念的提出者和两位早期阐释者的意见，他们都是从"对语言文字的敏感"这一角度来界定语感的，所以我们今天对于语感的定义也应以此为基础。按照这个方向来看目前林林总总的语感定义，韦志成的看法是笔者所赞同的。他认为，"语感是对语言文字或语文现象的敏锐感知和迅速领悟的能力，或者说是人对语言直觉地感知、领悟和把握的能力，是对语言文字从语表到语里，从形式到内容，包括语音、语义、语法、语用等在内的一种正确丰富的了解力"。并且这一定义也为中学语感教学实践指明了方向。

2. 语感的特征

（1）直觉性

直觉性是语感本质的特征。所谓直觉是未经充分逻辑推理的直观。也就是说它是人对语言文字的一种下意识的本能反应。语言大师萨丕尔说，语言是

"千千万万个人的直觉的总结"。我们平时所说的"一听就明，一说就清，一读就懂，一写就通"，就靠对语言文字的这种直觉。

（2）养成性

虽然说语感是人的一种本能直觉，但它并不是不依靠实践、不依靠意识就能形成的天赋的认识能力。它是人的先天素质和后天环境相互作用的结果。乔姆斯基曾指出，儿童语言能力的发展必须要有后天语言实践的触发才有可能。也就是说一个人语感的形成离不开后天经验，先天的语言基础必须依靠后天的经验积累才能转化成语感。语感是通过不断地获取知识、积累经验而逐步养成的。

（3）稳定性

因为语感是通过经验积累逐步养成的，所以一经形成便具有稳定性。人在面对语言文字时，会自然而然地调动自己长期积累的经验去领会其中的内容、思想、情感等。人的语感不会随语言文字内容的变化而变化，也不会随时空等外在条件的变化而变化。语感一旦形成，就可以在任何时候任何地方长久地、一贯地发挥作用，并且不会被遗忘。

（4）整体性

我们面对语言文字时，自然会调动自己整个知识经验体系对其进行全方位、多层面的整体把握。我们凭借语感会很快得到语音、语法、语气、语体、语境等多方面的总体感受，而不会割裂开来仅对其中某项内容或某个词语进行孤立理解。这就是语感的整体性。也就是说要把语言文字放在具体的语言环境中完整地感受它们表达的意蕴。我们平常所说的"词不离句，句不离段，段不离篇"，反映的正是语感的这一特性。

3. 语感的心理学基础

语感是语言文字刺激源作用于人的视听感官而产生的心理反应。因而我们需要从心理学角度探究语感是怎样产生的。

"人的任何一种思维活动都基于一种心理结构。所谓心理结构，是指在长期学习和实践过程中全部主观知识和经验的浓缩、凝结和沉淀，是一个较为稳定的心理反应模式，是主体的全部的认识、情感、意志及个体心理特征的总构成。它主导和制约着主体对外部世界的作用和活动。这种作为人的意识、思维活动的预期框架的心理结构，心理学家们称之为图式。所谓语感图式就是主体在言语活动中预先存在的以言语为信息载体的心理结构，直截了当地说，就是一种言语心理结构。"

现代认知心理学家皮亚杰把语言的认识看作"同化"与"顺应"的过程。

"同化"是把认知对象纳入固有的心理图式中，"顺应"是改造心理图式以顺应认知对象。同化理论在语感过程中表现为，人只能对自己言语结构框架内的语言文字产生感受。某些语言文字在自己的语感图式内，人就会真正接纳也就是理解它们，它们对人原有的语感图式起强化巩固作用。顺应理论在语感过程中表现为，某些语言文字不在自己的语感图式内，人就会对自己原有的语感图式进行调整或重组，产生新的语感图式以顺应也就是理解它们。前者其实就是用已有语感感知语言文字的过程；而后者其实是形成新的语感的过程。当然新语感的形成要靠相关的语言文字不断重复、刺激才能达到。

（三）语感对语言转化的影响

说到这里也许很多人会不理解，为什么在解决思维言语如何转换成外部言语的问题过程中，要重视学生通过外部言语回归思维言语的过程。接下来，就这个问题，具体谈谈笔者的看法和认识。

通过上述描述我们可以了解到，语感表现在一个人对于语言文字的把握和回归，它是将具体的客观的言语回归到抽象的思维言语中，通过对于语言文字的认识和转换过程，将文字中所包含的内容呈现在大脑思维当中。也许有人会问，这和刚才我们要解决的问题背道而驰，没有什么实际的意义，其实不然。提升学生语感的过程，实际上就是将语言文字回归大脑的过程，它不是简单地转化，而是在认识的基础上不断地进行理性思考的过程。在此过程中，学生可以通过对于语言文字中语序、形式、词语等多种因素的认识而完善自己的语言表达系统，在一次次回归思维言语的过程中总结语言表达的方式和方法，从而为今后自身语言表达水平的提高奠定坚实的基础。另外，在提高语感的过程中，不同语言文字也为学生们提供了语言表达的例子，通过正确且多样的例子，学生可以在不断的积累过程中提高自身的言语转换能力，从而更好地提升自己的口头表达能力，使思想更加全面准确地呈现出来。

最后，针对以上叙述的内容，进行一个简要的概括，现列举如下：在现如今学生口头表达能力欠缺的形势下，语言教学的着力点也需要随之进行完善和调整。思维言语和外部言语虽然是两种不同的概念，却有着非常密切的联系，思维言语的形成是外部言语形成的必要条件，而外部言语的表现力又影响着思维言语的呈现。通过对人类言语的心理学知识的学习和总结，笔者认为提升学生语感对于解决该问题有非常好的帮助。通过提升学生语感，帮助学生进行语言文字中语序、词语等多种言语构成要素的积累，并且丰富学生们的思维世界，为外部言语的形成提供更丰富的思维基础，从而提升学生的口头表达能力。

（四）具体实践

首先加强每天对于学生听说读写方面的练习，例如，在课堂上让学生用语言描述一个场景，或者教师口头对一个事物或一个场景进行叙述，然后要求学生们用文字的形式记录下来，等等。在这个环节中，文字与口头表述能力有效地结合在一起，不仅能够强化语言的转化能力，对于锻炼学生们思维言语与外部言语的表述也具有非常大的帮助。另外，在平时就可以将学生分为几个小组，每小组的人数固定，在固定的时间段内进行语感训练，形式可以是面对面的沟通，对于一件事情的交流和探讨，等等。教师可以在平时多与学生进行接触和对话，在交流过程中给予其语言运用方面的建议和意见，用这种反复的练习来巩固和加强学生的语感，从而使学生的口头表达能力得以提高。

第二节　逆向思维训练

一、逆向思维的定义

（一）逆向思维法的背景说明

实践证明，逆向思维是一种重要的思考能力。个人的逆向思维能力，对于创造能力及解决问题的能力具有非常重大的意义。

逆向思维法，不是一种培训或自我培训的技法，而仅仅是一种思维方法或发明方法，然而要挖掘人才的能力，有必要了解这一方法。因为在实践中使用这一方法，可以取得惊人的效果。

人类的思维具有方向性，存在着正向与反向之差异，由此产生了正向思维与反向思维两种形式。正向思维与反向思维只是相对而言的，一般认为，正向思维是指沿着人们的习惯性思考路线去思考，而反向思维则是指悖逆人们的习惯路线去思考。

正反向思维起源于事物的方向性，客观世界存在着互为逆向的事物，思维之所以有正反向，是因为事物有正反向，两者是密切相关的。人们解决问题时，习惯于按照熟悉的常规的思维路径去思考，即采用正向思维，有时能找到解决问题的方法，收到令人满意的效果。然而，实践中也有很多事例，对某些问题利用正向思维却不易找到正确答案，一旦运用反向思维，常常会取得意想不到的功效。这说明反向思维是摆脱常规思维羁绊的一种具有创造性的思维方式。

（二）什么是逆向思维

逆向思维是人们的另类思维方式。我们如果受某种习惯势力或心理定式的影响，往往会因循守旧地按某种思维定式办事。当这种习惯性思路和实践不能带来预期的效果时，我们就应尝试改变思路，另觅蹊径，而不应只顾搬用过去的不成功或不够理想的做法。这就是逆向思维，即摒弃习惯性思路，"反其道而为之"。

逆向思维作为一种思维方法，可以说是"另类"的。也就是说，它与正向思维、常规思维不同，它的思维方式往往是人们意想不到的，思路中充满对立性、风险性、新颖性、反常规性和矛盾的统一。

逆向思维的对立性，指朝着与常规思维对立的方向去思考。例如，先有原因后有结果，先提问题后有答案，先有假设后有结论，先有开始后有结束等都是一些所谓正向的、常规的思路。与之对立的思路如先假定结果后追溯原因，先得出答案后再寻找与该答案对应的提问，先有一个结论再逆推结论的假设，先预期结果再着手如何开始行动等就是一些对立的逆向思路。

逆向思维的风险性在于它是一种试验性思维，是否能成功实践还有待证实。当我们采取另类的逆向思维行事时，就意味着我们要思考那些不易为人所觉察的事物的内在特性，意味着我们正以足够勇气去大胆设想。那种"逆水行舟"式的思路，前人从未实践过，其失败的概率自然就高，所以说逆向思维具有较高的风险性。

逆向思维的新颖性是显而易见的。当我们的思维冲破陈规陋习的束缚而另辟蹊径时，其思路自然令人耳目一新。当然逆向思维的新颖并非提倡"异想天开""无中生有"，而是提倡看问题和处理事物有新的切入点，有新意和创意，有新的认识、新的心得和新的体会。

逆向思维的反常规性指的是大胆提出超越常规的、与事实或观念相反的问题和假设。所以我们说逆向思维是一种另类思维。当我们按常规行事成效不显著，正发愁找寻不到出路的时候，如果能够从行事的另一端突发奇想，开列一些过去没有人试图想象的但又发人深省的悖逆问题，我们就能开辟一条新的思路，引导事业走向成功。

逆向思维的矛盾统一，指我们以反常规的出发点去思考那些看似矛盾、看似不合逻辑的思维，将反常的、不合乎逻辑的想象纳入严格的逻辑思考中；以"快

"刀砍乱麻"的方式从苦思冥想的顿悟中找出答案；从凌乱的思绪中直觉地找出一条万全的、合乎逻辑的路子等。即将那些反常规的非逻辑的想象、顿悟或直觉的思维变成合乎逻辑的思维，也就是所谓的"逻辑性与非逻辑性的统一"。

（三）逆向思维法的类型

1. 反转型逆向思维法

这种方法是指从已知事物的相反方向进行思考。

即从事物的功能、结构、因果关系等三个方面做反向思维。比如，市场上出售的无烟煎鱼锅就是把原有煎鱼锅的热源由锅的下面移到锅的上面。这是利用逆向思维，对结构进行反转型思考的产物。

2. 转换型逆向思维法

这是指在研究问题时，由于解决这一问题的手段受阻，而转换成另一种手段，或转换思考角度思考，以使问题顺利解决的思维方法。

如历史上被传为佳话的司马光砸缸救落水儿童的故事，实质上就是一个用转换型逆向思维法的例子。

由于司马光不能通过爬进缸中救人的手段解决问题，因而他就转换成另一手段，破缸救人，进而顺利地解决了问题。

3. 缺点逆用思维法

这是一种利用事物的缺点，将缺点变为可利用的东西，化被动为主动，化不利为有利的思维方法。

这种方法并不以克服事物的缺点为目的，相反，它是将缺点化弊为利，进而找到解决方法。

例如，金属腐蚀是一种坏事，但人们利用金属腐蚀原理进行金属粉末的生产，无疑是缺点逆用思维法的一种应用。

（四）使用逆向思维法应注意的问题

1. 必须深刻认识事物的本质

所谓逆向不是简单的表面的逆向，不是别人说东，我偏说西，而是真正从逆向中做出独到的、科学的、令人耳目一新的超出正向效果的成果。

2. 坚持思维方法的辩证统一

正向和逆向本身就是对立统一，不可截然分开的，所以以正向思维为参照、为坐标，进行分辨，才能显示出突破性。

（五）逆向思维法的案例分析

王石是名人，不仅因为他是一家著名房地产公司（深圳万科）的董事长，因业绩突出而在 2003 年当选央视评出的年度十大经济人物，还因为他是极限运动的爱好者，是成功登顶珠峰的最大年纪的中国人——2003 年 5 月 22 日，52 岁的王石成功登上海拔 8848 米的世界最高峰。

王石在主流媒体有很高的曝光率，他性格鲜明，行事高调，能言善辩，好出惊人之语，其新颖、独特、脱俗之论常让人惊叹，让人动容，让人回味再三。深究起来，这种说话方式和王石的思维方式息息相关，正是擅长运用超越常规的逆向思维方式，才使王石频出惊人妙语。

逆向思维又叫求异思维，它是对常规思维的背离，是对司空见惯的似乎已成定论的事物或观点反过来思考的一种思维方式。逆向思维的运用是全方位、立体化、多角度考虑问题的一种体现，由此它常能带来新颖、独特、富有创造性的思维成果。

且看王石是如何运用逆向思维的方式去说话的。

1. 逆向思维谈登山计划：狂妄惊人

王石在 2002 年 2 月、2002 年 5 月分别登上了非洲和北美洲的最高峰，2003 年 5 月又登上了亚洲最高峰，也是世界的最高峰，可谓是两年时间拿下三大洲三座最高峰。在这之前，中国登山队的队员、素有"双子星座"之称的李致新和王勇峰用了整整十年时间完成了七大洲七座最高峰的登顶，基于此，传记作家陆新之采访王石时，特意给王石留下回旋的余地，问："一年上一座的话，那么，再过四年你就应该能完成登山'大满贯计划'（即成功登顶七大洲七座最高峰）了吧。"没想到王石大笑："哪里需要四年，如果环境许可，我一年就能把这四座爬下来。"

专业登山队员完成登山"大满贯计划"用了十年，而王石现已拿下三大洲三座最高峰，就只用了两年时间，应当说效率是相当高的，于是，记者就按此高效率推算，认为一年上一座，王石再用四年就能完成"大满贯计划"！说实话，记者感觉自己已经有恭维王石的成分了，没想到王石竟然口吐狂言："哪里需要四年，如果环境许可，我一年就能把这四座爬下来。"

乍听，王石确实够狂妄的。但王石自有一番道理，他细致地给记者分析了一下自己"口吐狂言"的缘由。

在尚待攀登的四座高峰中，比之自己已经登过的三个高峰（亚洲、非洲和北美洲的最高峰），南极洲和南美洲的两座最高峰在攀登难度上要低一些；至于欧洲和大洋洲的最高峰，王石说就他的体力和经验来说，登顶应该不成问题，自己其实也早已想过登山方案，主要因为欧洲和大洋洲两座高峰所处地区政局不稳定，所以登山的时间就变得难以估算。但是，只要条件允许……

登山只是王石的业余爱好，其水平自然也属业余水平，业余水平必定低于专业水平，业余登山队员的成绩必定逊色于专业登山队员的成绩——这就是常规的思维方式。而王石就自己的登山实力与登山经验，有待攀登的四座高峰的实际高度、难度和所处地区的政局稳定度等各方面的情况进行全面衡量和科学理性的评估后，大胆做出判断："如果环境许可，我一年就能把这四座爬下来"——这就是不囿于常规思维的逆向思维在起作用。

事实也为王石的"狂妄惊人"之语做了最好的注脚：这番话说过仅半年，2003年12月28日和2004年1月23日，王石就成功登顶南极洲和南美洲的最高峰；而2004年7月6日和7月28日，王石成功登顶欧洲和大洋洲的最高峰，果真是一年时间就拿下了四大洲四座最高峰！

2. 逆向思维谈登顶感受：本色动人

1999年5月，王石第一次登雪山，5月2日中午，王石一行成功登顶海拔6178米的青海玉珠峰。山上队员与山下大本营通过报话机联系，从报话机中传来山下朋友们的欢呼声和祝贺声，轮到王石说话了，王石对着报话机开口道："这里的风景很美，非常值得上来看一看，但我现在想得更多的是怎样下去。"

第一次成功登顶雪山，当事人一定异常兴奋，一定会有"气吞万里如虎"般的豪情要抒发——这是常规思维。而王石却反其道而行之，说了句让人泄气的大实话："这里的风景很美，非常值得上来看一看，但我现在想得更多的是怎样下去。"

俗话说："上山容易下山难。"登雪山时，登顶固然不易，而下山则更为艰难。内行人都知道，登顶成功只能说是完成了登山活动的一半，登山队员所要接受的最大考验其实是在下山的时候，而问题也往往容易出现在下山的过程中。站在6178米高的山峰上，王石不伪装、不作秀、不煽情，以本色示人。

无独有偶，类似的例子还有，攀登珠峰成功后，很多人都问过王石一个相同的问题："你到山顶的一瞬间是什么感觉？"

王石总是回答："几乎没有任何感觉。"

当一个人站在地球的最高处时，他会是什么感觉？

一般人们会认为，一定是自豪感达到极致，激动昂扬，欢呼雀跃……但高山医学判定：海拔八千米以上已属极度缺氧环境，是生命的禁区，此时人的智商相当于六岁，连恐惧感、危险感都没有了，绝没有什么激动昂扬之类的情感活动；加之体力消耗殆尽，此时的人行动近乎机械，更不会去欢呼雀跃……

能够站立在世界之巅，这种体验仅为少数人所拥有，王石就是这少数人中的一个，但他没有用大话欺世，没有从想当然的常规思维去大谈站立在世界之巅时的那份激动与自豪，而是从科学理性的精神出发，谈了自己那一瞬间最真实的感受："几乎没有任何感觉。"这既在情理之外，又恰在情理之中，可谓个性独特，又本色自然。

3. 逆向思维谈登山认识：智慧过人

有一次，一个记者很崇敬地问他："征服山峰在你的生活里意味着什么？"

王石不客气地说："山峰怎么能征服呢，应该说山峰是不可征服的。换句话来讲，山也代表了自然，在大自然中人是非常非常渺小的。不要说你到雪山去，就是平常小山，丛林密布，进去你很可能就迷路了，很可能就有生命危险。所以，在山的面前，人非常渺小。你只能说通过登山，你体验了自然，或者是征服了自我……"

登上山就意味着征服山、登上山就意味着战胜山——这是常规思维。的确，在漫长的人类历史发展过程中，很长一段时间以来，我们人类一直以"宇宙的精华，万物的灵长"而自居，一直以"战天斗地"的姿态来面对大自然，以征服自然、战胜自然、不断向大自然索取为目的。而事实上，人类与自然应该是一种和谐发展的关系，无论是中国古代先哲提出的"天人合一"论，还是最近几年倡导的"科学发展观"，都精辟地阐明了这一点。王石是登山爱好者，他的独特经历使他比普通人更早地感悟到这一点。所以他断然否认传统的"征服山峰"论，认为"山峰是不可征服的""在山的面前，人非常渺小"。如果非要说登上了山就意味着征服了什么的话，"你只能说，通过登山，你体验了自然，或者是征服了自我"。此回答可谓意味深长、智慧过人。

王石会说话，很多媒体记者都这样评价。有他开口的场合，总会吹来一股清新之风。这应该归功于王石厌恶墨守成规、喜欢逆常规思维而行，擅长运用逆向思维的方式去思考去说话。

二、逆向构思

在集会和社交场合的即兴评述，由于缺乏充分的准备，演讲往往难以产生那种为之一振、耳目一新的精彩。怎样在即兴评述时出彩，构思的非定向非常重要。由于即兴评述受到时间和环境的限制，构思时无所适从，人在慌乱中就容易露拙。如果训练有素，即兴评述时能明确构思的方向，就不会慌乱。运用逆向构思，往往可以产生良好的效果。

（一）逆向构思的前提是正确

逆向构思不等于普遍意义上的说反话，对着干。罗迦·费·因格有一句名言："事物的正确答案不止一个。"即兴评述时，思维不受会议、沙龙或其他某种集会场合主流思潮的左右，而是在自己认为正确而又切题的前提下，提出与现场主流思潮完全或部分相反的意见。如果演讲的内容正确、充实，就会受到听众加倍的首肯。

例如，在一次军人"理解万岁"演讲颁奖大会上，一位军队领导被临时邀请做点评总结时，他发言的题目竟然是"不理解万岁"。当时，听众大惑不解，但在听众心中激起的浪花比正面切题要大得多。接着这位军队领导讲了这样一番道理："理解是需要条件的，哥白尼的日心说，当时被理解了吗？屈原的爱国赤诚当时被理解了吗？众多反对'四人帮'的英雄当时被理解了吗？但是他们并没有因不被理解而放弃自己的理想和追求。哥白尼不怕被烧死，屈原不怕被流放，反'四人帮'的英雄不怕被迫害。他们这种不被理解但仍然坚持真理的精神，难道不应该让我们高呼万岁吗？作为一名军人，肩负祖国和人民赋予的重任，为了忠于军人的职责，可能不被家人、朋友理解，有时为了坚持正义、谨守职责，可能还不被同事甚至领导理解，那么这时你该怎么办呢？答案只有一个——不理解万岁。"这位军队领导的即兴评述产生了轰动效应，原因就在于他尽管违反了当时演讲的主题，但他的演讲有着强劲的理论支撑。正确，是让人信服的唯一。

（二）逆向构思的目的是跌宕

"文似看山不喜平"，即兴评述也是如此。有时由于受到从众心理的影响，参与讨论或演讲的人，围绕氛围所形成的话题或观点，人云亦云，缺乏创新，谁能在这样的情况下一反常态，提出不同的观点，就会产生意想不到的效果。逆向构思是制造跌宕的有效途径之一。

某市曾面向社会招聘团委书记，其中有一考核环节是抽签决定题目，5分钟的即兴评述。来自某高中的一位老师，其即兴评述得到了高分和满堂喝彩。原因就在于他抽到的题目是"我怎样当好团委书记"，按常规，他应正面讲自己怎样当好团委书记，相反他逆向构思，另辟蹊径，产生了奇妙的表达效果，其大意如下。

"我其实不愿当这个团委书记，因为这个职位并不权势显赫，而且是一个真正的清水衙门，更何况这个职位责任重大，要率领全市几十万团员和几十万青年为社会主义建设做出贡献。要当好这个团委书记，不仅要有很高的领导才能还要真正地埋头苦干，乐于奉献。图轻松，求名利是人的本能。就本能而言，我其实并不愿当这个团委书记。但是，我作为一位大学毕业生，一名被党培养多年的中国共产党党员，面对党的召唤怎能袖手旁观呢？"

即兴评述的这种逆向构思，犹如在平静的水面上扔下了一块石头，产生了千层波浪，让众口一词的会场，出现了跌宕。

（三）逆向构思的思源是现场

即兴评述之所以难，关键就在于没有资料可以借鉴，又没有时间来反复酝酿。所以，掌握了逆向构思的方法，还要善于在现场找到思维的落脚点。

例如，有一年湖北省在官店举行庆祝会，因为官店是十六大党代表、全国劳模刘银昌的故乡。庆祝会的来宾，都在极力讴歌官店这神奇的土地发生的天翻地覆的变化，但有一位全省著名的歌唱演员在即兴评述时从官店这个地名入手进行逆向构思，产生了轰动效应，大意如下。

"官店，官店，是官办之店还是驻官的店。我认为这个名字应该改为民店。因为今日的官店，在党和政府的领导下，在'银昌'精神的感召下，发生了翻天地覆的变化，人民真正地过上了小康生活，我要大声高歌，昔日的官店如今成了人民当家做主之店。"

这番演讲比他的歌声得到的喝彩还多，而他就是从现场寻找的话题。

因此，即兴评述的逆向构思，应当从现场寻找构思之源。任何一个会议和集会，特定的地点，特定的时间，特定的与会者，特定的议题，特定的气氛，等等，都可以成为逆向构思的话题切入点。

三、跳出思维定式

可以这么说，无论是正向思维还是逆向思维，它们都是立论加论证的一种思维模式。不过，在演讲稿的撰写中，逆向思维更显可贵，这种思维模式常被演讲高手采用。

为什么这么说呢，因为逆向思维打破了人们的思维定式，从一般人认为的正常现象、正确观点中发现不足之处，或从传统认为是错误的观点、异常的现象中发现真理成分，并对这些观念进行反思，提出令人耳目一新的观点。

一言蔽之，逆向思维的主要特点就是对传统思维模式进行逆向思考。比如，在传统思维中，"旧果"是由"旧因"产生的。但是，在逆向思维中，由于时代发展、"新因"出现了，从而否定了"旧果"，并对传统现象进行鲜明的批判。于是，一个尚未被人们提前知道的新结论就随之产生了。

为了让大家更直观地理解这种思维在演讲稿中的运用，举如下两个案例。

【案例1】

狐假虎威，为何不可？

——郑青松

成语"狐假虎威"出自《战国策》。狡猾的狐狸借老虎的威风吓唬百兽，常指借别人的威势欺压人。我认为这个成语解释对狐狸是不公平的。

何为狡猾？狡猾为诡计多端不可信任之意。

这个故事的开端是"虎求百兽而食之，得狐"。老虎得狐无疑是为了充饥。在这种弱肉强食的情况下，弱者只有两条路可以选择。一条是想方设法，战胜强者，保存自己，就像故事中的狐狸那样，说："子无敢食我也，天帝使我长百兽，今子食我，是逆天帝命也。"几句话就把老虎唬住了。继而，进一步争取主动："子以我为不信，吾为子先行，子随我后，观百兽之见我而敢不走乎？"从而摆脱了丧命的险境。

另一条路就是服服帖帖地让老虎吃掉。如果说前者是狡猾的话，那么唯有让老虎吃掉才对吗？

我认为，狐狸这个弱者，在被老虎这个强者猎取的一瞬间沉着清醒，思维敏捷，想出绝妙的对策，这正是狐狸的大智；继而，它敢于领着老虎走进森林，临危不惧，这正是狐狸的大勇，由于狐狸的大智大勇，它才由被动转化为主动，从而战胜强敌，保存了自己。这怎么能说是狡猾呢？

何谓欺压？系欺负压迫。这个说法用于狐狸也不确切。狐狸领着老虎走进森林，他的目的是借老虎的威风吓走百兽吗？是让百兽屈服于自己吗？显然都不是。狐狸之所以领着老虎走进森林，是"兽见之皆走"，不过是脱身的一种权宜之计，是为了摆脱所处的危险处境罢了。

因此，我对这条成语的解释是，狐狸能够运用巧妙的对策，战胜凶恶的老虎，这正说明了狐狸的聪明、机智和老虎的愚蠢。这叫借虎之威，制胜于虎。

【案例2】

"东施效颦"，何错之有？

——佚名

成语"东施效颦"出自《庄子·天运》。其故事大意为，春秋时期，大美女西施因为心口疼痛而皱着眉头在邻里间行走，后来被一位丑女人看见了，这位丑女人认为皱着眉头走路的样子很美，于是回去之后，她也开始皱着眉头走路了……

这则成语讽刺了那些不知自丑，不识时务的人，只知道盲目效仿，结果却适得其反，沦为人们的笑柄。

但我并不以为然，理由如下。东施固然丑拙，但她为什么不学南施、北施、中施，单单学习西施？这至少可以说明，她对于什么是美是很清楚的。在这一点上，东施至少比生活中那些不知美丑，甚至以丑为美、以美为丑的人要好得多。

同时，东施不但知道什么是美，而且有追求美的勇气和决心。她不怕嘲笑、不怕挖苦，勇敢地追求美，有什么错？有什么可嘲笑的呢？在这一点上，她不是比那些对西施的美心怀妒忌，乃至进行无聊中伤、恶意诽谤的人也要好得多吗？

尽管说，在成语中，西施永远是美的，东施永远是丑的，但在现实生活中就不一样了，西施固然天生丽质，但如果不注重自重，而是以美为资本，追求放纵享乐，"美"即成了"丑"，一旦美色早褪，人未老珠已黄，更是无"美"可言了。反之，东施如果保持自尊、自重、自立、自强，并注意提高自己的内在素质，是可以改变自己在人们心目中的"丑"形象的。

所以，无论是美如西施者，还是丑如东施者，人人都有追求美的权利，从这一点而言，东施效颦无可非议。人同此理，事同此理，即以马拉松比赛为例，冠军与倒数第一相比，水平相差悬殊，但追求成功的权利都是一样的，能说倒数第一名在跑道上的坚持，是拙劣的效颦吗？

另外，东施丑拙，虽是先天不足，但其追求美的后天努力无可非议。东施效颦记叙的是一次不成功的效仿，但谁又是天生的成功者呢？只要勇于向榜样学习，就会由模仿走向创新，由不成功抵达成功。

不是吗？回想"改革开放"之初，我国没有轿车、彩电的流水生产线，我们也曾买来样品仿造，买来零件按图组装，也有过一个产品在市场上屡遭讥讽的"效颦"式的过程，但是现在，我们不是有了"神六""神七"吗？在这一点上，东施的勇于效仿不是值得我们学习的吗？

（一）训练模式

学员首先找来一部成语词典或者俗语词典。

之后，从中挑选出一条观念已经过时或者传统释意原本欠缺的成语或俗语，反其原意而立论。

接着，按照"传统释意、情节复述、逆向辨析、新意立论、展开论述"五个环节进行演讲稿撰写。

最后，登台演讲。演讲结束时，要接受其他学员的批驳并与之进行辩论。

（二）辅导心得

多年的培训实践证明，逆向思维训练是最受学员欢迎的训练方式之一。当导师宣布训练开始，学员冲上讲台、往讲台中间一站，台下的学员就无比兴奋。特别是碰到观点独特、论证周密且慷慨激昂的陈述，台上台下的互动会异常频繁，培训现场的气氛更是十分活跃。

不过，值得注意的是，在培训现场，作为训练导师，一定要把控住学员的思维轨迹。

首先，要选对短语（成语或俗语），然后再让学员对其传统意涵做出否定式的逆向立论。也就是说，最好选取那些观念落后或者思想即将过时的短语作为训练材料。

其次，要善于引导学员的思想倾向。也就是在学员上台之前，要反复强调：新的逆向立论必须比原先短语（成语或俗语）的见解更加深刻、对现实更有积极意义。

最后，在进行逆向论证的时候，要坚持"多分论点多角度"的论证方法。也就是要紧紧围绕着自己的观点，采用多个分论点对其进行论证。

为什么要强调如上三点呢？因为只有达到这些要求，训练才有助于提高学员的思维水平。反之，如果仅仅提出一个干巴巴的观点，而没有充足的论据，这样的训练，往往不仅失之肤浅，还很容易将训练现场变成"抬杠"现场，就大大降低训练的价值了。

所以，在训练的过程中，不能出现如下几种情况。

一是曲解。逆向思维的主要特点是对传统意涵进行反向立论，它必须建立在原观念的基础上。如果我们误解了所选短语的本意并对其进行逆向立论，那我们进行的就不再是逆向思维训练了。就算陈述再精彩、表演再声情并茂，也是不合格的。比如，曾有学员将"开卷有益"理解为，开卷考试不论对学生还是对老师来说都是有益的。于是，他对"开卷有益"做逆向思维立论时，就以"开卷无益"为观点，然后从"闭卷考试才能考出学生的真实成绩"的角度展开论述。不难看出，这样的陈述已经失去逆向思维训练的意义了。

二是狡辩。即对自己的训练主题不做选择，也不做深入思考，只要抓住任何一个短语，就开始对其进行"霸王硬上弓"式的逆向思维论证，体现出一种"无所不辩、无所不能"的狡辩精神。比如，有学员看到"善有善报，恶有恶报"这个成语，就对其进行逆向论证，将观点确立为"善有恶报，恶有恶报"。尽管说，他的陈述横贯古今，看似有理有据，但从思维训练的角度来看，它还是属于比较表面化、浅层次的思考方式，这种立论是不值得提倡的。

三是积极变消极。原短语（成语或俗语）本来对人生具有积极的意义，能起到警世的作用。但有学员也对这样的短语进行逆向立论，结果，积极的短语反倒被改成了消极的短语。比如，有学员将"亡羊补牢，为时未晚"改为"亡羊补牢，为时已晚"去进行主题演讲。你说，这个能行吗？

总之，利用逆向思维撰写演讲稿，观点必须有理有据，论证要做到自圆其说。

第三节　辐射（发散）思维训练

一、辐射（发散）思维的含义

发散思维又称"辐射思维""放射思维""多向思维""扩散思维"或"求异思维"，是指从一个目标出发，沿着各种不同的途径去思考，探求多种答案的思维，与聚合思维相对。不少心理学家认为，发散思维是创造性思维的最主要的特点。

（一）辐射（发散）思维的作用

1. 核心性作用

想象是人脑创新活动的源泉，联想使源泉汇合，而发散思维就为这个源泉的流淌提供了广阔的通道。

2. 基础性作用

创新思维的技巧性方法中，有许多都是与发散思维有密切关系的。

3. 保障性作用

发散思维的主要功能就是为随后的收敛思维提供尽可能多的解题方案。这些方案不可能每一个都十分正确、有价值，但是一定要在数量上有足够的保证。

（二）辐射（发散）思维的特点

1. 流畅性

流畅性就是观念的自由发挥，指在尽可能短的时间内生成并表达出尽可能多的思维观念以及较快地适应、消化新的思想观念。机智与流畅性密切相关。

流畅性反映的是发散思维的速度和数量特征。

2. 变通性

变通性就是克服人们头脑中某种自己设置的僵化的思维框架，按照某一新的方向来思索问题的过程。

变通性需要借助横向类比、跨域转化、触类旁通，使发散思维沿着不同的方面和方向扩散，表现出极其丰富的多样性和多面性。

3. 独特性

独特性指人们在发散思维中做出不同寻常的异于他人的新奇反应的能力。独特性是发散思维的最高目标。

4. 多感官性

发散性思维不仅运用视觉思维和听觉思维，还充分利用其他感官接收信息并进行加工。发散思维还与情感有密切关系。如果思维者能够想办法激发兴趣，产生激情，把信息情绪化，赋予信息以感情色彩，会提高和改变发散思维的速度与效果。

（三）辐射（发散）思维的形势

1. 立体思维

立体思维思考问题时跳出点、线、面的限制，进行立体式的思维。

立体农业间作：如玉米地里种绿豆、高粱地里种花生等。

立体森林：高大乔木下种灌木，灌木下种草，草下种食用菌。

立体渔业：网箱养鱼，充分利用水面、水体。

2. 平面思维

平面思维，即以构思二维平面图形为特点的发散思维形式。如用一支笔一张纸一笔画出圆心和圆周，如图 4-3-1 所示。这种不连续的图形是难以一笔画出的。

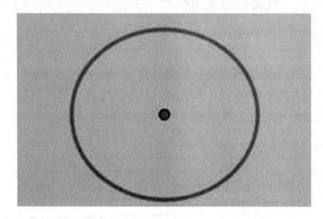

图 4-3-1

3. 逆向思维

逆向思维，即从相反方向思考问题的方法，也叫作反向思维。客观世界里许多事物之间甲能产生乙，乙也能产生甲。如化学能能产生电能，据此意大利科学家伏特 1800 年发明了伏打电池。反过来电能也能产生化学能，通过电解，英国化学家戴维 1807 年发现了钾、钠、钙、镁、锶、钡、硼等七种元素。

那么如何进行逆向思维呢？

①就事物依存的条件逆向思考，如小孩掉进水里，把人从水中救起，是使人脱离水，司马光救人是打破缸，使水脱离人，这就是逆向思维。

②就事物发展的过程逆向思考，如人上楼梯是人在走，而乘坐电梯是电梯在走，而人不动。

③就事物的位置逆向思考，如开展假如"我是某某"活动。

④就事物的结果逆向思考，据说俄国大作家托尔斯泰设计了如下这样一道题。从前有个农夫，死后留下了一些牛，他在遗书中写道：妻子得全部牛的半数加半头；长子得剩下的牛的半数加半头，正好是妻子所得的一半；次子得还剩下的牛的半数加半头，正好是长子的一半；长女分得最后剩下的半数加半头，正好等于次子所得牛的一半。结果一头牛也没杀，也没剩下，问农夫总共留下多少头牛？

在商业营销运作中，也常有逆向思维的应用：如做钟表生意的都喜欢说自己的表准，而一个表厂却说他们的表不够准，每天会有 1 秒的误差，不但没有失去顾客，反而大家非常认可，踊跃购买。又如用 8 根火柴做 2 个正方形和

4 个三角形（火柴不能弯曲和折断）。

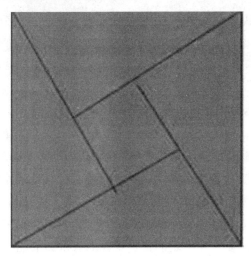

图 4-3-2

一般在正方形中做三角形都容易从对角线入手，但对角线的长度大于正方形的边长，所以反过来想，又组成三角形，又有相同的边长，那就要错开对角线，如图 4-3-2。

4. 侧向思维（旁通思维）

侧向思维，即从与问题相距很远的事物中受到启示，从而解决问题的思维方式。

例如，19 世纪末，法国园艺学家莫尼哀从植物的盘根错节想到了水泥加固。

当一个人为某一问题苦苦思索时，在大脑里形成了一种优势灶，一旦受到其他事物的启发，就很容易与这个优势灶产生联系，从而解决问题。

5. 横向思维

横向思维是指相对于纵向思维而言的一种思维形式。纵向思维是按逻辑推理的方法直上直下地考虑问题。而横向思维是当纵向思维受挫时，从横向寻找问题答案。正像时间是一维的，空间是多维的一样，横向思维与纵向思维则代表了一维与多维的互补。最早提出横向思维概念的是英国学者德博诺。他创立横向思维概念的目的是针对纵向思维的缺陷提出与之互补的对立的思维方法。

6. 多路思维

多路思维，即解决问题时不是一条路走到黑，而是从多角度、多方面思考，这也是发散思维最一般的形式（逆向、侧向、横向思维是其中的特殊形式）。

7. 组合思维

组合思维，即从某一事物出发，以此为发散点，尽可能多地与另一（或一些）事物联结成具有新价值（或附加价值）的新事物的思维方式。

第一次大组合是牛顿组合了开普勒天体运行三定律和伽利略的物体垂直运动与水平运动规律，从而创造了经典力学，引发了以蒸汽机为标志的技术革命；第二次大组合是麦克斯韦组合了法拉第的电磁感应理论和拉格朗日、哈密尔顿的数学方法，创造了更加完备的电磁理论，因此引发了以发电机、电动机为标志的技术革命；第三次大组合是狄拉克组合了爱因斯坦的相对论和薛定鄂方程，创造了相对量子力学，从而引发了以原子能技术和电子计算机技术为标志的新技术革命。所以爱因斯坦说："组合作用似乎是创造性思维的本质特征。"

在科学界、商业和其他行业都有大量的组合创造的实例。当然组合不是随心所欲的拼凑，必须是遵循一定的科学规律的有机的最佳组合。中国许国泰所创造的信息交合法就是进行组合思维的很好的工具。

（四）辐射（发散）思维的方法

1. 一般方法

材料发散法——以某个物品的"材料"为发散点，设想它的多种用途。

结构发散法——以某事物的结构为发散点，设想出利用该结构的各种可能性。

形态发散法——以事物的形态为发散点，设想出利用该形态的各种可能性。

组合发散法——以某事物为发散点，尽可能多地把它与别的事物进行组合，生成新事物。

方法发散法——以某种方法为发散点，设想出利用该方法的各种可能性。

因果发散法——以某个事物发展的结果为发散点，推测出造成该结果的各种原因，或者由原因推测出可能产生的各种结果。

2. 假设推测法

假设的问题不论是任意选取的，还是有所限定的，所涉及的都应当是与事实相反的情况，是暂时不可能的或是现实不存在的事物对象和状态。

由假设推测法得出的观念可能大多是不切实际的、荒谬的、不可行的，这并不重要，重要的是有些观念在经过转换后，可以成为合理的有用的思想。

3. 集体发散思维

发散思维不仅需要用上我们自己的全部大脑，有时候还需要用上我们身边的无限资源，集思广益。集体发散思维可以采取不同的形式，比如我们常常戏称的"诸葛亮会"。

二、训练要领

说到多线思维，它指的是有多条思维同时在运行的思维模式，它还可以细分为两种，一种为发散思维，一种为收敛思维，这两种思维的运行轨迹刚好相反，并且它们经常被应用于管理决策之中。什么叫作发散思维呢？发散思维也称辐射思维、求异思维，它是指根据已有的信息，从不同角度、不同方向上进行思考，从多方面寻求多样性答案的一种思维活动。如果光从上面这个概念去理解，我们或许对发散思维的认识还是不够深刻。

图 4-3-3 展示了发散思维的代表——头脑风暴法。

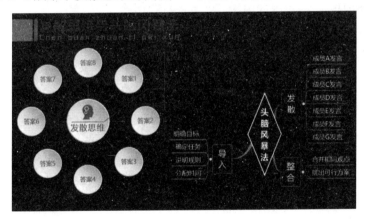

图 4-3-3

可以这么说，头脑风暴法是工作中的最好的管理工具之一，它由美国人亚历克斯·奥斯本提出。

头脑风暴法的主要目的是，寻找新的或者异想天开的方法，以此来解决目前所面临的问题。

头脑风暴法的操作程序一共有如下三步。

第一步，导入阶段。会议主持人首先告诉到会成员，开会的任务是什么？要达成什么目标？接着告诉各位，会议的规则是，"一发言"，每一个人都必须发言；"二追求"，追求数量、追求创意，即发言的次数越多越好、思想越激进越开放越好；"三不许"，不允许质疑别人，不允许批评别人，不允许打断别人。最后，主持人要把发言的时长告诉大家，也就是每个人最长能说多少分钟。

第二步，发散阶段。每个到会成员开始畅所欲言，发言者可从不同角度、不同方向发表建议，可以在其他发言者的基础上进行改进，但不允许否定他人，也不允许跟他人雷同。

第三步，整理阶段。会议记录者要全部记下参会者的所有建议。之后，与会议主持人、相关领导一起，合并相同或相近的建议，并在现有建议的基础上进行整合创新，整理出可行的方案。

不得不说，头脑风暴法是一个非常厉害的发散式思维模式，它能从不同角度、不同层面上收集到非常全面的信息供决策者参考。

什么叫作收敛思维呢？收敛思维又叫辐合思维、求同思维，它是指综合已有信息，朝着同一方向，得出一个正确答案的思维方式。

下面把收敛思维的代表——决策树方法（见图4-3-4）也搬过来，以便让大家更好地理解收敛思维的内涵。

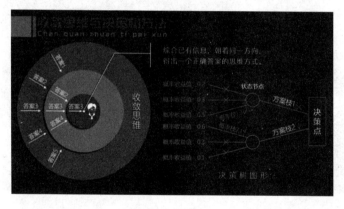

图4-3-4

决策树方法的目的是根据不同情况下的收益，计算出每一种方案的期望值，从而做出最佳决策的方法。

决策树方法的操作程序一共有如下三步。

第一步，绘制决策树图形。首先绘制决策点，即本次决策要解决什么问题。接着，以决策点为出发点，引出若干方案枝，每条方案枝代表一个方案。最后，在每条方案枝的末端设定一个状态节点，并从状态节点引出若干概率枝，每条概率枝代表一种自然状态。

第二步，计算期望值。包括计算概率枝的收益值和方案枝的收益值。

第三步，剪枝做最终决策。先从概率枝开始，减掉收益值较低的枝，再减掉收益值较低的方案枝，最后只剩下一个方案枝。

不可否认，决策树方法是从多个方案中筛选出最佳方案的最好工具之一。它让你的"多选一"决策更加科学，它很受管理人员的喜爱。

不过，话说回来，我们讲解了半天，虽然总算把发散思维和收敛思维讲清楚了。但是，在这两种思维里面，只有发散思维比较适用于演讲稿的写作，而对于收敛思维，一般用不到它。所以下面，我们只探讨发散思维。

发散思维在演讲稿撰写中的运用主要有两个方面：一是立论；二是论证。

为什么它可以运用于立论呢？因为同一个命题，我们可以从不同角度、不同层次去立论。于是，我们先用发散思维，将各个角度的观点全部罗列出来，之后，再选择最佳的论点去撰写演讲稿。比如，下面这几个案例。

【案例1】

滥竽充数

齐宣王使人吹竽，必三百人。南郭处士请为王吹竽。宣王悦之，廪食以数百人。宣王死，湣王立。好一一听之，处士逃。

立论可以从如下几种角度出发。

角度一，南郭先生不学无术，冒充内行、骗吃骗喝的做法应受到指责。

角度二，尽管南郭先生吹竽的本领不高，但当改革大潮冲击到他本人时，他一不哭闹阻止改革，二不托人说情求照顾，而是自动离开，这种急流勇退的精神还是可取的。

角度三，齐宣王好大喜功，讲究排场，不管有无本领，一律吃大锅饭的做法应该废除。

角度四，齐宣王来者不拒，不懂得"能者上、平者让、庸者下"的用人策略，这对组织来说，是很可怕的。

角度五，齐湣王不墨守成规，改"必三百人"为"一一听之"，这种改革精神实在可嘉。

角度六，齐湣王懂得甄别人才，没有给庸才留下可钻营的机会，没有让组织养闲人，这种务实的用人唯贤的作风值得发扬。

角度七，南郭先生不会吹竽却能长期在乐队里混，队长和其他队员也有责任。他们既不能互相监督，使之长期未被发现；又不能互相帮助，提高南郭先生的吹竽水平，致使他落个逃的下场。这种既不忠于王职，又不重友情的做法应受到指责。

选择角度六，并将演讲的题目拟定为，用对人才做对事——从滥竽充数所

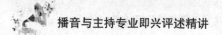

想到的。

发散思维运用在论证当中，同样也很精彩。其一，它很"全面"，能从不同角度去分析问题。其二，它很"精细"，不仅考虑到问题本身，还考虑到了与问题有关的其他条件。其三，它很"新颖"，各种结论，各不相同，有的答案很超乎人们的意料。比如，下面这个案例。

【案例2】

"0"的遐想

——佚名

刚才，有好多朋友都谈到了"0"，都觉得这个看似一无所有，荒凉而神秘的数字，其实隐藏着很多人生哲理。现在，我也想聊一聊关于个人对"0"的见解，希望能引起大家的共鸣。

首先，"0"是一片空地，如果你不去挖掘，不去播种，不去看管，那么地上便会长出荒草，布满荆棘，成为荒凉生态中的一景。相反，如果你勤劳耕耘，种上蔬菜，栽上果树，那么到最后你就能获得丰收。

其次，"0"是一个圆圈，在一个弱者的眼中，它是一个带着微不足道的希望的救生圈，让他们随波逐流；但是，"0"在强者的眼中，是一面敲响的战鼓，"咚，咚，咚——"催促他们攻克学习与生活上的每一个难关。

再次，"0"是分界线，右为正，左为负，以"0"为界，一东一西，一南一北，一前一后，一左一右，两个方向，两条道路，两种前途，差之毫厘，谬之千里。

最后，"0"没有质量，没有体积，只有位置——一个起点位置。"万丈高楼平地起"，任何伟大的事业，无不是从无到有，从小到大，以"0"为起点的。

所以，在生活中，我们每个人都应该以"0"为友，时时牢记"千里之行，始于足下"，只有时时以"0"为新的起点，选择正确道路，才能在人生旅途上轻装前进。

（一）训练模式

本训练一般采用培训导师规定题目的方式。题目格式为"某某的遐想"或"某某的启示"。

接着，按照"事物简述、发散分析、心得体会"等三个环节进行演讲稿撰写。其中，发散分析环节非常重要，不但要做到观点新颖，而且各个观点之间还要有逻辑性。

最后，学员登台演讲，跟大家分享自己的看法。

（二）辅导心得

不可否认，加强发散思维训练，有助于培养学生多角度思考问题的能力，以及从多角度对演讲主题进行论述的能力；同时还能帮助学生摆脱传统思维定式的约束，在诸多立论角度中挑选出最佳立论。

在训练的过程中，要避免如下几种情况。

一是平淡无奇。即有些学员在训练过程中，为了能将发散思维发挥到极致，于是，撰写出一大堆的论述，也不对其进行挑选。比如，有学员以"'0'的遐想"为题，就写出了这么多："'0'让我想到了句号，它告诉我们，无论做什么事都要有始有终；'0'让我想到了珍珠，它使我明白了一个道理，要想获得成功，就需要经受艰辛的磨砺；'0'让我想到了奥运金牌，它告诉我，在鲜花和掌声的背后，凝聚了许多汗水和心血；'0'让我想到了童年时玩耍的皮球，它启发我，做什么事都要有一定的耐性和韧性……"当然，不能说这些写得都不好，只是太过于平常而已。不难看出，这篇演讲稿并没有达到我们训练的目的。

二是没有逻辑。有些同学在利用发散思维进行演讲稿撰写时，只是拼命地想、不停地写，没有考虑它们之间的先后顺序，结果罗列出了一大堆没有逻辑关系的论述。其实，撰写出很多条论述，这本身没有错。但是，别忘了，我们还有一步工作要做，那就是要对这些论述进行取舍，还要给它们进行排序，以便让它们之间形成一个因果关系。因为只有这样，我们撰写出来的演讲稿才算是合格的。

第四节　纵深思维训练

一、纵深思维的含义

纵深思维，也叫深向思维，是对观点展开论述的最主要的思维模式之一。纵深思维的思维轨迹为，从现象入手、从定论入手，做深入探讨，层层分析，好似剥洋葱一样，力求看清事物的真相。

纵深思维的主要特点是，从一般人认为不值得一谈的小事情，或者根本无须做进一步探讨的定论中，发现更深一层的被现象掩盖着的事物本质。

可以这么说，横向思维（也叫水平思维，它包括正向思维和逆向思维）、高位思维与纵深思维在一起，刚好构成了思维的三个维度（见图4-4-1）。其中，正向思维为传统思维模式，它沿袭某些常规去分析问题；逆向思维一反传统看法，从相反方向思考问题；高位思维呢，它跳出了传统思维这个水平面，站在高处思考问题；而纵深思维，它是透过事物的表层，直达本质去搞清楚事物之间的内在联系。

图 4-4-1

二、训练要领

从对纵深思维的含义的分析可以看出，纵深思维对我们撰写演讲稿的帮助更大。因为有了它，我们的立论就会更加深刻，论证就会更加严谨，而所发表的演讲也会更加深刻。

既然纵深思维如此厉害，学习了这种思维模式之后，就可以让我们养成深入分析问题、透过问题看本质的良好思维习惯。那我们该如何训练才能算是真正地掌握了这种思维能力呢？先来看两个典型的案例。

【案例1】

"全民经商"的忧思

——从"校园内卖炸臭豆腐干摊位日多"所想到的

校园内近一阶段卖宵夜的摊点突然增多，尤其是操作过程简单的风味小吃"油炸臭豆腐干"的摊点更是到处都有。

究其原因，无外乎这两点：一是校食堂分组承包，引进了竞争机制；二是教职工中有人"下海"，家属或其本人业余"练摊"。

见此情景，可能大家会问：摊点增多了，对广大师生有没有好处？当然有：

其一，给教师、学生的生活提供了一定的方便；其二，增加了摆摊者的收入，改善了他们的家庭经济状况。

不过，在本人看来，这繁荣景象的背后，并不一定完全是好事！

首先，摊位增多，导致僧多粥少。就以卖臭豆腐干为例，全校总共有3000名学生，假设有1000人吃，每人每天吃4块，每块盈利五毛钱，总利润为2000元，若独家经营，即使将利润降至1/3，每晚也可获利数百元。但现在已经多达二十家。理想状况下平均盈利不过几十元，实际状况呢，"油炸臭豆腐干"不过是风味小吃，无论谁多么喜欢，也不会每天必吃几块的。如此算来，每个摊点每天实际利润不过几十元。

其次，教师职工"摆摊"，对教学工作有干扰。每晚摆摊，虽有收入，但人的精力毕竟有限，故此则难免失彼，以一个晚上的学习和休息时间换取区区几十元，是否得不偿失？

最后，"摆摊"对"教书育人"有潜在干扰。有学生在作业中写道：看见老师在讲台上的身影，难免想起晚间在校园内摆摊的身影，课实在听不下去了。

所以，校园的范围毕竟有限，如果人人都下海，你赚我的，我赚你的，势必"挤成一团"，最终倒不如不下海。

所以，奉劝各位"练摊"的老师，在人生抉择上，要么另辟蹊径，"无限风光在险峰"；要么坚守教学科研阵地，"风物长宜放眼量"。

【案例2】

想快速出名当网红的代价

——从栾川常某街头"报复"当年初中老师所想到的

2018年12月16日，一段标题为"毕业后，他用耳光报答当年的老师"的视频在网上热传。视频中，河南栾川33岁男子常某将小车停在路边，待当年的老师骑电动车经过时将其拦住。接着，他让同伴在旁边持手机拍摄，然后一边狂扇老师耳光、一边怒骂："你还记不记得我？以前咋削我的？你还记得不记得？以前你咋当老师的？"

老师被打后，或许看到对方身强力壮，或许是心存愧疚，一直没敢还手，只是嘴里唯唯诺诺地连声说："对不起！对不起！"

视频被广泛传播之后，迫于舆论的压力。常某发文陈述缘由：打老师时既没喝酒又没失去理智，他之所以如此报复当事老师，是因为在十三岁时被这位老师"削"过——"被这个老师踩脚底下，头部还被踹了十几脚，并且这样的事情还不是一次，而是多次"。这一经历在他的心里留下巨大阴影，以至于到

137

了已为人父的年龄仍然"过不了这道坎，仍然会为此做噩梦"。最让他气愤的是，这位老师之所以对自己施暴，是因为对"家里没钱没权"的学生"另眼相看""任意欺负"。

这一下，整个网络都炸锅了！于是，这次"报复"行动让网友们顿时分裂为两派。

一派认为：老师活该。《中华人民共和国未成年人保护法》已经明文规定：教职员工要尊重未成年人的人格尊严，不得对未成年人实施体罚或者其他侮辱人格尊严的行为。但有些老师，尤其是农村教师，没有师生平等观念，更没有依法治学观念，反倒强调"师道尊严"，为了体现自己的"严厉"而经常体罚学生。所以说，常某打人这件事，就是现实版的"君子报仇，十年不晚"。常某是英雄，常某干了很多人不敢干的事。

另一派认为：学生过分。虽然说，教师体罚学生的行为是错误的，但事情已经过去20多年了，常某这次的行为无疑是违法的，聚众殴打老师已经触犯了法律，还在网上炫耀打人视频，更是对老师的二次伤害，如果听之任之，势必破坏法律的严肃性，并让试图效尤的人形成错误认识，以为殴打老师可以逍遥法外。至于那些联合签名支持常某的村民，只能用"法盲"来说他们了，这种支持在事实上也形成了对被殴打老师的再次伤害！

两派的争论似乎都有道理。不过，在笔者看来，这个"报复说"，似乎经不起推敲，理由有如下三点。

首先，时间点不对。如果想报复的话，高中毕业或者大学毕业就可以了，干嘛要等那么久？

其次，地点也不对。如果想报复的话，没必要在光天化日之下的热闹街头，也没必要安排朋友帮忙录像，这岂不是给自己留下打人的证据？

最后，诉求点很奇怪。视频上，常某并没有将老师打他的情景描述得很具体，反而在发帖的时候，特别强调：不能欺负少年穷。

所以，笔者认为：常某打人的主要目的是获得商业利益，报复只不过是顺便而已。理由如下。

首先，常某是电商起家，对网络推广很在行。

其次，常某录视频的目的就是向世人证明：不能欺负少年穷，他是最励志的榜样。他教训了老师，老师也向他道歉了，说明老师当年真的瞎眼了。

最后，常某把这段视频发在朋友圈之后，效果不佳。于是，他将最精彩的那部分直接发到网络上（据说是抖音）。没想到，这次真的火了。

不过，他做梦也没想到：自己红了，反倒被抓了。

从这一件事情可以看出：在这网络时代，任何人都有可能在一夜爆红。比如，"水泥妹""杀鱼西施"……

于是，让很多人看到了希望：只要能爆红，会马上来钱。

于是，有些人开始不择手段了。

所以，笔者认为，国家相关部门必须严格治理网络环境，毕竟出名的成本很低，很多人都会马上跟进的。如果不加大力度打击这种行为，后果将不堪想象。

（一）训练模式

本训练可以采用培训导师规定题目或者由学员自己选定题目两种方式。题目格式为"从某某现象中所想到的"或"关于某某现象的思考"。其中，关于某某现象的具体内容，则由学生自己定夺。当然，最好是选取时下社会热点事件或者最流行的话题。

接着，按照"现象简述、现象分析、纵深论述"三个环节进行演讲稿撰写。其中，现象分析环节非常重要，要深入思考，找出其与以往不同的地方。否则，后面的纵深论述环节就不会很精彩了。

最后，学员登台演讲，跟大家分享自己的看法。

（二）辅导心得

不可否认，纵深思维训练对思维能力的提高起着关键性的作用，它能让我们养成"透过表象看本质"的良好思维习惯。

但是，在这一训练环节中，作为训练导师，要正确引导学员的思维轨迹，务必让其完成"从现象分析到本质探讨、纵深论述"的思考过程。特别是现象分析环节，要联系社会文化背景、历史发展规律，积极探究事件发生的因果关系。

另外，在训练的过程中，不能出现如下几种情况。

一是就事论事。即有些学员在训练的过程中，只是就现象的本身进行了陈述，并且极其详尽、滔滔不绝，但没有对表象之下的、深藏着的本质问题再做深一步探究。要么仅仅用一句话对其本质做个简单的概括；要么顺便来几句谈及其他现象，马上草草收场。比如，有学员以《从美国大学生工作后到外面租房所想到的》为题，不仅谈到在美国这是一种普遍现象，还对中美两国大学毕业生进行了相互比较："当美国大学生毕业后开始工作搬到外面租房的时候，我们有些大学生依然住在家里，甚至还成了啃老族；当美国大学生毕业之后多数选择了创业的时候，我们很多大学生却热衷于考公务员、进事业单位……"不过，令人意外的是，在进行了这些对比之后，该学员马上得出结论："要培养我国大学生的独立性"。于是，演讲就这样结束了。不难看出，这篇演讲稿的思维轨迹始终停留在"就事论事"的浅层次上面，并没有往本质深处继续探讨和深挖。

二是不着边际。即有些学员，为了体现自己的"纵深思维"能力，当他由现象进入本质分析时，就完全抛开"现象"而不理，开始探讨他自己所理解的"本质"，其中还大量堆砌一些不明觉厉的词语，以显现他那不同凡响的认知深度。比如，有学员以《由大学生早上上课迟到所想到的》为题，谈到大学宿舍里，有些大学生到了大二以后，早上由于睡懒觉开始迟到，还找同宿舍的其他同学帮他打考勤。之后，该学员开始对该现象进行分析：首先，睡懒觉白白浪费了早晨的大好时光；其次，早上不起来参加锻炼，对身体健康影响很大；最后，代打考勤对准时来上课的同学不公平。接着，该学员又详细地介绍了中国历来是"教育之邦"，向来提倡"玉不琢、不成器、人不学，不知义""养不教、父之过；教不严，师之惰"。最后得出结论：中国需要恢复传统教育。不难看出，该篇演讲稿的后半部分已经确实让人感到不着边际了。

第五节　联想思维训练

一、联想思维的含义

（一）概念

联想思维是由一事物的概念、方法、形象想到另一事物的概念、方法和形象的心理活动。比如，由此及彼，由表及里，红铅笔到篮铅笔，写到画，画圆到印圆点，圆柱到筷子。联想可以很快地从记忆里追索出需要的信息，构成一条链，通过对比、同化等，把许多事物联系起来思考，开阔思路，加深对事物之间联系的认识，并由此形成构想和方案。

【案例1】

隐身衣

苏联卫国战争期间，列宁格勒遭到德军的包围，经常受到敌机的轰炸。在这紧急关头，苏军尹凡诺夫将军一次视察战地，看见有几只蝴蝶飞在花丛中时隐时现，令人眼花缭乱。这位将军随即产生联想，并请来昆虫学家施万维奇，让他们设计出一套蝴蝶式防空迷彩伪装方案。施万维奇参照蝴蝶翅膀花纹的色彩和构图，结合防护、变形和仿照三种伪装方法，将活动的军事目标涂抹成与地形相似的巨大多色斑点，并且在遮障上印染了与背景相似的彩色图案。就这样，苏军数百个军事目标披上了神奇的"隐身衣"，大大降低了重要目标的损伤率，有效地防止了德军飞机的轰炸。

【案例2】

飞机除霜

英国北部两地间架设的电话线在冬天结了霜，使通话困难，要尽快除掉霜，恢复通话，该怎么办呢？为此，有关部门召开了一个会议。与会成员提出了许多方案，当"给飞机捆上扫帚飞上天去扫"的方案被提出时，引起了哄堂大笑，但正是这个设想对解决问题起到了至关重要的作用。后来进一步提出了"让直升飞机飞近电话线，用它转翼的风力把霜除掉"的方案。事实证明这是最佳方案，以最低的成本解决了最困难的问题。

【案例3】

消肿解毒良药

我国汉末医学家华佗，有一次看到蜘蛛被马蜂蜇后，落在一片绿苔上打了几个滚，肿便消失了。他由此联想到绿苔可用来为人治病。通过试验，消肿解毒良药便问世了。

【案例4】

微波炉的发明

美国工程师斯潘塞在做雷达起振实验时，发现口袋里的巧克力融化了，原来是雷达电波造成的。由此，他联想到用它来加热食品，进而发明了微波炉。

由此可见，联想作为探索未知的一种创造性思维活动，它是关于事物之间存在普遍联系观点的具体体现和实际运用。没有存在于事物之间的客观联系，联想就很难发生，离开了事物之间客观联系的联想只是幻想。所以，要想提高联想能力，获取丰富的联想，我们就要广泛地参加实践，接触和了解事物，然后，把许多实际经验、知识信息储存在大脑里，使大脑建立起许多暂时的联系，一旦需要联想时，大脑就会把各种信息调动起来，建立各种各样的联系，由此而产生丰富的联想，进行创造性思维活动。

联想是开启人们思路、升华人们思想的导火索和催化剂，没有广泛而丰富的联想，就不可能实现科学技术的巨大飞跃。研究和实践证明，人们的联想能力跨度是很大的，两个风马牛不相及的事物，只要在它们之间加上几个环节，就能实现联系起来的愿望。这种大跨度的联想思维能力，往往具有很强的创造力。因此，联想对于人们开阔思路、寻求新对策、谋求新突破是大有帮助的。

联想是打开记忆之门的钥匙。人的头脑中都储存着大量的信息，它原本可以绰绰有余地应付各种各样的问题，但是随着时间的推移，这些信息会渐渐地被人们淡忘，在头脑中会变得模糊杂乱，支离破碎，以至回忆不起来，自然就很难利用。联想能帮助我们挖掘出潜意识深处的种种信息，把它们之间的联系在头脑中再现出来。

（二）联想的分类

1. 接近联想

接近联想指在时间上和空间上相互接近的事物之间形成的联想。例如，由闪电、雷鸣想到下雨。发明者在时间、空间上联想到比较接近的事物，从而设计新的发明项目。这就叫作接近联想法。

【案例5】

双赢互利的推销

国外有家公司既经营鲜牛奶，又经营面包、蛋糕等食品。这家公司出售的牛奶质优价廉，每天都能在天亮以前就将牛奶送到订户门前的小木箱内。牛奶的订户不断增多，公司获利越来越大，可是这家公司经营的面包、蛋糕等食品，虽然也质优价廉，但由于门市部所在的地段较偏僻，来往的行人不多，营业额一直不大。

公司很多人建议通过电视台和报纸做广告来扩大影响，可老板却想出这样一个办法：设计、印刷一种精美的小卡片，正面印各种面包、蛋糕的名称和价格，卡片的背面是订单，可填写需要的品种、数量和送货时间以及顾客的签名。每天把它挂在牛奶瓶上送给订户，第二天再由送奶人收走，第三天便能将所订的面包、蛋糕等食品，随同牛奶一起送到订户家中。结果，该公司的面包、蛋糕等食品的销量大增。

2. 相似联想（类似联想）

相似联想，指在形式上、性质上或意义上相似的事物之间所形成的联想。例如，语文书到数学书，钢笔到铅笔。这种联想也可运用到创造发明过程中来。

【案例6】

听诊器的发明

埃拉内克医生很想发明一种能够检查胸腔里健康状况的听诊设备，一天，他到公园散步，看见小孩玩跷跷板游戏，一个小孩用石块在跷跷板一头摩擦，另一个小孩用耳朵贴在跷跷板的另一头就能听到声音。埃拉内克医生就联想到听病人胸腔内的心脏、肺呼吸的声音，于是用竹笛来当听诊器。后来，经过不断改进成了今天医生的听诊器了。

【案例7】

鲁班发明锯

我国古代的能工巧匠鲁班，从手指被边缘呈细齿状的茅草拉了个口子，联想到可以把片状钢条的边缘打成细齿，用以锯木头。于是，他发明了锯子。

【案例8】

学了就用（相似联想）

某旅游团出发后，导游小姐向大家传授购物知识：走这条旅游路线，买东西不能对方要多少就给多少，一定要杀价，而且至少要杀一半的价。旅游团的成员们按这位导游小姐所说的办，果然屡试不爽，省了不少钱。旅游结束时，导游小姐对大家说：每人需交导游费200元。一位团员听了马上大声嚷道："你说200元，我们只给100元！"

【案例9】

贝尔发明电话

在贝尔发明电话以前，虽然已有人在研究电话了，但声音不清楚无法使用。贝尔决心致力于电话研究，使电话成为可以使用的通信工具。一次实验中，贝尔发现把音叉的端部放在带铁芯的线圈面前，如使音叉震动，线圈中会产生感应电流，通过电线把这电流送至另一只同样的线圈，线圈前的音叉也会振动，发出跟那边音叉振动一样的声音。他由此联想到能像音叉一样发生振动的金属簧片，如用金属簧片代替音叉，线圈也应能产生感应电流，使簧片振动发声，这样金属簧片就能"说话"了。通过反复试制和完善，贝尔发明了世界上第一架电话。

3. 对比联想（相反联想）

对比联想指根据某一事物联想起具有与它相反特点的事物。例如，黑与白；

写与擦；大与小；水与火；黑暗与光明；温暖与寒冷。

对比联想又可分为下列几种。

（1）从性质属性的对立角度进行对比联想

日本的中田藤三郎关于圆珠笔的改进就是从属性对立的角度进行思考才获得成功的。1945 年圆珠笔问世，写 20 万字后漏油，改进后制成的笔，书写 20 万字后，恰好油被使用完，就把圆珠笔扔掉。这里就运用了对比联想法。

（2）从优缺点角度进行对比联想

发明者在从事发明设计时，既要看到优点，看到长处，又要想到缺点，想到短处。

【案例 10】

铜的氢脆现象

铜在 500 度左右处于还原性气氛中时，铜中的氧化物被氢脆，使铜器件产生缝隙人们想方设法去克服这个缺点。可是有人却偏偏把它看成优点加以利用，从而发明了铜粉的制造技术。以前用机械粉碎的方法制作铜粉相当困难，原因是，在粉碎铜屑时，铜屑总是变成箔状。如果把铜置于氢气流中，加热到 500 ~ 600 度，时间为 1 ~ 2 小时，使铜屑充分氢脆，再经球磨机粉碎，合格铜粉就制成了。

（3）从结构颠倒角度进行对比联想

从空间考虑，如前后、左右、上下等，颠倒着进行联想。例如，一般人进行数学运算都是从右至左、从小到大进行运算，中国的数学家史丰收运用对比联想，反其道而行之，从左至右、从大到小来进行运算，运算速度大大加快。再者，日本索尼公司的工程师，运用对比联想，由大彩电开始进行对比联想，制成了薄型袖珍电视机，显像管只有 16.5 毫米。

（4）从物态变化角度进行对比联想

即看到从一种状态变为另一种状态时，联想与之相反的变化。

【案例 11】

石墨变金刚石

18 世纪，拉瓦把金刚石煅烧成 CO_2 的实验，证明了金刚石的成分是碳。1799 年，摩尔沃成功地把金刚石转化为石墨。金刚石既然能够转变为石墨，用对比联想来考虑，那么反过来石墨能不能转变成金刚石呢？后来终于用石墨制成了金刚石。

4. 因果关系联想

因果关系联想，指根据两个事物间的因果关系所形成的联想。比如，铅笔到铅，橡皮到擦除。

【案例12】

"劳力士"手表广告

"劳力士"手表是瑞士生产的一种高档名表，专供富有上层人士佩戴。厂家选择了全世界公认的最优秀的登山健将莱因霍尔德·梅斯纳来做广告。1978年，他令人难以置信地不用氧气瓶登上了海拔8848米的世界最高峰——珠穆朗玛峰。莱因霍尔德·梅斯纳在广告中向世界宣称：我可以不带氧气筒，但我决不会不戴我的劳力士去登山。登山者不带上一块可以信赖的、走时准确的表，简直是不可思议的。莱因霍尔德·梅斯纳曾成功地登上6座海拔8000米以上的山峰，选用他来做广告，可以向人们充分地展示劳力士手表的优良性能。

二、即兴演讲中的联想与想象

演讲，特别是即兴演讲，无论是感受或情怀的抒发，还是观点或道理的阐述，或是方向的指导与行为的激励，总是由此时此地此人此事此物此景等当前的实际事物引起的。但是，如果演讲只囿于"此"而"就此论此"，则势必导致论证上的肤浅和形式上的呆板，从而使演讲缺乏活力，缺乏表现力、吸引力、鼓动性和说服力，从而影响演讲主题的表达，影响演讲效果。

要解决这个问题，必须使演讲内容突破"此"的藩篱，必须有一个"由此及彼"的时空拓展和思维跨越。要达到这个目的，联想与想象就是两个行之有效的好办法。作为心理过程，联想和想象都具有"由此事物想起另外有关的彼事物"的特点，但由联想引出的彼事物多是发生过的，具有现实性，属回顾式。而由想象引出的彼事物则为未发生的，它是演讲者在已知材料的基础上，经过新的配合而创造出的新形象、新场景，具有新鲜感，属前瞻式。

举两个例子。在某中学合唱节的闭幕式上，两位主任分别做了即兴演讲。政教主任讲道：

同学们，本届合唱节，从准备阶段直到演出，我一直因你们而心情激动！你们每个班每个合唱队，涌现出的那么多的平凡而感人的故事，就像无数闪光的音符，构成了本届合唱节的主旋律，表达着你们的执着和热情、你们的自信和真诚，表达着你们的团队意识和刻苦精神、你们一丝不苟的态度和对艺术创新的渴望！

作为对今天的记录，我们为每个队照了一张合影。这张照片，不同于一般的演出照。这是在每个队演唱结束时，请他们的指挥和伴奏也站到合唱队列的一侧，在这特定的舞台背景下拍下的一张正面的、可以看清每个成员的"合唱队全家福"！这张照片，明天就将发到合唱队员的手上，每人一张，请你们保存好！

将来，也许是10年或20年之后的某一天，当你们聚会，打开相册，翻到这张，引起七嘴八舌热烈讨论的时候；或者，你已把这张照片镶进相框，摆在案头，每当学习或工作之余，你一个人面对它，回想曾经美好瞬间的时候，你可能已经记不起当年这届合唱节中你们曾获得的名次和奖项，但许多发生在这期间的感人细节，你一定忘不了！因为你曾经是一个多么负责的合唱队员，曾经那么全身心地投入！到那时，面对这张照片，你胸中一定会涌起一种亲切的情感，一种自豪和快乐！你的心中一定又想起了你们曾经合唱过的那支歌，你一定在想：在那催人奋进的旋律中，有我强劲的心跳；在那明快的节奏中，有我豪迈的足音；在那和谐的音调里，有我奔涌不息的深情！照片上那一个个挺拔的身姿，不正象征着我们团结奋斗的坚定信念吗？那一双双热切的目光，不正流动着我们对崇高和美的不懈追求吗？是的，那时候，面对这张照片，你微笑了，你感到欣慰，感到充实和满足！你忽然领悟到，那届合唱节，我们不仅练了合唱，还练出了很多为我们后来坚实的脚步打下了良好根基的东西……

人们说，经历是一种财富。我说，积极进取的经历，是人生最为珍贵的无价之宝。这届合唱节中你们丰富的经历，都已浓缩在了这张合影照片之中，请你们珍藏这张照片，珍藏这一段美好的经历和情感。

今天，你播下良种；明天，你会获得丰收！

政教主任"一直激动着"的心情，在这篇演讲中得到了尽情地抒发。他借着一张今天的照片，想象着若干年之后照片中的人们回忆这段往事时的情景，想象着他们那时的情感和心绪，巧妙地从人生道路的高度对同学们今天的突出表现进行了充分的肯定和热烈的赞扬。与直接的条分缕析的现场表扬相比，这种想象反观法，以其形式的新颖和视角的独特，更加激起了同学们的浓厚兴趣，把繁杂的现实生活纯净化，变得简洁明晰，清澄空灵，因而充满诗意。这就更加突出了今天"感人故事"的未来意义，极大地增强了教育性。

接着是教务主任的讲话：

同学们，刚才政教主任关于"经历"的阐述十分精彩。由于你们全身心地投入，你们在合唱节中，为自己的今天明天，创造了无尽的快乐，衷心地祝贺你们！

我十分喜欢合唱。读中学的时候，我也曾是一名合唱团员。在乐队里，我的乐器是一面铜锣。我按照乐曲的要求，或紧或慢，或重或轻，或扬或抑，或放或收，我运用不同的敲击手法和速度，奏出不同音量、不同音色、不同节奏、不同情感的锣声，表达着我对乐曲的理解，做出我对合唱应有的贡献。在一次著名的大合唱中，我的铜锣，竟有一次"独奏"的机会！合唱中有一句歌词："一轮红日正东升"。一位男高音在无伴奏状态下庄严地饱含激情地高唱："一轮红日——"，当"日——"唱到第四拍，便是我那单独敲出的一记铜锣："镗！"准确、响亮、惊天动地、淋漓酣畅！接着便是所有的人一齐欢快地演奏起来，当然我的锣声也跟着尽情地敲响。伴着那句女声合唱"正东升——"和紧接着的男女四个声部快节奏的大合唱"正东升正东升正东升——"。真是热烈欢腾，气势磅礴！我们获得了极大的成功。这段"经历"，我一直记忆犹新。

我常想，合唱是集体的事业；合唱，重在一个"合"字，也贵在一个"合"字。它要求每个合唱团员，为了整体的和谐与出色，必须服从指挥，恪尽职守，全力以赴。同学们！我们学校就是一个"大合唱团"，我们每个人都是这合唱团中的一员，我们每天都在"合唱"之中。无论你在哪个"声部"，无论你演奏何种"乐器"，无论你是"独唱""领唱""指挥"还是"朗诵"，你都是无可替代、不可或缺的。我们每个人都要用自己的满腔热情和专注为整个"合唱"的成功而尽心竭力！

我们正在演出的"大合唱"，标题就是"争创市级高中示范校"。大幕已经拉开，序曲已经响起。你听到了那铿锵的节奏和热烈的旋律了吗？你听到它对你的深情呼唤了吗？你们都是十分优秀的"合唱团员"，你们都知道自己的岗位、责任和义务。让我们一起努力，唱出教育创新的高水平和新境界！谢谢！

三、训练要领

联想思维是指人们在头脑中将一种事物的形象与另一种事物的形象联系起来，力求探索它们之间共同的或类似的规律，从而解决问题的思维模式。

从刚才的概念可以看出，联想思维与其他同类思维的不同之处在于：它利用联想物两者之间的时空上的接近关系、特征方面的相似或对立关系，在原先表面上看上去并没有有机联系的联想物之间建立起了有机联系。

联想思维的概念讲完了，接下来，我们继续探讨关于联想思维的主要方式。

联想思维运行的主要方式有如下三种（见图4-5-1）。

①链条式。即从一种事物联想到另一种事物，从另一种事物再联想到另外一种事物，如此反复，一环扣一环。例如，从土地联想到大树，由大树联想到小鸟，由小鸟联想到蓝天，由蓝天联想到星球，由星球联想到宇宙……

②辐射式。即以一种事物为中心，向四周进行放射性联想。角度不同，联想物也完全不同。例如，由土地联想到大树，由土地联想到高楼，由土地联想到勤劳，由土地联想到收获，由土地联想到环境，由土地联想到祖国……

③跨越式。即跨越事物的直接相关性，通过某条暗线将两个或者两个以上看似毫无关联的事物联系起来。比如，"柳条、馒头、体育馆"，暗线为韧性、踏实、舞台；"胡萝卜、鸡蛋、咖啡豆"，暗线为认输、抵抗、双赢；等等。

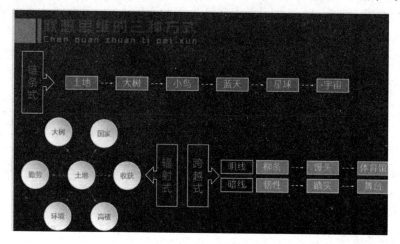

图 4-5-1

联想思维的方式也讲完了，接下来应该到演讲稿的撰写环节了。

为了更直观地理解这种思维在演讲稿撰写中的运用，我们先来预习两个典型的案例范文。

【案例 13】

柳条、馒头、体育馆

——如何走向人生的成功

我认为，当今社会，要想取得人生的成功，就应当具有柳条性格、馒头精神和"体育馆"式的可供施展身手的舞台。

柳条细而长，却折而不断，原因就在于它具有韧性。一个人立足于社会，要想在事业方面有所成就，就必须具有韧的精神，以便能够遭挫折而不断。人的一生怎么可能永远都是风和日丽，永远都是顺风扬帆的呢？如果稍遇打击便意志消沉，遭遇挫折便自行退却，那么，他的一生肯定只能是一事无成。

馒头，虽然在面食中，与面条、饺子、馄饨相比，制作过程大概可以算是最简单的，但是，仔细考察用面粉做馒头的过程，同样很复杂，首先是和面，要掌握好面粉与水的搭配比例，而且，面粉在糅合的过程中，又有一番手上功夫的讲究，做成馒头上蒸笼后，又有一番掌握火候的学问，最后，才有可能吃到香甜松软的馒头。从做馒头的过程中，我们不难悟出这样一番道理，人生的目标追求不在大小，只要有所追求，就要准备做一番踏踏实实的努力。

置身于体育馆的大厅里，人们往往都会产生一种开阔深远的感觉。体育馆的大厅，其实就好比成功者的表演舞台，如果说"韧性和踏实"是成功者的内部因素，那么有一个宽敞的表演舞台，就是获得成功的外部条件。没有这一条件，要想取得人生的成功，难度可就大了，比如一个跟头还没翻过来，就撞了墙；一个弹跳还没跃起，就碰了天花板，你还怎么施展身手呢？

所以说，人生的成功，无论大小，其实无不是主观努力与客观条件相结合的结果。要不然，为什么从古到今，会有那么多人发出过"生不逢时""虎落平阳""英雄无用武之地"的叹息呢？

【案例14】

胡萝卜、鸡蛋和咖啡豆的人生

——佚名

我今天想跟大家分享一个小故事。

一个名牌大学毕业不久的女孩子对她父亲说：目前事事很不顺心，她不知道该如何应付生活了。一个问题刚刚解决，新的烦恼又马上开始，她都想自暴自弃了。

她的父亲是一名著名的厨师，他把女儿带进了厨房。

他先往三只锅里倒入一些水，然后把这三只锅放在旺火上去烧。等到水烧开之后，他往第一只锅里放入一根胡萝卜，第二只锅里放入一个鸡蛋，第三只锅里放入一些粉末状的咖啡豆。在做这些事情的过程中，他一句话也没有说。

女儿撇撇嘴，不耐烦地看着她的父亲。她心里在琢磨：老爸到底想干什么呢？

大约20分钟后，父亲把火关了，然后把胡萝卜捞出来放入一个碗内，把鸡蛋捞出来放入另一个碗内，把咖啡倒进一个杯子里。最后他才转过身问女儿："亲爱的，你看见什么了？""胡萝卜、鸡蛋、咖啡啊！"女儿有气无力地回答。

"亲爱的，你过来一下！"

父亲让女儿摸一摸胡萝卜，女儿发现胡萝卜变软了；父亲让女儿打破鸡蛋，女儿发现鸡蛋变硬了；父亲再让女儿喝一口咖啡，女儿发现咖啡又香又浓、真好喝。

女儿不解地问："老爸，你想告诉我什么？"

父亲解释说："这三样东西面临着同样的逆境——开水。但它们的反应完全不一样。胡萝卜入锅之前是强壮的、结实的，毫不示弱，但进入开水之后，它变软了、变弱了、认输了。鸡蛋原来是易碎的，它薄薄的外壳保护着它脆弱的、液体般的身躯，但经开水一煮，它马上变硬了，它憎恨水，永远也不跟水合作。唯独粉状咖啡豆很独特，进入沸水后，它融入了水、改变了水，并跟水一起变成了一杯香喷喷的咖啡。"

"亲爱的，你想成为哪一种呢？"父亲问女儿："也就是说，当逆境找上门来时，你该如何应对呢？你是一蹶不振、承认失败的胡萝卜，抑或是拼命抵抗、拒绝合作的鸡蛋，还是融入生活、改变他人、相互合作的咖啡豆？"

女儿说："我明白了，谢谢您！"

故事讲完了。我想大家也应该明白了我跟大家分享这个故事的主要目的。那就是，面对生活，哪怕困难再多。我们不能当自认为命运不好的认输者，也不能当怨恨社会不公的愤青，我们要当融入社会、改变他人、实现个人价值的成功者。

谢谢大家！

（一）训练模式

本训练一般采用小组模式。即小组内的每个成员各自在纸条上出一道题目，然后将纸条折起来混在一起，最后由小组成员分别抓阄，即获得自己的训练题目。

训练题目的格式为三个表面上看上去互不相关的事物并排在一起，中间以点号分开。例如，《柳条·馒头·体育馆》。

小组成员拿到训练题目之后，首先要利用联想思维在这三个事物之间建立起它们之间的内在联系，然后再给它们起一个副标题，并以副标题为演讲题目上台发表演说。

（二）辅导心得

一般来讲，高水平的演讲离不开高水平的思维。而高水平的思维，不仅体现在既能透过事物的表象去认清事物的本质，还体现在能透过事物"互不相关"的表象，发现其"内在联系"。

所以，加强联想思维训练，可以提高学员在互不相关的表象下发现深藏着的内在联系的能力，把题目中毫不相关的事物联结成有机整体的能力。

不过，话虽这么说，但在学员训练的过程中，作为训练导师，一定要把握好两个关键的环节。否则，我们的训练很难达到预期的效果。

　　一是题目拟定环节。即在拟定题目的时候，一定要注意：构成题目的三个事物之间在含义上必须有跳跃性。如上面的那些题目，《柳条·馒头·体育馆》和《胡萝卜·鸡蛋·咖啡豆》。为什么这么要求呢？因为跳跃性越大，联想难度也就越大，一旦联想成功，上台演讲的成就感也就越强。如果构成题目的事物之间没有太大的跳跃性，比如，有些学员拟定了这样的题目，《大海·帆船·水手》《老师·兄长·朋友》《习惯·改革·观念》，那就不妥当了。因为每个题目的三种事物之间在含义上比较接近，无法锻炼演讲者的联想思维，达不到我们的训练目的。

　　二是思维联想阶段。即学员对事物进行联想的时候，联想物的象征意义是多样化的，是不固定的。比如，柳条的象征意义为"韧性"，也可以象征"温柔"，等等，只要三种事物的象征意义连在一起能形成某种哲学道理就可以了。比如，"柳条、馒头、体育馆"的象征意义分别为，韧性、踏实、舞台。当它们三者连在一起之后，告诉我们一个道理：当今社会，要想取得人生的成功，就应当具有柳条性格、馒头精神和"体育馆"式的可供施展身手的舞台。所以，训练导师对学员的联想思维不做限制，只要能自圆其说就算成功。

第五章　即兴评述的教学设计

第一节　即兴评述训练模式的整体构想

一、即兴评述如何开头

俗话说得好，良好的开端是成功的一半，所以如何设置即兴评述的开头将会关系到整体效果的表现。应该说怎样开头其方法是各种各样的，然而万变不离其宗，下面为考生介绍几种最行之有效的开头方法。

（一）讲出典故法

在某些试题的背后，常常会存在一些典故，像这句话的出处、形成原因、内涵故事等。在评述开头如果能将这些有根有据地娓娓道来，既能使开头显得有学识有见地，同时又能为接下来的评述奠定坚实的基础，博得主考老师的欣赏。

在此我们以"不入虎穴，焉得虎子"这句有名的成语为例来做一个开头的示范，如下所示。

"不入虎穴，焉得虎子"这句成语出自《后汉书·班超传》，这里面还有一个著名的典故呢。汉明帝永平十六年，班超奉皇命出使西域，到了鄯善国。本来鄯善国国王要和班超交好，不料却被随后赶来的匈奴使者挑拨离间。班超知道后，带领部下夜袭匈奴营地，大获成功，使鄯善国最终归附了汉朝。这句"不入虎穴，焉得虎子"正是班超在此次夜袭之前用来鼓舞部下士气的……

使用这种方法时，有一点要特别注意：如果你对题目里包含的典故并不十分有把握，一定要当心，宁可选用其他的方式开头，也不能为了一鸣惊人而去选择这种方法。如果你讲出的典故和题目当中本来的典故相差甚远，甚至是南辕北辙、驴唇不对马嘴的话，那么无论你的即兴评述有多么精彩，也会给主考老师留下一个不好的印象，这对于整体的分数将会产生很坏的影响。所以，一定要在有完全把握的情况下选用这种开头方法。

（二）开门见山法

所谓开门见山法，顾名思义，就是在开头直接解释题目的意义，包括字面上的意义和深层的内涵。这种方法的优势在于能够迅速导入正题，干净利落，不拖沓。如果考生对试题背后的历史典故不了解，最好不要冒险，可以转而使用这种方法开头。

我们试以"君子坦荡荡，小人长戚戚"为例。

"君子坦荡荡，小人长戚戚"这句话出自《论语·述而》，它的意思是，正人君子襟怀坦白，思想乐观，而小人总是心胸狭窄，忧虑重重。由此可以看出，做一个君子可比做小人要快乐多了……

使用这种方法开头时要注意，很多题目的意义并不是一重的，所以我们在分析题目时不能够仅仅停留在表面上，最好能够比较充分和全面地分析题目的含义。

（三）讲出故事法

这个方法应该是比较好理解和掌握的，就是根据抽取的试题的主题思想，讲出一个与之相关的故事。这种方法的优势在于使考生的评述从一开始就显得贴近生活，不是那种高高在上、遥不可及的大话和空话。其中也分为典型事例法和自编故事法。

所谓典型事例法，就是讲一个真实存在的、广为人知的典型事例。

二、如何架构中间部分

（一）分合式结构

这种结构比较常用。在即兴评述开始之前，如果考生已经确定用此方法，就应先想好分论点。几个分论点的评述即构成了即兴评述的中间部分也就是主体部分。

分合式结构分为下列两种具体样式。

一是总分式。这种样式是先提出一个总的论点，而后分别阐发。比如说"君子坦荡荡，小人长戚戚"这个试题，分论点即可分为两部分。一是正人君子为什么会思想乐观？二是无义小人为什么会忧心忡忡？将这两个分论点进行对比评述，从中得出富有哲理的结论。

二是分总式。这种样式是先分别阐述事物的各个方面，而后得出总的结论。例如，我们在介绍一个单位时，先介绍这个单位的历史由来、历史功绩、现实状况和发展前景等几个方面，然后再得出总的结论，便是这种分总式结构。

总分式和分总式不能截然分开。在实际评述中，常常把两种方法结合起来交替使用。或先总后分，或先分后总。

（二）并列式结构

并列式结构的特点是整齐、明朗，对比强烈，常常给人留下深刻的印象。并列式结构就是指中间部分运用平行式结构，都与主论点平行，其中又可分为类比式和对比式。具体地说，就是在主论点提出后，可用具体例证来评述，与主论点对立的例证为对比式结构，反之则为类比式。

类比式并列结构以不同类的事物所具有的某种相似点为依据，并把这些不同类的事物并列在一起，以展示某种共性。这种结构不但能够化抽象为具体，化深奥为浅显，而且，往往使评者有趣，听者有味。对比式并列结构是把同一大类中的不同事物并列在一起的结构样式。这种并列，有如下两种情形。

第一种情形是不同个体之间或群体之间的并列。例如，1991年11月18日，《大众电影》第十四届百花奖颁奖仪式上，李雪健因主演《焦裕禄》而获金鸡奖和百花奖两个大奖。他当场吐出的两句肺腑之言就是这种结构："苦和累都让一个大好人焦裕禄受了，名和利都让一个傻小子李雪健得了。"

李雪健这两句话之所以能引起全场热烈的掌声，除了因为其内在思想朴实、深刻显示了一定的人格力量之外，还在于这种结构非常完美：四组对立的反义词正反对比，给人以鲜明独特的视觉意象，既通俗易懂，又生动形象。

第二种情形是同一个体或同一群体在不同场合下的不同特点之间的并列。例如，有的人把同一个人台上说的和台下做的并列起来，把当面说的和背后说的并列起来，就属于这种结构。

（三）递进式结构

此种结构较前两种结构复杂，但如果运用得当将会收到较好的效果。这种抽丝剥茧的方法较适用于对名著名句和诗句的评述。

在递进式结构中，评述者不是直接提出自己的结论，而是先提出表层的、容易使人接受的观点，继而由表及里，环环相扣，层层递进，步步深入，最后得出结论。用这种结构阐发事理，往往能获得水到渠成、令人信服的效果。

一般来说，递进式结构可遵循如下模式：讲出出处和作者；解释其字面含义；剖析其深层内在的含义；联系现实生活；将主题深化和升华。

第二节　即兴评述训练模式的教学设计和方法

一、用复述训练来培养观察力

观众观看广播电视直播节目时，会发现个别主持人在描述现场时，出现了词不达意的现象，这是因为他们的观察能力还有所欠缺，抓不住现场情况或自身感受的关键。复述训练是要求用有声语言将语言信息经过归纳、整理后重复出来的一种练习方法。复述时要符合原本的语言信息，不能歪曲；要以理解为基础，然后进行归纳、整理，最后用自己的话说出来，不能照本宣科。学生要能够对原有的语言材料进行分析和理解，先掌握材料的逻辑层次，要有整体的认识。再分析材料的细节和其中对意义、地位、背景的评论性语言，进行更深入的理解。在这样的过程中，教师要及时指导学生抓住关键词，学生要从教师的指导中学会如何抓住关键词，形成自己的逻辑思路，然后进行复述。复述训练能使学生学会怎样详细分析语言材料，以及怎样深入理解材料的内容，还能够培养学生的观察能力。

（一）复述训练的具体方法

选一段长短合适、有一定情节的文章。最好是小说或演讲词中叙述性强的一段，然后请朗诵较好的同学进行朗读，最好能用录音机把它录下来，然后听一遍复述一遍，反复多次地进行。直到能完全把这个作品复述出来。

复述的时候，你可把第一次复述的内容录下来，然后对比原文，看你能复述下多少，重复进行，看多少遍自己才能把全部的内容复述下来。这种练习绝不单单在于背诵，而在于锻炼语言的连贯性。

如果能面对众人复述就更好了，它还可以锻炼你的胆量，有助于克服紧张心理。这要求我们在开始时，只要能把基本情节复述出来就可以；第二次复述时就要求不仅仅能复述情节，还要能复述一定的人物语言或描写语言；第三次复述时，就应基本准确地复述出人物的语言和基本的描写语言，逐次提高要求。在进行这种练习之前，最好能根据自己的实际情况和所选文章的情况，制订一个具体的计划。比如选了一段共有 10 句话的文章，那么第一次复述时就要把基本情节复述出来，并能把几个关键的句子复述出来；第二次就应该能复述出5—7个句子；第三次就应能复述8—10个句子。

当然速度进展得越快，说明你的语言连贯性和记忆力越强。开始练习时，最好选择句子较短、内容活泼的材料进行，这样便于你把握、记忆、复述。随着训练的深入，你可以逐渐选一些句子较长、情节少的材料进行练习。这样由易到难，循序渐进，效果会更好。这种练习一定要有耐心与毅力。有的同学一开始就选用那些长句子、情节少的文章作为训练材料，结果常常是欲速则不达。这就像我们学走路一样，没学会走，就要学跑是一定会摔跤的。而且这个训练有时显得很烦琐、麻烦，甚至是枯燥乏味的，这就需要我们有耐心与毅力，要知难而进，勇于吃苦，不怕麻烦。没有耐心与毅力，那么你将注定是一事无成的。

（二）复述练习

1. 目的

体会倾听和复述的技术，感受说者与听者之间思想的距离。时间为40—50分钟。

2. 内容

①全体组员围圈坐下。
②讨论一个切身问题。例如，青年男女在大学时代应不应该谈恋爱？
③待讨论正式开始，组员们热烈发言时，组长请大家安静片刻，并规定从现在开始，在发言前必须重述前一位发言者所说的大意，直到他满意。
④大家继续讨论问题。
⑤留意观察发言的组员有没有细心聆听别人说话。
⑥结束复述练习，开始关注复述本身的讨论。

3. 讨论

①复述练习中，你对倾听或复述的感受如何？
②练习中有没有发觉人与人之间的思想存在差别？如何能减少误会？
③复述练习能否使人成为主动的听众？

二、用描述训练来培养辨别能力

学生完成复述训练后，再用描述训练让学生学会用直观、具体、形象的有声语言来描述对象的形态和特征。首先，训练学生学会全面地观察人和事物，不能有遗漏。教师要引导学生非常细致地观察对象，注意找出对象的特点。而且观察不能停留在表面上，要深入对象的内在，抓住其精神实质。学生在观察时，运用人类基本的五种感觉和空间知觉、时间知觉、运动知觉等，激发自身的内心反应，将对象有感情地描述出来。而学生在一开始受到刺激后形成的语言一般是不连贯的语言片段。描述训练时，教师所要做的就是引导学生将这些语言片段形成连贯的语言。描述训练是为了让学生能够在有限的时间内，用简明、生动的语言准确描述出观察对象的形态和特征。

（一）描述法概述

小的时候我们都学过看图说话，描述法就类似于这种看图说话，只是我们要看的不仅仅是书本上的图，还有生活中的一些景、事、物、人，而且要求也比看图说话高一些。简单地说，描述法也就是把你看到的景、事、物、人用描述性的语言表达出来。

描述法可以说比以上的几种训练法更前进了一步。这里没有现成的演讲词、散文、诗歌等做你的练习材料，而要求你自己去组织语言进行描述。所以描述法训练的主要目的就在于训练同学们的语言组织能力和语言的条理性。

无论是演讲、说话，还是论辩都需要有较强的组织语言的能力，没有这种能力也就不可能有一张悬河之口。

其方法是将一幅画或一个景物作为描述的对象。第一步，对要描述的对象进行观察。比如，我们所要描述的对象是秋天的小湖边，那么我们就要观察一下这个湖的周围都有些什么，有树？有假山？有凉亭？还是有游人？并且树是什么样子？山是什么样子？凉亭在树影的衬托下又是个什么样子？这秋天里的游人此时又是一种什么心情呢？这一切都需要你用自己的眼睛去观察，用你的心去体验。只有有了这种观察，你的描述才有基础。第二步，描述。描述时一定要抓住景物的特点，要有顺序地进行描述。

其要求是，抓住特点进行描述。语言要清楚、明白，要有一定的文采。描述时忌平平淡淡，一定要用描述性的语言，尽量生动些，活泼些。要讲顺序，不要东一句，西一句，南一句，北一句的。描述的时候允许有联想与想象。比如，你观察到秋天的湖边有一位白发苍苍的老爷爷，他孤独地坐在斑驳陆离的树荫下，你就可能有一种联想，你可能想到了自己的爷爷，也可能想到这个老人的生活晚景，还可能想到"夕阳无限好，只是近黄昏"这个诗句……那么在描述的时候，你就可以把这一切都加进去，使你的描述更充实、生动。

（二）故事中的描述实训要点

讲故事有五个要素，何时、何地、何人、何事、何故，每一个故事都应该包括这五项内容，这样才能表达清楚。何时的表述要注意开门见山，警示性地引起听众的注意；何地的表述要尽快地进入场景，这样才会突出你想表达的主题；何人的表述要有名有姓，这样才显得真实，也能方便听众厘清思路；何事的表述应注意具体化、描述细节化；何故的表述相对不太重要，说清即可。

讲故事，最重要的是对何事的讲解，换句话说也就是重现场景，重现场景的一个技巧就是表达具体化、描述细节化，这样才能使听众以一个一致性的画面进入情节，限制听众的随意思考，你让他思考了，听众的反应就是不一致的，不一致在社会心理学中，就意味着心理互动的失败，心理互动失败，你就不能在讲话中达到最佳效果。

1. 注意事项

①不要用模糊的概念。可能是甲，可能是乙，好像是 1978 年等这些模糊的句子可能会转移听众一部分的注意力，再一个会显得你讲的故事不真实，进而导致你的说服力下降，相比之下，直接确定为甲，或是直接说是 1978 年，故事则显得更有说服力。

②不要用解释性的语言，尽量使用描述性的语言。在描述故事的天气时，你说"那天因为天气很热，所以我穿得很少"，就不如说"那天天气太热，我只穿了个裤衩"，说"因为台子有 8 米高，所以我站在上面发抖"，也不如说"我站在 8 米高的台子上，双腿发抖"，这样不会使人的思维走岔路。一个表述要是使用这种不一致的思维方式，势必会影响你的表达能力。

③讲故事时，不要有谦虚的开场白，这样无疑会影响听众对你的信心，认为从你的讲话中学不到什么东西，而且你自己连这个自信也没有，如何让听众有这个信心。

④在讲故事之前，第一句话的语音语调语速，是非常关键的。如果第一句话较有力，那么首先会吸引听众的注意力，下面的故事陈述就会流畅很多，所以在讲话之前，要吸一口气稳一下自己的心神，然后再开始，不要慌慌张张地开始。

⑤在讲一个事情或呈现一个心理效果时，尽量使用事实来侧面反衬，这样给听众的印象是生动的、形象的，如同样是说害怕，说事后发现衣服湿透了，则更加逼真。

⑥快速地进入状态。能快速地进入状态，就能够抓住主题，迅速地将自己

的观点传达给对方。一个话语啰嗦的人往往是讲半天话还在兜圈子，这时听众已经听烦了，大量的废话使听众的心理期待数次落空，这时你的讲话就很难达到预期的效果。

⑦避免使用抽象化的语言，如果你想陈述你的学习成绩，你说你总是优秀的，是一个笼统概念，你要说，你考试成绩不是第一，就是第二，这种效果给听众的感觉是截然不同的。

⑧如果你想表达一种戏剧性的效果，你就应该使用原因倒置技巧，原因倒置往往使听众恍然大悟，也可能是心理期待的骤然落空。这时笑声自然就出来了。

2. 应遵循的原则

①用事例说话，用最典型的事例来突出你的思想，事例是别人不可反驳的，事例是论证性的，评论是阐述性的，所以真正起作用的是你讲话中的例子。

②指名道姓原则，对任何一个人均应该冠以名字，这样利于听众接受，瞎编一个名字也比没有名字强。如果为了力求准确，一段话中有很多可能，这将大大降低你的说服力。

③用对方的语言来表达他的态度、他的特征。只有这样才会活灵活现地将他展现在听众的面前，也才能吸引听众的注意力。

3. 应注意的问题

①一个讲稿只能有一个主题，主题太多，往往会分散听众的注意力。写文章也是一个道理，一个大全类的书，是绝对不可能畅销的。一个论点偏激是没有关系的，更重要的是从某一个方面说某一个道理，说明白就行，不求严密、谨慎。

②任何讲话，绝不要去背稿，背稿才会忘词，才会有做作感。这同时也应了古龙的那句话，已经高到了无招的地步，何谈忘招呢。说出来的话有思想痕迹，才会是感人的。

三、用评述训练来培养调控能力

评述训练是在复述和描述练习的基础上，要求学生完整、准确地讲述所见所闻，并要即兴表达自己的观点，对其进行恰当的评价。评述训练要求学生要掌握基本的评述技巧，以为今后胜任广播电视评论工作奠定基础。

首先，叙述要准确清晰、详略得当，语言要鲜活生动。叙述是评论的基础，如果叙述的事实是主观臆测的或叙述语言模糊不清，评论就会成为无本之木、无源之水。因此，训练的重点是培养学生通过扎实深入的调查采访，发掘有新闻价值的新闻素材，并将其全面准确地转化成新闻语言报道出来。另外，叙述的语言还要精练恰切、生动形象。叙述的目的是为评论服务，因此，叙述一定要紧密围绕论点，突出重点。在叙述时，要充分考虑口语表达的特点，少用抽象概念和生僻的语言，多用具体、鲜活的事实说明问题。

其次，确定评论的观点时一定要善于从多角度思考问题，抓住事物的核心，深入挖掘其精神实质。训练中，教师要注重培养学生的发散思维和逆向思维。发散思维可以帮助学生扩展思路，学生应围绕新闻事实，通过合理的想象和联想，调动自身的知识储备来确立相应的论点，并加以论证。逆向思维则有助于学生在立论时，打破常规的思维定式，从全新的角度思考问题，言他人所不能言。

最后，评述训练要求论证过程由表及里、层层深入。人们对事物的认知和受众对主持人观点的认同都需要一个由表及里、由现象到本质的过程，因此，学生在练习时就要学会激活并展开话题，层层递进，环环相扣，引导受众自然而然地接受自己的观点。同时，教师还应给学生介绍一些常用的论证方法，让学生将论点和论据有机地结合起来，进行即兴评述实践。

第三节　即兴评述训练模式中的教学难点与技巧

一、即兴是教学的难点和关键

即兴口语与书面表达不同，具有即兴而谈、现想现说的特点，而广播电视节目中的无稿播音更是要求说得有思想、有条理，语言要凝练准确，声音要圆润动听，表达要亲切生动。因此，训练学生在高度集中、快捷的思维过程中，面对特定的受众和信息做出迅速的反应是即兴口语表达训练模式的难点和关键所在。

在教学中要让学生明白，无稿播音是提纲加资料式的播音，并非毫无准备。引导学生重视即兴表达前的准备工作，结合"备稿六步"的方法完成选择话题，搜集相关背景资料，形成提纲，确定重点，合理分配时间，唤起播讲欲望的前期准备工作，做到胸有成竹，有备无患。这就要求学生要注重"广义备稿"，平时要勤于学习，善于积累，有了深厚的文学功底和广博的知识储备，再加上语言表达能力的不断提升，即兴也就可以说是水到渠成了。

（一）理论分析

播音创作理论中强调"有稿播音，锦上添花，无稿播音，出口成章"。有稿播音是根据现有稿件进行播读，无稿播音基本无文字稿件或是仅有简单的提纲，播音员主持人在话筒前完成即兴口语表达活动。口语表达是运用有声语音进行有效的交际，而书面表达则是使用文字传递信息。虽然表达形式不同，但其彼此相互依存，相辅相成。口语表达在广播电视行业中尤为重要，它不同于书面语可以字斟句酌。它更不允许反复思考、修改。因为广播电视口语的传播路径较短，一次性完成。它也不同于日常生活中的交流，即兴口语表达要求在短时间内大量传播高度准确的信息，即兴口语表达强调即兴、快速、流畅。在相当长的一段时间里，播音员主持人更愿意"播音"（有稿提示）而懒于"说"，更有甚者惧怕"说"。但随着科学技术的不断发展，新媒体与传统媒体开始逐渐融合，这需要当今的播音员主持人努力提高综合素质，紧跟时代步伐。在播音员主持人的综合素质中，即兴口语表达能力尤为重要。

（二）原因探究

即兴口语表达能力的提高需要持久的训练与正确的路径。只有做到理论和实践相结合，才会产生事半功倍的效果。

据不完全统计，全国开办播音与主持艺术专业的院校鲜有单独开设"即兴口语表达"或同类课程的。即使开设了其教学效果也并不尽如人意。原因是很多学校认为开设此类课程较为烦琐，又与《实用播音教程2》中的部分内容重合，加之讲授这门课的教师必须具备非常强的理论功底和实践经验，否则难以取得让大众满意的教学效果，这就让许多学校不得不放弃了。现实问题的确存在，一线播音员主持人实践经验充足，熟悉广播电视行业的发展动态，但在教学方式与体系上应再钻研。具有高学历、理论探究能力较强的专职教师又缺乏长期的媒体实践经验。这种供求矛盾也导致在现实教学中产生了一些问题。

通过走访调查江苏地区4所开设播音专业的院校发现：开设即兴口语表达相关课程的院校几乎没有，但学生想上此类课程的意愿很强烈。目前各大媒体举办主持人大赛时都会有一项即兴发挥、现场报道或者与评委现场搭档的灵活考题。比如2015年山东卫视主办的青春星主播主持人大赛，就有一个环节着重考查选手的即兴口语表达能力，很多选手在之前环节的成绩十分优异，在这个环节上却不知所云，甚至有些怯场，与事先准备好的环节相比显得稚嫩和青涩。究其原因，比赛内容与学生的在校训练属于脱节状态，故学生很难在大赛甚至工作中脱颖而出。由此看出，提高学生的即兴口语表达能力至关重要。

二、坚持口语实训是基本方法

口语表达具有稍纵即逝、过而不留的特点，在语言形式上又灵活多样，各种偶然因素都可能对表达效果产生巨大影响。而广播电视中的口语表达又讲求效率，要求在话筒前能够迅速、条理清晰地组织内部语言，准确流畅地完成语言表达。因此，除了需要按照复述、描述、评述三个阶段加强对学生的针对性训练外，还要引导学生重视口语和书面语的相互结合，以及语音和态势语在口语表达中的特殊功效，强化口语实训。因此，可从以下几方面入手。

（一）提高文学素养，勤于阅读与写作

播音与主持艺术专业的学生在校主要通过有声语言、副语言的训练来提高自己的专业能力。目前，各大院校的培养模式大都重实践、轻理论，甚至有些院校无理论。在一段时间里，有人认为"播音无学"，这种片面、武断的观点极其不可取。调查发现，大部分院校的播音专业的学生更愿上播音主持小课，而不重视播音主持大课、文学课程、新闻传播等理论课程。作为播音主持教育工作者，我们需扭转此种局面，实践固然重要，但绝不可轻视理论。纵观目前的各类主持人大赛，最终优秀的选手均是知识面较广、即兴表达能力强、综合素质高的学生。在日常的教学中，教师应当在学生进校第一年就多为学生介绍优秀的书籍、影音材料。如中国传媒大学播音主持艺术学院举办了诵读经典作品活动，像《论语》《大学》等传统的文学作品走进了课堂，学生若想诵读好这些作品，必须课前做足准备，长此以往，学生的文学功底与专业能力必有大幅提升。而作为播音主持专业的学生，必须要养成良好的学习、阅读习惯，对于事物的理解不能浅薄地停留在表面，要深入挖掘事件背后的线索。播音主持专业学生经常在舞台上、镜头前、话筒前发声，有时学生会产生一种错误的认识，只要声音好、气质佳就能做好主持人。这种主持人的职业生涯往往只是昙花一现，只有文学素养、综合素质高的主持人，才能在传媒领域中走得更长久。

在播音主持教学中，很多教师忽略了学生写作能力的培养，写作可以更好地锻炼学生的逻辑能力、思维能力。因为书面语主要通过文字来传递信息，故比口语更规范，其可反复修改、斟酌。播音主持专业学生通过长期的写作训练，写作能力与口头表达能力均会提高。在实际教学中，在打基础阶段就应要求学生写专业札记，随着学习难度的加大，既可让学生试写新闻稿、通讯稿、文艺播音稿件、主持稿件、串联词等专业性稿件，又可为学生适量布置和专业相关的学术论文写作作业，以提高其学术思想与意识。教师看后应当逐字逐句地校

正其语法、词汇、结构等方面的问题。通过这种循环往复的修改、打磨过程，学生的写作能力会有较大提高，最终促使其口语表达能力不断完善与进步。

（二）独立思考，增强思辨与评论能力

近年来，一批记者型主持人备受关注，他们以犀利的眼光、独特的思维方式、鞭辟入里的评论深得人心。但观其履历，大都并非播音专业科班出身，大多主修新闻学、传播学及相关学科，他们知识结构完善、实践经验丰富，偶有语音不标准的情况发生，但这并不影响最终的传播效果。反观某些科班出身的主持人，他们在即兴思辨能力上较弱，知识结构不完善，评论能力很弱。在教学中，学生的逻辑思维能力训练需进一步加强，有条件的院校可开设逻辑学等相关课程。通过教学实例可以发现，学生的模仿与执行能力较强，但极缺反思与探究能力。待教师提问对某一事情的看法时，很多学生脱口而出："老师，我的观点和前几个同学一样。"更有甚者："他的观点就是我想说的！"学生缺乏独立的思考是目前即兴口语表达教学中存在的较大问题。即使进行思考也只是流于表面，深层次的内容即使能想到也无法用口语表述出来。这要求我们在教学过程中注意引导学生观察生活，用心思考，养成良好的思维习惯。

同时培养学生多元的思维习惯，一是进行逆向思维训练，就特定的话题或情景让学生换个角度去思考，打破其固有的思考模式；二是进行发散思维训练，这种训练路径对教师和学生都有较高的要求，教师需提前准备大量的素材，引导学生进行思考，让学生对一个问题从不同角度、方向去思考。唯有增强学生的思辨能力，其即兴口语表达能力才会有所提高。

（三）走出去与引进来相融合，鼓励学生参与多元化赛事

随着传媒行业的迅速发展，全国每年都会举办各类主持人大赛，而在大赛中脱颖而出的选手定是那些思维能力、临场应变能力与即兴口语表达能力均较强的选手。但在实际的教学过程中，有些学校忽视了对学生这方面能力的培养。有些院校甚至明令禁止学生参与校外比赛，一些播音教育工作者认为，学生必须打好基础，在学校里夯实基本功，这样毕业后后劲才能更足。这种观点固然没错，但我们应用发展的思路对待播音主持艺术专业的学生。所以笔者建议，在学生修读完"播音主持与发声"这部分课程后，教师可搜集全国各类传媒比赛信息，专门为学生辅导，鼓励学生走出去参与比赛，通过参与比赛检测自己的学习效果。比如，中央电视台的主持人大赛、各省市举办的主持人大赛等活动。学生参赛完毕，教师定期组织举办经验分享会，假使有条件可邀请兄弟院校优

秀的获奖选手、指导教师进行分享。这种方式会提高学生的参赛热情，也会让一部分学生了解校外传媒行业的情况，还能拓展他们的人际交往圈，让学生真正了解到"学"和"用"之间的差距。一般而言，在校外参与比赛较多的学生，其临场应变能力普遍较强，但又会有新的问题出现，参赛返校后的部分学生会认为校内教师讲授的基础知识在实际比赛和工作中往往用处不大，因此而忽略专业课的学习，忙于参与各类比赛，最终本末倒置。教师在鼓励学生参加比赛的同时，应当避免以上问题的出现。力求在让学生"走出去"参赛学习的同时，"引进来"真正的专业能力。

（四）改变传统的教学思路和理念

播音与主持艺术专业是一个实践性较强的学科，它的理论体系尚需完善与创新，但很多院校在培养学生时墨守成规，生搬硬套中国传媒大学、浙江传媒学院、上海戏剧学院等院校的培养方案、模式，不结合自身特点。有一些学生声音条件好、形象气质佳，但唯独到即兴口语表达时就废话连篇、说不出中心思想。这与院校的培养模式有相当大的关系。

在教学过程中，经常有学生在大一学年结束后感叹："我的即兴口语表达能力还没艺术加试时强！"这也给播音主持教学工作者敲响了警钟，即兴口语表达教学应当贯穿四年的教学，而非某一学年、学期甚至某几周就草草了事。即使针对大一的播音主持语音小课，笔者也会给学生渗透一些即兴口语的素材和训练。每节课前会设置热身环节，随着学生们业务水平的提高而不断加大难度。时间大概控制在 30 分钟左右，内容包括即兴讲述最新国际新闻、根据情景讲述故事、现场采访等。在学生们刚开始学习专业课时就要让其树立语音发声和即兴口语表达同样重要的观念，并形成一种正确的表达习惯，待到高年级时甚至步入工作岗位时就不会胆怯。定期在校内开展播音盛典、情景剧比赛、即兴演讲比赛等活动，增强学生的即兴表达意识。

播音专业教师也应积极争取进修学习的机会，到欧美一些优秀的高校访学与交流，甚至到当地的传媒行业进行实战演练，总结工作和教学经验，为今后的教学提供帮助。教师在培养学生即兴口语表达能力的过程中，应遵循三步走原则："有话说—说清楚—说精彩。"注重学生创作前的准备工作，如素材积累等，以及消除学生心理上的表达障碍，提高其表达欲望。唯有正确的教学思路和创新的教学理念，才能培养出优秀的播音主持专业人才。

三、采取灵活多样的考评方式是保障

由于即兴口语的特殊性，对于即兴口语表达的考评方式也应该是灵活多样、因人而异的。对于有些学生语言方面的问题，教师可以先录制学生的即兴习作，变成文字后再反复推敲，找出症结所在。对于有些学生在语音和态势语方面的问题，教师可以给学生反复观看习作录像，引导学生运用所学知识发现自身在语音、语调、语气、节奏和表情、手势、体态等方面的问题。

总之，只有采取灵活多样的考评方法，并因材施教，才能使教学做到有的放矢，取得事半功倍的良好效果。

第六章　即兴评述的基础练习

第一节　素材积累

一、素材选择的三原则

（一）韩信点兵，多多益善

大量的素材积累可不是一朝一夕就能完成的事，我们平时应该养成随时收集素材的习惯。在看书、看电视、上网的时候，对于典故轶事、史料传说、名人名言、格言警句等，感觉不错就随时记录；在与人交流时，他人有趣的经历，自己灵光一闪的感悟，也要及时记下来。否则，时过境迁，这份灵感可能会无影无踪。另外，通过网络去查阅需要的素材，详细了解素材的相关背景，适当地补充，这样素材就会比较完整。然后再整理这些素材，考虑它能说明哪些问题和观点，分别写上标题分类，方便用时查找。

素材越多，我们就越容易从这些金矿中选出含金量高的金子。因此，素材的积累要如韩信点兵，多多益善。

（二）选择自己熟悉的素材

我们即评时最具吸引力的是自己的故事或自己身边的故事。卡耐基说："最好花10年来准备即评！"这意味着我们每个人的人生过程就是积累素材的过程。我们的亲身经历、经验观点等是最好的即评素材。为什么呢？因为这些素材我们最熟悉。

下面是乔布斯2005年在斯坦福大学毕业典礼上的即评：

今天我想向你们讲述我生活中的三个故事。不是什么大不了的事情，只是三个故事而已。

第一个故事是如何把生命中的点点滴滴串联起来。

第二个故事是关于爱和损失的。

第三个故事是关于死亡的。

这是乔布斯非常著名的一篇即评，主体部分就是自己亲身经历的事情。

那么，如何搜集自己的人生故事呢？建议从以下几方面来挖掘自己的故事。

1. 与童年以及成长有关的故事

凡是与家庭、童年、学生等相关的话题通常都能引起听众的共鸣，因为每个人几乎都有类似的经历。著名即评人史蒂文森开头就习惯讲述他和外婆的故事，此时每个人都会回想自己与外婆在一起的场景，很容易抓住听众的注意力。

2. 工作领域或兴趣爱好

每个人的工作或爱好都是我们花了很多时间和精力去钻研的事情，我们最有发言权。比如说你是军人、医生或者爱好心理学、收藏等，把这些经历或知识通过通俗易懂的语言形象地表达出来，不仅会让听众学到新的知识，还能满足听众的好奇心和求知欲。

3. 不寻常的经历

比如说创业、奋斗的经历，克服挫折和困难的经历，到沙漠旅行、做义工、支教的经历等都是非常好的素材。谈到这些经历时，经历者都会如数家珍，兴致盎然，因为这都是我们亲身经历过的最有感触的事。自己的经历就是最好的即评素材。

（三）选择真实具体、能打动人心、生动形象的素材

1. 真实具体

事例要真实可靠，可以做些许改编，但不能胡编乱造。事例要讲得真实、声情并茂。

2. 打动人心

人总易被爱的力量打动，展现人类爱的主题总会让人感动。收集的素材我们自己一定要非常认同，动人者，先动心。

3. 生动形象

做到以上两点已经非常不错了，如果要创造良好的效果，就要注意生动性，即做到"新""奇""趣"。

新——人们都喜欢新鲜事物。尽量收集新颖的素材。如果是老素材，尽量说出新意，即语陈意新。

奇——人天生就有好奇心，喜欢特别的事。有人说：狗咬人不是新闻，人咬狗才是新闻。这就是奇达到的夺人耳目的效果。

趣——人们都喜欢轻松快乐的事情，即评素材既要幽默又要蕴含与主题相关的道理。

当然，也要记住任何故事都要支撑你讲的主题，不能为了讲故事而讲故事。有了真实、感人、生动的素材，再通过表情、肢体语言、表演等戏剧化的手法创造视觉效果，就会让事例的魅力和特点充分展现。只要讲我们自己印象深、感动多的故事，注意力集中在我们要表达的内容上，真情实感就会自然流露，手势、表情都是情绪的自然表现，进入一个忘我的境界，就会有最完美的表现。

二、选材训练

快速组合材料是体现即评能力的途径之一。它要求评述者在极短的时间内解决好说什么和怎样说这两个问题。

（一）即评中材料的组合方法一——并列式

首先将总题分解成若干个分题，如权红同志在《世界也有我们的一半》的即评中，谈了三个问题：一是女人没有获得自己的"一半"；二是女人本应有自己的"一半"；三是女人应争得自己的"一半"。这三个分题各自独立又互相连贯，共同阐明同一主题：世界也有我们的一半。材料的这种组合方式可使演讲条理井然，而且极有力量和气势。

（二）即评中材料的组合方法二——正反式

围绕题目要求，一方面从正面说明，一方面从反面说明。如侯国锋同志在《一个青年军人的思考》的演讲中，围绕着"我们应当自强不息"这一主题，先列举一些反面事例，进行分析、批评，然后以一名战士自学成才的事例从正面称赞自强不息的民族精神。正反对比，效果突出，引人深思。

（三）即评中材料的组合方法三——递进式

围绕所要说明或论述的问题，先说明为什么，继而谈怎么样。如韩健的演讲《在失败面前挺起胸膛》围绕中心思想谈了两个问题：一是自己为什么能在失败中崛起；二是自己怎么样从失败中崛起。

（四）就地取材即兴发挥的案例

案例一，著名相声演员马季，有次到湖北黄石市演出。在他表演之前，有位演员错将"黄石市"说成了"黄石县"，引起了观众的哄笑。笑声中马季上台："今天，我们有幸来到黄石省演出……"这话把哄笑中的观众弄糊涂了。正当大家窃窃私语时，马季解释："方才，我们的这位演员把黄石市说成了县，降了一级，我在这里当然要说成省，给提上一级。这样一降一提，哈，就平啦！"马季就地取材，即兴发挥，几句话就圆了场，演出得以顺利进行。

案例二，1999年青年节，有个著名的演讲比赛，主题是"做文与做人"。中央台的白岩松参加了这场高水平的比赛。白岩松之前是西藏日报的记者白娟。她极富感染力地向大家讲述了自己作为一个驻藏记者的自豪以及作为一个母亲的心酸。她常年战斗在雪域高原，与儿子在一起的时间每年只有三个月，每次都是和儿子刚混熟又不得不分手。情真意切，令人动容。白岩松紧接着上场："我是一个两岁孩子的父亲，我知道，在一个孩子一岁半到两岁之间，没有母亲在身边，对于母亲来说是怎样的一种苦痛，我愿意把我心中所有的掌声，都献给前面的选手。"话音刚落，全场报以热烈的掌声。白岩松就地取前一位选手之材，表达真诚美好的敬意，顺应了现场观众的心理需求，激起感情的又一高潮，不露痕迹地表现了自己的机巧——把掌声献给别人的同时，也为自己赢得了掌声。

第二节　思辨能力培养

一、思维模块，组接成篇

有经验的人在即兴讲话时，经常会运用他们自己摸索出的套路。这类套路就属于一种格式化的构思模块。因此，有意识地储存一些语言模块，对提高语流顺畅度大有好处。

（一）思维语言模块的类型

1. 纵式模块

它的表达形式以开头、中间、结尾三个层次为主要特征。它适合于叙述一个故事，讲述一段经历。

2. 横式模块

它将大致相等的事物或观点聚合排列在一起，形成一种具有逻辑性的表达结构。

3. 总分模块

这个模块的组接可以先总后分，也可以先分后总，还可以前后总中间分。

（二）思维语言模块训练

①用横式思维模块构思，完成即兴成篇。如我的艺考经历。
②用纵式思维模块和总分模块构思，完成即兴成篇。如介绍我的室友。

二、散点聚合，连缀成篇

命题映像指的是就某个话题产生的某些具象思维和表达意象，虽然它没有成为语言现实，但很重要，是即兴演讲的出发点。

（一）控制稍纵即逝的思维点

散点连缀就是对头脑中稍纵即逝的灵感或思维点进行快速筛选，并组合起来，形成即兴讲话的表达网络。

（二）思维点的选择和组配

"散点聚合，连缀成篇"，其连缀的方式很多，主要有并列式连缀、递进式连缀、承接式连缀、因果式连缀等，只要符合逻辑，能够自圆其说，言之有理，就是成功的连缀。

三、片言居要，说句成篇

"片言居要，说句成篇"是"立片言之居要"的即兴讲话的技法。这类即兴讲话，先开门见山，用直言肯定句式提出见解或主张，比如"国外有些人对我们抱有偏见不是坏事""我觉得上网有瘾不必大惊小怪"，这两个直言肯定句就是即兴讲话的中心。然后，在即兴表达时边想边说，构思与表达同步进行。

由于讲的时候以此为表达依据，围绕着它，从破题、展开到深入归纳，这一直言肯定句就如同一根红线贯穿始终，使即兴讲话成为有一定质量的语段。

运用这种即兴口语表达方式时应注意："说句成篇"是以一句话为发端，围绕着这句话用一组句群来做表述，因此，这一组句群要时时紧扣"居要"之"片言"，据此确定表达的"意核"。"意核"确定后需要进行联想，做全方位的意核分解，这样才能做到言之有物，句句话都"粘"在"意核"上。

四、挂挡起步，神侃成篇

（一）"挂挡起步，神侃成篇"的特点

①快速捞到"抓手"。
②撒得开，聚得拢。
③表达与讲述同步。

（二）"神侃成篇"的关键是"借题发挥"

所谓"借题发挥"，是指"借"现场之"题"（比如眼前某个事物、观众的某种心态、大家议论的焦点，甚至会场的布置、别人的插话，包括本人在现场的"突发奇想"等）来个"借题发挥"。

（三）注意事项

1.善于"借题"，善于立意

讲述者要思维活跃，所"借"要与表达的语意有内在的联系，灵感一来，就马上抓住。立意要有新意，显示出鲜明的个性色彩。

2.呈现出话语灵活的流动性

"挂挡起步，借题发挥"的借题过程是启而后发、边说边想，思维与表达同步，内容形散神聚，讲者挥洒自如，有时突然来个"旁枝逸出"，但绝不是信马由缰、信口开河。

"挂挡起步，借题发挥"包括借事发挥、借物发挥、借名发挥、借境发挥等，是常见的即兴口语表达形式。

五、言为心声，直表成篇

所谓"直表"就是"直白"，就是直截了当，要耐心地把问题说清楚。老子说："信言不美，美言不信。""美"是修饰的意思。坦诚可信的话语是质

朴的，不需要任何的修饰。这就是直表。

节目主持人也需要在适当的时候用直言句式传达信息。因为适当的密集性信息，可以调动受众的听觉注意和积极思维，给人以清晰完整的印象，而且这也是质朴自信的一种表现。

六、意象组合，点染成篇

这里所说的"意象"，"意"即观点，"象"即物象、事件。"意象组合"即用能说明观点之"象"表达自己的见解（即"意"）。

在瞬即性很强的即兴讲话中，来不及做周密考虑和详尽的论述时，有时可以选择一个能表达你观点、见解的物象或事件，由此开始讲，进行点染性的描述。而"点染"往往是抓住一些细节，这些细节不仅要感人还要包含丰富的信息，它可以引起注意，符合由感性到理性的认识规律。

主持人要表达的"意"是亲情的一种寄托和依傍，是一种无可替代的力量，可以用富有感情色彩的语言，通过具象点染，描述一个个人们熟悉的生活场景、一个个感动人心的故事。这些是"象"。主持人这个感人的"意象组合"，以及点染成篇的语段，极易引起听众共鸣。

意象组合并非对现象的随意罗列，而是要根据题旨精心筛选和加工。平时注意积累，丰富表象储备，对许多有价值的意向素材留心观察、捕捉，并将其浓缩简化，储存在记忆中，这样在表达时才会有较好的点染性的表述。

七、意随情遣，容情成篇

"意随情遣"的前提是思想感情处于运动状态。"意随情遣"的特点：形散神聚，主旨鲜明。

"融情成篇"，即用"情"打开思路和言路。"融情成篇"的特点：讲话力求简短。

"意随情遣，融情成篇"要求必须有积极的交流心态，这样在现场才可以融情动心，只有用情打开思路，打开言路，才能用激情诱导联想，使讲话实现双向交流。

第三节　结构思路

一、演讲稿的结构及其要求

（一）演讲稿的结构

结构，也被称为组织、布局、章法等。原本是建筑学中的术语，后来被借用到文章的写作中来，指的是文章的总体安排。

同样的道理，演讲稿的结构，指的就是演讲稿内容的组织和安排。它主要包括两大方面。一是演讲稿各部分的先后顺序，即演讲稿的总体布局以及如何开头，如何展开，如何结尾等具体操作。二是文章各部分之间的内在联系，即演讲稿的完整性、条理性、层次性等具体问题。

演讲稿是非常讲究结构艺术的。它一般是按照主题的需要，精心挑选材料，并使之集中化、循序化，从而构成一个非常有美感的整体。

所以说，结构对演讲稿来说，太重要了！演讲稿结构的好坏，会直接影响到演讲效果。好的结构，会使演讲稿主题深刻、内容集中、层次分明、过渡自然、前后呼应，显得完整、统一、和谐，从而增强演讲的感染力和表现力。反之，如果不讲究结构，随手拈来、信马由缰、颠三倒四、杂乱无章，即使主题再好，材料再生动，也难以把观点表达明白、道理陈述清楚，更不用说去说服听众了。

（二）演讲稿的结构要求

既然结构这么重要，那么在演讲稿的写作中，演讲稿的结构应符合哪些要求呢？演讲稿的结构必须符合以下四大要求。

1. 完整性

由于设计结构的目的是把材料和观点等要素有机地组成一个统一的整体，所以，对演讲稿来说，第一个基本要求就是完整性。

这个完整性大约体现在三个方面。首先，演讲稿的各个部分刚好组成一个统一的整体，表达着共同的主题，体现了演讲者的整体思路。其次，构成演讲稿的各个部分，相对来说，比较齐备，既不无缘无故地丢三落四，又不故意另生枝蔓。最后，演讲稿的各个部分都有适当的地位，该详写的地方详写，该突出的部分突出。

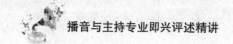

2.连贯性

在这里，连贯性指的是演讲稿的各个部分在写作思路上符合起承转合的要求，在语言风格上前后一致。所以，不管演讲稿内容多么复杂，陈述的主题多么高深，其脉络必须一以贯之，不能中途出现断裂或者后面的文风发生改变。

3.严密性

严密性是建立在连贯性的基础上的，它指的是演讲稿在结构上，必须有内在严密的逻辑关系，不得出现彼此之间相互矛盾或者互不关联的现象。

什么是深层次的内在逻辑关系呢，它指的是演讲稿的各个部分不仅要为演讲主题服务，还必须正确地反映客观事物的发展规律。比如，你要立论说理，就要按照提出问题、分析问题、解决问题的顺序来展开。

什么是彼此之间不能相互矛盾呢，指的是演讲稿的各个部分要相互扶持，互相成就。

4.灵活性

尽管说，每一种类型的演讲稿都有大致的写作思路，比如，社交演讲中开幕词的写作思路大致如下：称呼语、问候语；今天要干什么；表示欢迎、感谢某人或祝贺某事；强调本活动的意义或重要性；预祝本活动取得成功或宣布本活动正式开始。

但是，我们不能把这个写作思路固化了。因为演讲稿结构的总体发展趋势是灵活变化的，是排斥墨守成规的。

二、即评的常见结构

（一）总分总结构

总分总结构可以说是即评的百搭结构，无论是小型会议，还是大型即评，它都可以让你的即评逻辑鲜明，条理清晰。

比如，开头先用提问的方式，引发观众的思考和共鸣，引出即评的主题，然后开始讲第一个故事，接着第二个、第三个，最后总结前面所说的，然后再来一个金句式的结尾。

（二）时间轴结构

通过时间上的区隔，来表达即评的主题，先讲过去，然后是现在，最后是未来。

比如，过去十年，如何，如何；现在，怎样，怎样；未来的十年，又会如何，如何。

（三）表达陈述式结构

表达陈述式结构，即观点—理由—案例—总结升华。

即评的开头先表达出观点，然后说明自己的理由，接着讲述几个自己的故事，或者别人的案例，最后再一次进行观点的总结和提升。

这个方法也比较适合我们的日常交流。

（四）黄金圈结构

什么是黄金圈？所谓黄金圈，就是由三个问题构成的同心圆：最里面的第一个圆，是 why，说的是"为什么"；中间的第二个圆，是 how，说的是"怎么样"；最外面的第三个圆，是 what，说的是"是什么"。

当你给别人讲解的时候，通过"为什么，怎么样，是什么"的方式，更加容易让人听下去，进而理解你所要表达的即评观点。

通过黄金圈法则从内在动机到外在表现，在每个部分加入一个故事，用故事来表现道理，用故事来打动听众，这样你的即评会更加富有感染力。

三、有逻辑有条理的即评的注意要点

把你即评当中需要讲的内容，分分类，搞清哪些先讲、哪些后讲、重点讲什么，分清楚主次。

把即评的内容模块化，切分成不同的部分。比如，根据即评主题，每一个小论点对应一个小故事，就好像写文章一样，把即评分成不同的部分。

尽量把观点压缩在三个（包括三个），最多也不能超过七个。因为多了容易给人一种杂乱的感觉，听众也记不住。

很多领导上台即评，也经常会用到"三"这个概念，比如："今天开会，我不多说，就讲三点……"

即评的开头一定要引起听众的注意。

即评的中间部分，要结构清晰，最好有几个吸引人且能够让人产生共鸣的故事。

即评的结尾，要能够发人深省，激发听众的情绪，让他们产生共鸣，采取行动。

四、即评演讲结构的实训

（一）即评——PRS 结构

PRS 结构，即 Problem（承认问题）—Reason（给出原因）—Solution（提出解决方案）。

1. 承认问题

这里指明确表明自己的观点，如"是的，我想要更高的薪水"。

2. 给出原因

通过"三点式"总结出自己想要高薪水的理由，一定要有理有据；我们可以从对公司的贡献、家庭情况等方面出发，说出我们要求高薪的理由。

3. 提出解决方案

告知老板加薪之后你的工作接下来将会如何开展，公司将会有什么收益。比如，营业额会提高多少，客户成交率会达到多少等，并让老板看到你的行动与决心。

（二）即评——PREP 结构

PREP 结构，即 Point（观点）—Reason（原因）—Example（举例）—Point（观点升华）。

首先，提出观点；其次，阐述理由；再次，举例说明；最后，总结升华观点。

第四节　语言组织

说话，是思维和舌头结合起来的一种口腔运动。大脑的语言中枢，是我们人类特有的一个区域，这也是人类区别于动物的特性之一。所以，只要我们是一个健康而正常的人，我们任何人都能够表达自己的思想，与他人进行交流。至于说得好不好，这就跟自己的学识、修养和情商有关。当然，这些东西的积累不是一天两天就能完成的。然而在你积累这些东西的过程当中，懂得如何锻炼自己的表达能力，也是非常重要的一件事情。

怎么锻炼呢？就是在现有的基础上，先去提高你的语言组织能力。

一、语言表达的基本流程

我们把话说出来，会有一个复杂的过程。只是这个过程发生得比较迅速，所以我们往往很容易忽略每个步骤的具体做法。为了搞清楚哪些地方影响了我们的表达能力，我们必须先了解这个表达流程。从心理学的角度来说，大概有五个步骤：信息输入；触发观感；构建意思；组织语句；输出信息。

用一个例子去说明这个过程。

例如，有一只老鼠，正在你精美的床单上啃着饼干碎渣。

当你看到这句话后，这个信息就输入了你的大脑里。无论你看到什么，想到什么，听到什么，这都是一种信息输入。

这个信息通过神经中枢进入丘脑后，一部分进入杏仁核——对信息产生感觉，另一部分就会进入新皮质——一个掌管信息处理的地方，对信息进行相关解读。

换言之，大脑就会根据这个输入信息进行相关的解读工作：这只老鼠到底是从什么地方跑出来的？它怎么会在床上吃这些饼干？床被它糟蹋了怎么办？要怎么做才能把它赶走？

注意，这些解读，最先是以一种抽象的感觉方式出现的。只不过大脑把这种感觉，转化成了更为具体的理性思考而已。

对信息进行解读之后，假如你身边还有一个朋友，你需要他配合你去处理这只老鼠，那你就要把这一连串的解读，简化成一个核心的思想，让他明白你的做法。

于是大脑就会结合你使用母语的语法习惯，并根据心中意思，通过运动性语言中枢——一个掌管说话的地方，生成相关的语句：不要让这只老鼠跑掉！今天不是它死，就是我亡！

至此，你已经结束了这一轮的表达活动，接着你又会进入下一轮的表达流程，继续说出你想说的话，源源不断，直到完成你全部的表达。

这种表达方式，说一两句没问题，可是说一大段的话，相对来说就比较困难了。

那问题到底出在哪里？

二、语言组织能力差的原因

除非你大脑的语言中枢受到损伤，否则，任何人都能够提高自己的表达能力。如果你觉得自己现在的表达能力不行，那是因为在这个表达流程里面，也许有某个步骤你做得还不够好。

（一）对信息没有产生任何观感

这一点很容易理解。好比你看完一部电影，而这部电影没有让你产生任何感想，那你的大脑对此也就没什么好说的了。又如让你说一段广告词，而你对于用什么形式去说没有任何经验，那么这时的表达就比较困难了。

写作文也要触景生情才能够下笔，如果你什么感觉也没有，你就很难产生想说话的头绪，沉默也是自然而然的事情了。

（二）无法对信息进行相关解读

想要有话可说，你必须要懂得如何解读接收到的信息。而影响我们对信息进行解读的，就是我们自身所储备的知识和经验。

例如，当你看到"min rakastan sinua"，你会有什么样的想法？

这是芬兰语的"我爱你"。如果你没有学过这种语言，你对此就不会有特别的观感，自然也无法对这种信息进行解读。正如你不懂医学，对于心脏手术怎么做，你肯定也发表不了什么意见。所以积累学识和阅历，对于口才的提升很重要。大脑里有了相应的知识储备，会让你对信息的解读进行得更容易。

当然，一个说话高手，就算让他面对一些没有观感的信息，他也能够对其进行解读。

之所以具备这种"东拉西扯"的能力，是因为他懂得找到解读的切入点。

（三）无法找到构建意思的切入点

针对你接收到的信息，在你构建要表达的意思时，并不止一个切入点。

如上文"老鼠"那个例子。当你接收到这个信息之后，你对这个信息，包括对现场环境的情况，肯定会有自己的一番解读。

这时，你希望朋友能够帮你处理这只老鼠，那么构建意思的切入点，就有很多选择，诸如"捉住这只老鼠""打开窗让老鼠离开房间""打死这只老鼠"，等等。

你要表达哪种意思，取决于你用哪个切入点去解读这个信息，这跟你的思想落脚点有关。

如果你找不到一个适合构建意思的切入点，就算你大脑里拥有相关的知识储备，你也是"茶壶里煮饺子——肚子有货倒不出"。

（四）缺少组成语句的表达框架

当你有了观感，有了解读，也有了构建意思的切入点，为什么还是说不好话呢？这就涉及你的语言组织能力。

我们是通过运动性语言中枢，把信息转化为语言表达出来的。其背后存在着支撑机制，就是我们的语言架构。这个语言架构，是我们在特定的语言环境当中慢慢发展出来的，包括语言发音、语法规则、语义理解、语句方式等。

如果你在一个沉默寡言的环境中长大，那在语言架构方面，你就比不上一个在聊天环境中长大的人。

当你的语言架构还不够丰富时，虽然你有很多想说的话，但由于找不到相应的表达框架，于是你就有一种想说什么却总是说不出来，或者说出来了却说得不够到位的感觉。

然而，这个表达架构，除了不断积累，还需要刻意锻炼才能够巩固。

有些人善于用文字去表达，说话却不够顺畅，就是因为掌管前者的是书写性语言中枢，而掌管后者的是运动性语言中枢，这是大脑的两个区域。

无论你多么努力地去锻炼你的文字写作技能，也只是在锻炼你的书写性语言中枢，而不是运动性语言中枢。想要锻炼你的运动性语言中枢，你必须要经常去说，去表达。所以你会发现，用文字在网上聊天，你觉得很容易，那是因为你有时间去思考或整理你的表达框架，选用合适的字句，把你心中的意思说出来。而在现实生活当中，压根没有这么多时间留给你，交谈只在短时间内条件反射地完成。

如果你的表达框架不够丰富，或者没有将其巩固成你的表达本能，例如，某些词句要经常搜索枯肠才能想出来，那你的表达能力就会因此受到制约。正如开车时你还要想哪个是油门哪个是刹车，什么时候应该换挡，你能把车开好吗？

也就是说，所谓锻炼口才，就是把你积累的表达框架，通过不断的练习，变成你的表达本能，让其成为你语言架构的一部分。

三、提高语言组织能力的办法

（一）学会解读不同的信息

解读信息的方式有两种：一种是被动接收信息，然后对其做出解读；另一种是主动捕捉相关的信息，然后对其做出解读。

例如，一块石头突然向你掷来，你惊讶地说："有没有搞错，怎么可以乱扔石头？伤到人怎么办？"这是被动接收信息后的解读。

但如果你看到一块石头，然后把它跟其他事联系起来，得出某种意思，这就是主动捕捉信息后的解读。例如，这块石头有什么特质呢？它又可以跟哪些东西联系起来去说呢？从它坚硬的特性去说，还是从它的用途去说呢？

综合这些解读之后，你就能够找到一个合适的切入点，构建你要表达的意思，如"这块石头看上去普普通通，好像一点用处也没有。但其实它的用途有很多。例如，像司马光那样用它砸烂水缸去救人，没有锤子的时候用它钉钉子，或者用它来做某些物品的记号，甚至做武器也行。既然一块平平无奇的石头，都有这么多用处，更何况是人呢？所以，如果当你觉得自己一无是处的时候，或许你身上还隐藏着一些你看不到的优点。千万不要轻易否定自己的价值"。

当然，如果这番话，并不是你平时常用的表达框架，那想要能够顺畅地说出它们，使其成为你的表达本能，你在私底下得多多练习才行。而自言自语，就是一个很好的锻炼方法。

每天洗澡的时候，自己在浴室里主动捕捉某些信息对其进行解读，得出观感后，围绕着它说个十分钟左右。当你洗完澡，你的口才也得到锻炼了。

（二）根据表达框架组织语句

上面"石头"这个例子，对于某些人而言，把那段话有条不紊地说出来，也许会有一定的难度。在你要说一段比较长的话时，最好的做法，就是根据某种表达框架，在其范围内有的放矢地说。

针对"石头"这个例子，如果提取出一个表达框架，那就是"对象 A 特性—对比对象 B—联想共同点"，就是先说一块普通的石头本身也有很多用处，再与人对比，联想出人也有很多用处，从而得出"不要轻易否定自己的价值"这个主旨。

根据这个表达框架，你现在可以拿"白纸"跟"成功"做练习。先说出白纸有哪些特性，然后把这些特性跟成功放在一起做对比，最终得出你想要表达的意思。

而在即兴发言的过程当中，这是一种边想边说的做法。由于你所说的话，都在这个框架的范围之内，所以你思考的话语不会离题万丈，同时也能够保证你说出来的话，会有一个逻辑顺序。

你可以说："一张白纸，上面什么都没有，因为没有羁绊，所以里面孕育着各种可能性，你想把什么画上去，取决于你自己。"也可以说："一张白纸，上面一无所有，你想把什么画上去，取决于你自己。因为没有羁绊，所以这张白纸也就意味着各种可能性。"

你完全可以先想到什么就说什么，只要说的内容没有脱离框架，只要整体框架是按照逻辑顺序排列的，那么就没有问题；说得不好，下一句调整回来就行。

想到什么就说什么，是我们平常表达的方式。而现在，只不过让你在某个框架内，继续一边想一边说而已，这样比起你漫无边际地乱说，会让人觉得你是有中心的。这就是表达框架的好处，那怎么获得这个框架呢？

（三）构建你的表达框架

这个表达框架，可以是你事先已经打好的腹稿，也可以是你已经形成的表达习惯。

前者需要你提前准备好相关的框架，后者需要你在平常生活当中多说多练。例如，参加朋友的婚礼，你要上台给他讲几句好话，这个时候你要说什么话呢？毕竟这种事不常有，很难把这种情况下的讲话，变成自己的表达本能。面对这种情况，你就需要给自己构建一个表达框架，提前打腹稿了。

正如前文说的那样，你得首先主动捕捉已有的相关信息，然后对其进行解读，包括现场的环境、自己的观感、你和朋友的感情回忆等。综合起来，你就能够制定一个这样的框架：自我感受的讲述—你和朋友的共同经历—对他结婚的看法—最后送上祝福。

于是你就可以这么说："谢谢！没想到会被邀请到台上讲话，心里有点紧张啊！不过能够在台上分享我和新郎之间的趣事，还是很高兴的。我和新郎已经认识十几年了，几乎一起长大，他一天要上几次厕所我都了解，还经常被我们这些好朋友照顾。要不是看在他为人品性那么真诚善良的份上，我们才不会理他。现在看到他结婚，要成为别人的丈夫，我由衷地替他感到高兴，因为他长大了，懂得去照顾别人了，这个人就是新娘子。一个帅气踏实的新郎，一个美丽大方的新娘，两人简直是天作之合。所以在这里，我祝福新郎和新娘百年好合，永结同心，当然，最重要的就是早生贵子啦！谢谢大家！"

根据这个表达框架，想到什么就说什么，这样去说话，是不是表达起来心里更有谱呢？表达是法无定法的，只要你觉得这个框架可以用在其他婚礼上，你就去用；用不了，你就自己制定一个表达框架，或者主动积累相关的框架。自我介绍有自我介绍的框架，工作汇报有工作汇报的框架，新闻报道有新闻报道的框架。如果你不懂，就不断去积累。当你面对不同的说话情况，都有相关的表达框架，那剩下要做的，就是在日常生活当中多多去锻炼了。

（四）其他建议

①大声朗读，这对于提升口齿伶俐程度，有很大的帮助。想让自己的舌头反应更快，那就多朗读不同的文章。

②想要把你的话说得更有深度，积累是必不可少的途径。多看书，多拓展眼界，做一个有心人，这样你才会学到更多东西。

③复述是一种帮助你提取框架、消化框架的做法。平时看到一篇文章，有意识地提取出关键词，组成一个表达框架，然后用自己的语言按照这个框架复述出来，久而久之，你的思维和语言组织能力，肯定会大有长进。

④不要忽略提升你的心理素质。心理素质的好坏，会影响你的表达。尽量培养出一种自信、大方、舒适的姿态去说话。

⑤运动性语言中枢需要不断锻炼。只要有时间，抓住机会就去锻炼自己，提高自己对说话的感受力，坚持下去，你就不怕开口了。

四、语言组织能力的训练方法

（一）速读法

这里的"读"指的是朗读，是用嘴去读，而不是用眼去看，顾名思义，"速读"也就是快速地朗读。这种训练方法的目的是，锻炼人的口齿。

方法：找来一篇演讲词或一篇文辞优美的散文，先拿来字典、词典把文章中不认识或弄不懂的字、词查出来，搞清楚，弄明白，然后开始朗读。一般开始朗读的时候速度要慢，逐次加快，一次比一次读得快，最后达到你所能达到的最快速度。

要求：读的过程中不要有停顿，发音要准确，吐字要清晰，要做到发声完整。因为如果你不把每个字音都完整地发出来，那么，速度加快以后，就会让人听不清楚你在说些什么，快也就失去了快的意义。我们的快必须建立在吐字清楚、发音干净利落的基础上。我们都听过体育节目的解说专家宋世雄的解说，他的解说就很有"快"的功夫。宋世雄解说的"快"，是快而不乱，每个字，每个音都发得十分清楚、准确，没有含混不清的地方。我们希望达到的快也就是他的那种快，吐字清晰，发音准确，而不是为了快而快。

速读法的优点是不受时间、地点的约束，无论在何时、何地，只要手头有一篇文章就可以练习。而且还不受人员的限制，不需要别人的配合，一个人就可以独立完成。

（二）背诵法

我们都背诵过课文，有诗歌，有散文，有小说。背诵的目的各不相同。我们要求的背诵，并不仅仅是让你把某篇演讲词、散文背下来，我们要求的背诵，一是要"背"，二还要求"诵"。这种训练的目的有两个：一是培养记忆能力；二是培养口头表达能力。

练口才，离不开记忆。没有好的记忆力，要想培养出口才是不可能的。只有大脑中充分地积累了知识，你才可能张口即出，滔滔不绝。如果你的大脑一片空白，那么你再伶牙俐齿，也无济于事。记忆力与口才一样，它并不是一种天生的才能，后天的锻炼对它同样起着至关重要的作用，"背"正是对这种能力的培养。

"诵"是对表达能力的一种训练。这里的"诵"也就是我们常说的"朗诵"。它要求在准确把握文章内容的基础上进行声情并茂的表达。

其方法如下。第一步，先选一篇自己喜欢的演讲词、散文、诗歌。第二步，对选定的材料进行分析、理解，体会作者的思想感情。这是要花点工夫的，需要我们逐句逐段地进行分析，推敲每一个词句，从中感受作者的思想感情，并激发自己的感情。第三步，对所选的演讲词、散文、诗歌等进行一些艺术处理，比如找出重音、划分停顿等，这些都有利于准确表达内容。第四步，在以上几步工作的基础上进行背诵。在背诵的过程中，也可分步进行。首先，进行"背"的训练，也就是先将文章背下来。在这个阶段不要求声情并茂，只要能达到熟练记忆就行。并在背的过程中，进一步领会作品的格调、节奏，为准确把握作品打下更坚实的基础。其次，在背熟文章的基础上大声朗诵，并随时注意发声是否正确，而且要带有一定的感情。最后，用饱满的情感，准确的语音、语调进行背诵。

这里的要求是准确无误地记忆文章，准确地表达作品的思想感情。比如，我们要背诵高尔基的《海燕》，我们首先就应明白，这是篇散文诗。它是在预报革命风暴即将来临，讴歌的是海燕——无产阶级战士的形象。整篇散文诗都是热烈激昂的。那么我们在朗诵《海燕》时就要抓住这个基调。当然仅仅抓住作品的基调还是不够的。我们还要对作品进行一些技巧上的处理，比如划分段落、确定重音等。平平淡淡，没有波澜，没有起伏，一调到底的朗诵是不会成功的。有些人在背诵《海燕》时把握住了它激昂奋进的基调，却没有注意朗诵技巧，开口就定在最高的音上，结果到了表达感情的最高点时，就只能声嘶力竭地喊。我们说这也是把握欠准确的缘故。如果对作者思想感情的发展脉络有准确的把握，那么就不会犯类似的错误了。

这个训练最好能有指导，特别是在朗诵技巧上给些指导。如果没有这个条件，也可以找人帮忙，请人听自己背诵，然后指出不足，使我们在改进时有所依据，这对练口才很有好处。

（三）练声法

练声也就是练声音，练嗓子。在生活中，我们都喜欢听那些饱满圆润、悦耳动听的声音，而不愿听干瘪无力、沙哑干涩的声音。所以锻炼出一副好嗓子，练就一腔悦耳动听的声音，是我们必做的工作。

练声的方法如下。

第一步，练气。俗话说练声先练气，气息是人体发声的动力，就像汽车上的发动机一样，它是发声的基础。气息的大小对发声有着直接的影响。气不足，声音无力，用力过猛，又有损声带。所以我们练声，首先要学会用气。

吸气：吸气要深，小腹收缩，整个胸部要撑开，尽量把更多的气吸进去。我们可以体会一下，你闻到一股香味时的吸气法。注意吸气时不要提肩。

呼气：呼气时要慢慢地进行。要让气慢慢地呼出。因为我们在演讲、朗诵、论辩时，有时需要较长的气息，那么只有呼气慢而长，才能达到这个目的。呼气时可以把两齿基本合上。留一条小缝让气息慢慢地通过。

你可以每天到室外、到公园去做吸气与呼气的练习，天长日久定会见效。

第二步，练声。我们知道人类语言的声源在声带上，也就是我们的声音是气流使声带振动而发出来的。

在练发声以前先要做一些准备工作。先放松声带，用一些轻缓的气流使其振动，让声带有点准备，发一些轻慢的声音，千万不要张口就大喊大叫，那样只能对声带起破坏作用。这就像我们在做激烈运动之前，要做些准备活动一样，否则就容易使肌肉拉伤。

声带活动开了，我们还要让口腔做一些准备活动。我们知道口腔是人的一个重要的共鸣器，声音的洪亮、圆润与否与口腔有着直接的关系，所以不要小看了口腔的作用。

口腔活动可以按以下方法进行。

①进行张闭口的练习，活动嚼肌，也就是面皮。这样等到练声时嚼肌运动起来就轻松自如了。

②挺软腭。这个动作可以通过学鸭子叫"嘎嘎"来体会。

人体还有一个重要的共鸣器，就是鼻腔。有人在发音时，只会让喉咙使劲，根本就没有用上胸腔、鼻腔这两个共鸣器，所以声音单薄，音色较差。练习用鼻腔的方法是，学习牛叫。但我们一定要注意，在平日说话时，如果只用鼻腔，那么就会造成鼻音太重的结果。

我们还要注意，练声时，千万不要在早晨刚睡醒时就到室外去练习，那样会使声带受到损害。特别是室外与室内的温差较大时，更不要张口就喊，那样，冷空气进入口腔后，会刺激声带。

③练习吐字。吐字似乎离发声远了些，其实二者是息息相关的。只有发音准确无误、清晰、圆润，吐字也才能字正腔圆。

我们在小学时，都学习过拼音，都知道每个字都是由一个音节组成的，而一个音节我们又可以把它分成字头、字腹、字尾三部分，字头就是我们说的声母，字腹就是我们说的韵母，字尾就是韵尾。

吐字发声时一定要咬住字头。有一句话叫"咬字千斤重，听者自动容"，说的就是这个意思。所以我们在发音时，一定要紧紧咬住字头，这时嘴唇一定要有力，把发音的力量放在字头上，利用字头带响字腹与字尾。

字腹的发音一定要饱满、充实，口形要正确。发出的声音应该是立着的，而不是横着的；应该是圆的，而不是扁的。如果处理得不好，就容易使发出的声音扁、塌、不圆润。

字尾，主要是归音。归音一定要到家，要完整。也就是不要念"半截子"字，要把音发完整。当然字尾也要能收住，不能把音拖得过长。

如果能按照以上的练习要求去做，那么你的吐字一定是圆润、响亮的，你的声音也就会变得悦耳动听。

④读练绕口令。多读多练绕口令，如"八百标兵奔北坡，炮兵并排北坡跑；炮兵怕把标兵碰，标兵怕碰炮兵炮"。又如"哥挎瓜筐过宽沟，赶快过沟看怪狗；光看怪狗瓜筐扣，瓜滚筐空哥怪狗"。再如"洪小波和白小果，拿着箩筐收萝卜。洪小波收了一筐白萝卜，白小果收了一筐红萝卜。不知是洪小波收的白萝卜多，还是白小果收的红萝卜多"。

（四）复述法

复述法简单地说，就是把别人的话再重复一遍。这种方法在课堂上使用得较多。如老师让同学们看一段幻灯片，然后请学生复述幻灯片的情节或人物的对话。这种训练方法的目的是，锻炼人的记忆力、反应力和语言的连贯性。

具体练习方法前文已提到，在此不再赘述。

（五）模仿法

我们每个人从小就会模仿，模仿大人做事，模仿大人说话。其实模仿的过程也是学习的过程。我们小时候学说话是向爸爸、妈妈及周围的人学习，模仿周围的人。那么我们练口才也可以利用模仿法，模仿在这方面有专长的人。这样天长日久，我们的口语表达能力就能得到提高。

具体方法如下。

1. 模仿专人

在生活中找一位口语表达能力强的人，请他讲几段最精彩的话，录下来，然后进行模仿。你也可以把你喜欢的又适合你模仿的播音员、演员的声音录下来，然后进行模仿。

2. 专题模仿

几个好友聚在一起，请一个人先讲一段小故事，然后大家轮流模仿，看谁模仿得最像。为了提高大家的积极性，也可以采用打分的形式，大家一起来评分，并表扬模仿最成功的一位。这个方法简单易行，且有娱乐性。课上、课间、课后都可进行。只要有三四个人就能进行。所要注意的是，每个人讲的小故事，一定要新鲜有趣，大家爱听爱学。而且在讲以前一定要进行一些准备，一定要讲准确，且要声情并茂。

3. 随时模仿

我们每天都听广播，看电视、电影，那么你就可以随时模仿播音员、演员，注意他的声音、语调，他的神态、动作，边听边模仿，边看边模仿，天长日久，你的口语能力就能得到提高。

这里要求要尽量模仿得像，要从模仿对象的语气、语速、表情、动作等多方面进行模仿，并在模仿中进行创新，力争在模仿中超过对方。

在进行这种练习时，选择适合自己的对象进行模仿。要选择那些对自己身心有好处的语言动作进行模仿，我们有些同学模仿力很强，可是在模仿时不够严肃认真，专拣一些脏话进行模仿，久而久之，就形成了一种低级的趣味，我们反对这种模仿方法。

模仿法是一种简单易学、娱乐性强、见效快的方法，尤其适合学生练习。

（六）角色扮演法

角色一词，是从戏剧、电影中借用来的。

角色扮演法，就是要学生像演员那样去演戏，去扮演作品中出现的不同的人物，当然这个扮演主要是指在语言上的扮演。

其方法如下。

①选一篇有情节、有人物的小说或戏剧作为材料。

②对选定的材料进行分析，特别要分析人物的语言特点。

③根据作品中人物的多少，找学生分别扮演不同的人物角色。比比看，谁最能准确地扮演自己的角色。

④也可让学生一个人扮演多种角色，以此培养学生的语言适应力。

这种训练的目的，在于培养人的语言的适应性。

这种训练法"演"的成分很重，它有别于对朗诵的要求。它不仅要求声音洪亮，充满感情，停顿得当；还要求能绘声绘色、惟妙惟肖地把人物的性格表现出来，而且要配有一定的动作和表情。从这个角度看，这个训练是有一定的难度的。但只要我们朝着这个方向努力，那么我们就会成功。

（七）讲故事法

同学们或许都听过故事，但是不是都讲过故事呢？讲故事看起来很容易，要真讲起来就不那么容易了，常言说："看花容易，绣花难！"听别人讲故事绘声绘色，很吸引人，有些朋友听起故事来甚至都忘了吃饭、睡觉，可是自己一讲起来，仿佛就不是那么回事了，干干巴巴，毫无吸引力。因此，讲故事也是一种才能，并不是人人都可以把故事讲好的。学习讲故事是练口才的一种好方法。

讲故事，可以训练人的多种能力。因为故事里面既有独白，又有人物对话，还有描述性的语言、叙述性的语言，所以讲故事可以训练人的多种口语能力。

具体方法如下。

①分析故事中的人物。故事的情节性是十分强的，而且故事的主题大都是通过人物的语言、行动表现出来的，所以我们在讲故事以前要先研究人物的性格特征，以及人物之间的关系。比如，我们要讲《皇帝的新衣》这个童话故事，那么你就要分析其中的几个人物，以及他们的性格，然后把国王的愚蠢无知，骗子的狡诈阴险，大臣的阿谀奉承、不分是非，乃至小孩的天真无邪都用语言表现出来，这是一项十分艰巨的工作。

②掌握故事的语言特点。故事的语言不同于其他文学形式的语言，其最大的特点是口语性强、个性化强。所以当我们拿到一个材料的时候，不要马上就开始练习讲，而要先把材料改造一下，改成适合我们讲的故事。

③反复练讲。对材料做了以上的分析、加工以后，我们就可以开始练讲了。要反复练习，使自己的感情与故事中人物的感情相融合，做到惟妙惟肖地表现人物性格，语言生动形象。

另外，边练讲，还要边注意设计自己的表情、动作。看看你讲故事时的表情、动作是不是与你讲的内容相一致。

其要求如下。第一，发音要准确、清楚。平舌音、翘舌音等都要清楚，最好能用普通话讲；第二，不要照本宣读。讲故事是不允许手里拿着故事书照着念的，那样就成了念故事了。讲故事要用自己的语言去讲。

第五节　交流意识

一、语言与意识

（一）语言的产生和使用与意识的关系

语言的产生和使用与意识是无法分割的，这是人们的共识。但意识到底在这个过程中起着怎样的作用，很难有一个定论。所以我们可以先从人的意识世界内部入手，研究语言与意识的关系。

任何正常人在出生之时，甚至是出生之前，脑海中就已经有一定的意识了，这时的意识是由基因决定的，它包含着人类最基本的生存需要，我们可以称之为初始意识。而随后，随着人类各种感知器官的不断发育完善，甚至是借助诸多高科技的感觉手段的延伸，人们开始创建个人的意识库，这个意识库是因人而异的，而且这种创建最初也是无意识的。但是我们仍可以将其简单划分为三部分：除了之前的初始意识，还有后天内化的意识以及基于前两者的创新意识。这三者呈并列结构。虽然这三部分都是人类的意识内容，但是并非全部都可以为人类所感知。也就是说，人类的意识中存在着无法感知的部分。对此，我们可以举一个例子。

2004年8月27日，雅典奥运会男子110米栏决赛上，"飞人"刘翔以12秒91的成绩，平了英国选手科林·杰克逊的纪录并最终夺得了金牌，创造了中国人在短道项目上的奇迹和神话！在我们为之欢呼时，人们只记住了刘翔奔向终点的真实的形象，但是照相机记录下了诸多高速的、模糊的影像。同样都是奔跑跨越，为什么人们的脑海中没有感知到那些被照相机捕捉到的模糊的快影呢？

这是大脑的意识在起作用。那些模糊的影像其实也摄入了大脑中，属于人脑意识中的内化意识。但是大脑对于这些影像的处理意见是"无用"，所以在我们感知到前它们就被"删除"了。这也就造成了我们对于运动的事物只能存有清晰的印象，这是大脑的选择，也是意识的选择。

因此，除去这些大脑意识替我们甄选剔除掉的内容，我们真正能感知的世界其实并不大，而如果再考虑上内化手段的局限、表达意愿的有无以及表达能力的限制，人类通过语言表达出来的认知世界其实并不像我们想象的那般广阔。

但是，语言仍是人类最重要的交际工具，这也就表明了它具有强大的生命力，而这种生命力也是由人类意识的活力所决定的。虽然人类由于种种局限无法表达全部的意识内容，但是由于人脑意识中创新意识的存在，人类可以运用自己的能力去创造各种新的意识，这使得人类的内在世界又由原来的有限变为无限。

那这就引出了一个问题：人类是如何在这么多的意识中选择自己所需要的内容的呢？比如说，面对考卷，人是如何回忆起学过的知识并组织语言回答的呢？

其实这牵扯到了音义结合的问题。人类从远古走来，语言是人类所特有的用来表情达意、交流思想的工具，而关于语言符号如何与一定的意义产生联系人们也有各种说法，而较为科学的是"约定俗成"说，即语言由最初的声音符号被认可而固定下来后成为一个语言单位，进而形成系统的语言。

但是这种说法仅仅从现象上解释了音义结合的原因，没有从深层次上予以解释。现代神经语言学表明，人类的大脑在输入、输出语言时，声音符号与意义的管理部分是相区分的。也就是说，人类在听话、说话时大脑中管理符号的部分与管理意义的部分同时作用，产生联系，进而人类可以顺畅地理解、表达。

那我们就可以推广并假设，如果人想要记起某种东西，只需要将引发这种东西的意识与目标意识同时运作，两者就可以建立联系，而这种同时运作的力量，我们可以称之为意识焦点，即一种像手电筒一样可以同时照亮两个意识的能力。而这个意识焦点的运作是跨时空的，在人的脑海中，古今中外的可感知的意识之间只要想产生关联，就可以通过它建立联系，并不一定需要一个外在的引发物。而语言的产生与运用也基于这个道理。另外我们还要注意的是，意识焦点所建立的联系并不一定完全正确，我们每个人都会拼错单词、记错名字。这就给我们的语言教学提供了一个教学建议：重复是强化记忆的最佳手段。这也像我们在图书馆里找书，常常去的区域总是最熟悉的。

（二）意识焦点与意识、语言的关系

明确了意识焦点的含义之后，我们要考虑的是它与意识、语言的关系。这里有几个问题需要注意。

首先是意识焦点在意识中的活动范围。我们在前文中讨论过，人类所能认识的世界其实并不是无边无际的，我们所感知的内容并不是我们所内化的全部意识。但是由于创新意识的存在，人类又有了无限的意识空间。那意识焦点在这些意识里是毫无顾忌的吗？难道它没有一个类似于图书馆禁区的限制吗？

这里又牵扯到了心理学的内容，根据弗洛伊德的观点，人的意识分为意识、前意识、潜意识。我们知道，潜意识是指潜藏在我们一般意识底下的一股神秘力量，是相对于"意识"的一种思想。这里我们去除它的神秘色彩，用之前举过的例子看，潜意识就是我们无法感知的那些模糊的"刘翔"的影像。这种潜意识虽然看不见摸不着，但一直在不知不觉中控制着人类的言语行动。显然这部分，意识焦点是无法触及的。

接着是前意识，它是潜意识和意识之间的中介环节。潜意识很难或根本不能进入意识，前意识则可能进入意识，所以从前意识到意识尽管有界限，但并没有不可逾越的鸿沟。这就可以解释为什么人类会遗忘：当人们脑海中某种意识长期得不到意识焦点的顾及时就会进入前意识，人们再想将其拉回变为意识，需要很大的努力，这也就表明了重复学习的重要性。在前意识里，意识焦点是可以活动的，只不过活动的次数很少，活动起来也比较艰难。

其次是意识焦点对于语言的作用。意识焦点解释了为什么人类会通过本来与某物没有关联的声音、符号联想起它的意义，这在前文有过叙述。但人类最初为什么会将"ma"这个音与母亲这个实体联系起来，笔者认为是由意识焦点的活动轨迹决定的。最初造"ma"这个音的人在思考它时意识焦点处于漫意识状态，即意识焦点是随意运动的。它恰好找到了母亲这个意义，两者便建立了联系，随后大家便不约而同地将其看为一个固定的结合。从此以后人们对于它们的联系就不再是漫意识的联系，而是由母亲这个实体或者"ma"这个音所引起的有具体对象的意识焦点的牵引了。

最后是意识，很明显，意识焦点主要在这里活动。

根据以上的叙述，我们可以知道，其实意识焦点除了在潜意识里无法发挥作用外，其余的意识空间都可以进入。换句话说，意识焦点其实就是意识与前意识的分界线，当前意识被意识焦点照亮时，它就成了意识，反之仍是前意识。

二、评述中的受众意识

（一）即评受众的概念

受众，是信息传播的五个基本要素（信源、信息、信道、受众、效果）之一，在信息传播过程中，受众不仅是信息的接受者、消费者，还是信息传播的影响者、参与者和实现者。所谓即评受众，就是接受即评信息的人，为了研究方便，可以把即评受众分成广义受众和狭义受众，广义的受众包括通过各种媒介直接或间接接受即评信息的人，既包括现场直接接受即评信息的公众，又包括通过报刊、电视、广播、网络等间接地接受即评信息的公众（包括读者、观众、听众、网民等）；狭义的受众仅指通过视觉和听觉现场直接接受即评信息的公众。本文研究的是狭义的即评受众。

（二）受众在即评中的作用

1. 受众的需要决定即评的主题和内容

受众是即评信息的接受者和消费者，在接受和消费信息的时候，受众并不是盲目的、被动的，而是根据自己的需要来选择。受众都是非常"自私"的，对于自己感兴趣的或与自己学习、生活、工作密切相关的信息，他就会主动积极地接受，反之，他就会消极抵制。受众的兴趣和需要有相对稳定的一面，同时也会随着年龄的增长或环境的变化而不断变化。正如市场需要决定产品供求一样，受众的需要和兴趣尤其是受众当前最迫切的需要和最感兴趣的问题决定着即评者对即评主题和内容的选择。

2. 受众的特点决定即评的方式

即评受众有一个共同特点：无论年龄大小、无论男性还是女性、无论什么职业、无论什么文化背景，大家都喜欢形象化的即评，喜欢对话式的即评，喜欢幽默风趣的即评；不喜欢抽象空洞的即评，不喜欢故弄玄虚的一言堂式的"表演"，更不喜欢刻板的"训话"。同时，即评受众因年龄、性别、职业、知识水平、文化背景等基本情况的不同，在个性特点上也有区别，如女性一般长于感性思维，而男性比较长于理性思维；农民大多喜欢直来直去，一针见血，而知识分子则多好转弯抹角，含蓄委婉；等等。当受众的特点得到尊重和考虑，他就会喜欢、认同你的即评，即评效果就好，反之，受众就对你的即评不感兴趣，即评效果自然也不好。所以，怎样即评、用什么方式即评，并不由即评者根据自己的喜好决定，而由受众的特点决定。

3. 受众的影响和参与

在即评活动中，从表面看，即评者是主动的信息传授者，受众是被动的信息接收者，似乎并不存在受众对即评者的影响，但实际上，受众通过很多方式与即评者互动，深深地影响着即评活动。这些方式从影响效果看可分为积极反应和消极反应，积极反应如神情专注地倾听、在精彩处鼓掌、微笑着赞许和鼓励、肯定的语言交流等，当积极反应反馈给即评者时，即评者会受到鼓励，增强信心，使即评效果更好。消极反应如不注意倾听（睡觉或做其他事情）、喝倒彩、起哄、吹口哨等。

当消极反应反馈给即评者时，即评者会感到紧张、失望，经验丰富的即评者会主动了解受众的感受，适时调控即评的内容或方式，使即评向适合受众的方面转化；而缺乏经验的即评者则会更加紧张，甚至不知所措，导致即评失败。所以，即评并不是由即评者单独完成的，而是即评者和受众相互影响、共同参与完成的。

4. 受众是即评目的的实现者

即评都有明确的目的，有的为传授知识，有的为交流思想感情，有的为加强互信，有的为说服对方，等等，还有的即评兼有多种目的。只有实现了即评的目的，才能体现即评的效果和价值，即评活动才算真正完成了。即评目的的实现除了要靠即评者自身的努力之外，更重要的是要靠受众的认同、接受、支持和响应。如果没有受众，即评信息就没有接受者，即评的目的当然无法实现；受众响应的程度决定着即评目的的实现程度，如果没有受众的积极响应，即评得再好，也是没有效果、没有价值的。所以，受众是即评活动的最终完成者和即评目的的最终实现者。

（三）即评者对受众的把握

受众对即评成败有着至关重要的作用，即评者必须树立强烈的受众意识，仔细分析受众和把握受众，这样才能实现即评的价值。

即评受众不同于读者、电视观众、广播听众和网民，他们是现场通过视觉和听觉接受即评信息的公众，具有直观性、现场性、瞬时性和即时反馈性等特点。把握这些特点，就要求：即评的主题要力求单一，便于受众把握即评重点；即评的材料要多用实例，便于受众理解；即评的结构要简练清楚，便于受众记忆即评内容；即评语言力求通俗易懂、形象生动，使受众一听就能记住；即评的节奏要根据内容抑扬顿挫；即评的表情和态势要恰当地表现内容；即评者要注意与受众进行现场互动，及时根据受众的反馈调控即评内容和方式。

1. 把握受众的基本特点

春秋时期的邓析说："夫言之术，与智者言，依于博；与博者言，依于辩；与辩者言，依于要；与贵者言，依于势；与富者言，依于豪；与贫者言，依于利；与勇者言，依于敢；与愚者言，依于说。"这里讲的就是针对不同特点的人要采取不同的表达方法。即评一般面对的都是基本情况相似的受众群，他们有着共同的兴趣、共同的需要、共同的问题，如高中生关注高考，大学生关注就业，研究生关注科研，青年人关注恋爱结婚，中年人关注事业发展，老年人关注身体健康。即评者在即评之前要深入调查了解受众群的年龄、性别、职业、文化程度、文化背景等，然后根据这些基本特点，采取恰当的即评策略，做到有的放矢。

卡耐基在《语言的突破》里讲过这样一个例子：罗素·康威尔博士著名的即评《如何寻找自己》曾经发表过近 6000 次，成为最受欢迎的即评，但每一次的即评都不一样，他的秘诀是什么呢？他说："当我到了某个城市或某个城镇，总是先拜访那些经理、学校校长、牧师们，然后走进店里同人们交谈，了解他们的历史和他们所拥有的发展机会。然后，我才发表我的即评，对那些人谈论适合他们的话题。"

2. 把握受众的心理

韩非子在《说难》中说："所说出于为名高者也，而说之以厚利，则见下节而遇卑贱，心弃远矣。所说出于为厚利者也，而说之以名高，则见无心而远事情，必不收矣。所说阴为厚利而显为名高者也，而说之以名高，则阳收其身而实疏之；说之以厚利，则阴用其言显弃其身矣。"这里谈的就是表达要抓住受众的心理和兴趣。要注意的是，受众心理和兴趣并不是固定不变的，在不同的时期，因为个人境遇或环境的变化，他所关注的问题和心理需求也会发生变化，即评者在即评之前要通过调查研究深入分析受众当前最关心的问题，并根据受众当前的思想和心理提炼即评的主题，确定即评的内容，这样才能满足受众对即评的期望，得到受众的欢迎。正如卡耐基所说："在你开始即评之前，首先要把握对方心中最迫切的欲求，你要先问问自己，你的即评能够帮助听众解决什么问题，然后讲给他们听，这样他们就会全神贯注地倾听你的即评。"

3.加强与受众的现场互动

即评者不仅在即评之前要注意树立受众意识，认真了解受众的需求，而且在整个即评过程中也要心中有受众，把受众看成即评的参与者，不要把即评变成一个人的表演。即评者与受众的互动有多种方法，可以通过有声语言进行互动，如发现受众没有听懂时，适当放慢速度，重复内容，发现受众注意力不够集中时，适当提高音调，或者停顿几秒钟；也可以通过态势语言进行互动，如点头、微笑；还可以通过现场问答进行互动等。

第六节　评述状态

一、针对临场心理紧张问题

（一）深呼吸

你会发现，通常情况下在上台之前比评述时紧张感要强烈得多。所以，想要缓解上台前的紧张情绪，多做几次深呼吸是一个很好的方法。因为人在紧张的情况下，常常进入急促的浅呼吸状态，这时肺部空间没有被充分利用，空气中的氧气和血液中的二氧化碳还没有进行充分的交换就被排出体外，血液中存留了大量的毒素。深呼吸就是放慢呼吸速度，深入吸气，使空气充分进入肺部和腹部，然后缓缓地将气吐出，为整个血液循环提供充足的氧气，这样有助于排出毒素。

（二）保持平常心

每一个人都有成为一个出色的评述者的机会，你也不例外。不要急着否定自己，还没开始就打退堂鼓。要知道，到场的听众都是来此学习的，他们渴望听到有意思的，有用的，能够激励他们、提升他们思想的演讲，他们的注意力并不全在你个人的客观条件上，而更侧重于讲话的内容。所以你只要做到明确地说出你想表达的意思，你就成功地做了一次评述。

（三）做充足的准备工作

评述之前做充足的准备工作可以使你更加自信，平时在台下多多练习，可以模拟一下演讲过程，找亲朋好友做观众，让他们给你提意见帮你出主意。实在无人可找，自己就是自己的观众。还可将自己的讲话用录音的方式记录下来，自己聆听，查缺补漏，纠正不足。

（四）具备随机应变的素质

评述过程中可能会遇到意想不到的事件，这时候千万不要慌乱，哪怕故作淡定也要稳住。如果讲话过程中出现忘词的情况，可以稍做补充说下大致意思然后直接跳到下一个环节。另外，演讲过程中并不是每一秒都要发声，有时可以稍做停顿给观众留些思考的时间，同时自己也将顺一下思路。演讲时眼神不要飘忽不定。有时可能出现冷场的情况，这时可以微笑应对，减少尴尬。

（五）发音标准，吐字清晰

如果你发音不够标准、吐字不够清晰，台下观众就听不清你的谈话内容，这时候观众可能会出现走神溜号的情况，一旦台下躁动不安，站在台上的你或多或少会感到慌乱。所以要尽可能地让自己发音标准、吐字清晰。

（六）保持互动

紧张的时候可以和观众做些互动，了解观众的想法，或者做一些小游戏，调节一下凝重的气氛，使演讲过程更有趣，更吸引人。如果遇到观众不配合的情况，就以开玩笑的方式一语带过，彰显出大度包容的气概，给人留下好的印象。

二、针对评述缺乏感染力问题

我们的语言由几个部分构成，7% 是文字内容，38% 是声音，55% 是我们的身体语言，即我们的热情和状态。

如果你希望你的评述或沟通可以打动听众，如果你希望通过一场演讲或沟通引发听众采取行动，如果你希望把你的思想快速地传播出去，你一定要充分利用和展现这个 55% 的部分，让身体语言"活"起来！

很多评述之所以打动不了听众，大多是因为整个人的表情像"扑克脸"，好像心里没有听众，冷冰冰的，一点热情都没有。他们要么看着天花板，要么看着屏幕，要么直视前方，眼神飘忽游离。他们做的只是自言自语，而一场演讲需要的是对话——双向的交流。当你可以做到把评述当成一场对话，你就离成功不远了。你微笑，向他们点头致意，他们也同样报以微笑。他们参与进来了——你可以看到他们正在思考你所说的话。另外一个有效的方式是提问。"在座有多少人害怕当众评述？"当你问到这个问题，先举起你的手来，他们也会跟着举手。你可以先提问题，然后等待回答。如"有谁知道我们上个月的成交率是多少"？听众会说出他们认为的数字，等他们说完再告诉他们准确的数字。如果没有人回答，你也可以自己回答，这一样可以吸引他们的注意力。评述过程中应注意以下几点。

（一）做好问答环节

准备好问答部分的内容也十分关键。为什么？因为这是听众记忆最深的一个部分。

你流畅地完成了你的评述，到了问答部分却结结巴巴卡壳了，在这一场评述中，留给你的会是难以抹去的遗憾点。做评述一般，但是在回答问题时光彩四溢，大家还是会记住你。

所以，我们要估计哪些问题可能会被问到，并为此做好准备。有些人喜欢回答问题，因为这更像真实的对话，他们能够得到听众的反馈。而有些人讨厌这个环节，担心被问及很难回答的古怪问题。

其实，只要你准备充分，没什么好担心的。如果你一时语塞，不知道如何作答，也不必羞怯，你只需回去查一查，下次再告诉他们即可。所以，千万不要把评述当成你一个人的独角戏，要全然释放自己，与观众进行深度的对话，这样你会收获更多！

（二）不要在评述中途失去听众

随着你的评述进程过半，你进入了"危险区域"。你开始有些精疲力竭，而听众也开始失去耐心。这时候，你需要使用手中能掌握的各种各样的武器，最大限度地改善你的评述。

确保你的声音控制着整个房间——不要变得很安静或者单调，否则你会把听众弄得昏昏欲睡。变换你的语速、语调和节奏，强调的时候使用停顿。

调动你的肢体语言，有效地使用手势，举止恰当，想方设法重新引起他们的注意。

（三）让听众感知你的热情

很多评述没有给人留下深刻印象，是因为说话者似乎对自己所说的内容也没有什么兴趣——好像它们不过是走过场罢了。有的人甚至时不时地叹口气，给人的感觉是他自己都厌烦透顶了！

人们不光关心你了解多少，更希望知道你有多关心这个话题。如果你都不在乎，他们为什么要关心呢？你关心，他们才关注。

有的人认为热情是在工作之外使用的。他们的评述是职业的方式，从事件到事实，面无表情。但是，我们根本没有必要采取这样的方式，即使是最无聊的话题，也可以找些东西激发起你的热情。

情绪具有传染力——当你激情澎湃、充满活力的时候，就更有可能把听众带到同样的状态。

三、针对评述中体态失当问题

（一）走姿

在评述中，我们需要运用到走姿的场景有两种。一种是评述礼仪的需要，比如，登台亮相或者谢幕退场，都需要运用到走姿。如果没有这些环节，你的评述就不规范。另一种是评述内容的需要，比如生动讲解和互动交流，同样需要运用到走姿。如果不这么做，你的评述就不精彩。尽管说，登台亮相和谢幕退场的时间不长，但是，它非常重要，特别是出场的那一瞬间，观众会根据你的走姿、你的神态来判断你是否属于重量级人物。所以，对于走上讲台的这一段路，我们必须走好。

尽管说，在评述中，我们不可能经常列举一些笑话故事，或者老是跟听众互动而导致自己在舞台上走来走去，做得最多的还是宣讲我们自己的理念、向听众讲清楚我们自己的观点，让听众听明白。但是，这些互动交流还是要有的。特别是当你走向某位听众去跟他交换观点的时候，就已经充分证明你是一个善于倾听的评述者，你的举止会更加赢得听众的尊重。所以，这些需要走姿的细节，我们必须要做好。

既然走姿对评述者来说这么重要，那么，下面我们就继续讲解正确的走姿是怎样的。

1. 标准的走姿要求

同样，想要走出潇洒的风度和气宇轩昂的气质，我们必须先要了解标准的走姿要求，标准的走姿要求包括行走时身体各部位的动作要求和行走时所迈步子的具体要求。

（1）身体各部位的动作要求

①挺胸：还没开始迈步之前，首先要站直，也就是双手自然下垂，伸直双腿，收腹并挺胸。这一点非常重要，因为挺胸是潇洒走姿的第一保证，如果这一点没有做到位，那其他的动作做得再好也是白搭。

②迈腿：抬腿向前迈步时，重心先是落在后脚的脚弓上，之后，身体微微向前倾，当前脚落地时，身体的重心马上又转移到前脚掌上。总之，行走中身

体的重心要随着移动的脚步而不断地在两脚之间进行变换，不能让重心一直停留在前脚掌上或者后脚掌上。并且，前脚着地和后脚离地时，必须伸直膝部，特别是女性在穿高跟鞋的时候，更加需要挺直膝关节，否则就会给人一种登山步的感觉。另外，整个行走的过程中，步伐要均匀，要有节奏感，因为只有节奏流畅才能使人显得精神饱满、神采奕奕。

③稳身：行走时要目视前方，身子挺直，上身微微上提，保持膝关节和脚尖正对前进的方向。行走的过程中，要以大腿带动小腿，脚跟先着地，保持身子平稳。值得注意的是，在行走中，上身一直是跟地面垂直的。也就是说，在行走的过程中，不会因为抬起小腿而后仰、脚掌落地而前倾；也不会因为迈出左腿而左倾、伸出右腿而右斜。同时，上身两肩之间的连线跟前进的路线也一直是垂直的。也就是说，在行走的过程中，不会因为迈出左脚而身子扭向右边；也不会因为迈出右脚而身子扭向左边。另外，在行走中，身高应一直处于差不多同一个高度。也就是说，在迈步的过程中，不会出现身子起伏过大的现象。

④摆臂：行走中，两手臂自然摆动，要以大臂带动小臂，不能出现大幅度摆动小臂而几乎不摆动大臂的情况。两手臂的方向要相反，两手臂摆动的轨迹不能是平行的，而是从身后外侧摆向身前的正中位置。同时，两手臂的摆动也不能像军队阅兵中士兵的姿势，因为士兵在前进时，小臂的弯曲度太大了。另外，两手臂也不能紧夹着身子，如果那样，真的太不雅观了。还有，两手臂也不能朝后面正中位置摆动，如果那样，就跟鸭子走路一样了。值得注意的是，整个行走过程中，手臂摆动幅度最大时，手掌离身子的距离在 30 厘米至 40 厘米之间；而手臂摆到最前面和最后面之间的夹角在 60 度至 70 度之间。当然，女士的摆动幅度会比男士小一些，因为相比男士，女士的走姿要以含蓄为美，如图 6-6-1 所示。

图 6-6-1　正确走姿要求

（2）步子的具体要求

①步幅：步幅指的是行走时迈出一步的跨度。步幅的大小应根据身高、着装与场合的不同而有所调整。比如，海拔不是很高的评述者，不能迈太大的步子，否则就会显得既机械又滑稽。再如，女性在穿裙装、旗袍或高跟鞋时，步幅应小一些，否则不是迈不开步子，就是会出现走光的情形。与之相反，如果是穿正装长裤走路，那步幅就可以大一些。

②步直：步直指的是行走时脚掌落地之后所有脚跟内侧连线的笔直度。理想的步直应该是一条直线，也就是说，评述者在行走时，所有脚跟的脚印的内侧连接起来刚好在一条直线上。当然，所有脚尖的连线就不一定在一条直线上了。因为脚尖一般偏向外边，整个脚掌跟中线的夹角大约为10度，脚尖距离中线的距离大约为5厘米。值得注意的是，步直对女评述者的要求会比男评述者高一些。它不但要求步直在一条直线上，还要求行走时，膝盖的内侧和脚踝的内侧似乎有摩擦感。

③步速：步速指的是行走时的速度，通常取决于行走者的精神状态。如果行走者此时的兴致高，动作就积极，迈步的速度也就稍快，反之就迟缓。正常情况下，步速应自然舒缓，这样显得成熟自信。所以说，一般而言，行走的速度标准为，男子每分钟108步至110步，女子每分钟118步至120步。但是，也有特殊的情况，那就是在登台亮相的那一瞬间，由于评述者的心情是无比激动的，身体是比较兴奋的，所以，步速自然而然也就会稍快一些。

④步力：步力就是一个人走路时脚掌踩地的用力程度。步力一般取决于鞋子的材质和评述者的心理状态、膝关节的状态。比如，如果是女性评述者，其穿的是细高跟鞋，那走路的声音肯定是清脆响亮的，让人觉得很有力度。比如，如果评述者的心理素质比较好，走路是淡定从容的，那么，所迈的步子也是坚实有力的。再如，如果评述者的膝关节伸直到位，那所迈出的步子也一样是稳重有力的。所以说，一般而言，评述者想要走路从容、步伐坚实有力，必须做到穿质量较好的皮鞋，尽量伸直膝关节，并且让自己的心情淡定。

2. 错误走姿的纠正

上文我们已经介绍了想要走出标准的姿势必须做到四点：挺起胸脯、稳住身子、摆对手臂、迈对脚腿。虽然说规范走路很简单，具体的动作要领只有四个，但是，对于一位已经形成了错误走路习惯的人来说，短时间之内，要想改变是不可能的。所以，我们的训练要进入单项纠正专题了。它一共有四个单项练习，现在一一介绍如下（见图6-6-2、图6-6-3）。

图 6-6-2　站墙练习和顶书练习

图 6-6-3　摆臂练习和迈腿练习

（1）站墙练习

站墙练习，就是靠着墙壁进行站立的练习，它是针对走路驼背严重的人或者后仰明显的人而设计的行之有效的训练方法。其大概训练步骤和具体训练要求如下。

①大概训练步骤。选择一面垂直而光滑的墙壁，并且墙根处的地面也是平整的。慢慢走向墙壁，在距离墙壁20厘米左右的地方，慢慢转过身来，背对墙壁。慢慢挪动脚跟，让脚后跟贴近墙壁，随后，身子也贴近墙壁。

②具体训练要求。双脚掌并拢，脚后跟贴近墙壁，双脚的脚趾和膝盖都朝向正前方。双膝并拢，双小腿肚贴近墙壁，如果无法贴近墙壁，那可能是 O 型

腿，或者是膝关节僵硬的问题了。收缩大腿内侧的肌肉。臀部肌肉也往内侧夹紧，此动作的目的是让脚自然朝前。抬头挺胸，此时，墙壁与腰背部之间的空隙大约有一个手掌半的距离。如果空隙过大，请把肚脐往后脊椎的方向收缩，让腰背部更加紧贴墙壁。肩胛骨要紧贴墙面，两肩同高呈水平线，手臂自然伸直并靠在身体两侧。下巴保持水平，头部稍微往后倾斜。后脑勺要贴墙。温馨提示：每天训练15分钟，要坚持3个月以上才有明显的效果。

（2）顶书练习

顶书练习，就是顶着书本进行走路的练习。它是针对走路身子不稳、平衡性不好，或者左倾右斜，或者前俯后仰，或者左旋右转的人而设计的行之有效的训练方法，其大概训练步骤和具体训练要求如下。

①大概训练步骤。选择一条笔直的道路，路上最好有清晰的标志。比如，有清晰笔直的大理石缝等。因为有标志指引我们更容易走出笔直的路线。选择一本纸质书，大小为16开本，重量为300克左右。不能选择太小或者太轻的书本，因为太小太轻的话，身体再怎么晃动，书本也不会掉下来，那样的话肯定达不到训练的目的。当然，书本也不能太大和太重。最后，开始沿着地上大理石的缝隙慢慢走路。

②具体训练要求。右手拿着一本书。抬头、平视前方。挺胸收腹、双膝伸直、双脚并拢。将书本平放在头顶，让书本的中间位置刚好处于头顶的正中部位。开始迈右腿，慢慢向前方走去。行走的过程中，步速不能快，不能让书本从头顶上掉下来。温馨提示：每次行走15米左右，每天走10遍，要坚持3个月以上才有明显的效果。

（3）摆臂练习

摆臂练习，就是原地不动有节奏地摆动双臂的练习。它是针对走路时双臂摆动姿势不正确的人而设计的行之有效的训练方法。其大概训练步骤和具体训练要求如下。

①大概训练步骤。在室内选择一面装着大镜子的墙壁，或者在户外选择一段铺着地砖的道路。先是弓步站立，进行摆臂练习。再是起身直立，进行摆臂练习。最后是原地踏步，进行摆臂练习。

②具体训练要求。距离镜子1米处，弓步站立，也就是右脚在前面，右大腿与右小腿的夹角大约为135度，而左脚在后面，左脚的膝关节伸直。上身向前倾斜，上身与左腿成直线状态。开始摆臂练习。以肩关节为轴，前后摆动；先摆动右手臂，再摆动左手臂；向前摆动时，大小臂的夹角大约为90度；向后摆动时，大小臂的夹角大约为135度；此时，肩关节必须放松，不能耸肩。

摆臂过程中，手臂前摆时，手掌不得过身体前中线，两臂尽量贴近身体两侧。在此过程中，要观察镜子中自己的站立动作和摆臂动作，如果有不符合要求的，必须及时纠正。练习以上动作的目的是训练双臂的协调性。当摆动次数达到30次时，起身站立，进入下一轮的摆臂练习。站立时，要抬头，平视前方，挺胸收腹、双膝伸直、双脚并拢。之后，开始以大臂带动小臂，进行摆臂练习。刚开始是小幅度摆臂，接着是大幅度摆臂。当然，摆动的幅度不能超过70度，也就是手臂摆到最前面和最后面之间的夹角不能超过70度。站立时，双臂摆动的次数达到30次时，进入下一轮的摆臂练习。在上面摆臂的基础上，再加上原地踏步练习。也就是一边按照上述的要求进行摆臂练习，一边进行原地踏步练习。而在此过程中，抬右脚，必须是摆左臂的。原地踏步，双臂摆动的次数也是30次。上述所有摆臂练习的次数加起来刚好为90次，也就是每天要训练90次。值得注意的是，这样的训练要坚持3个月以上才有明显的效果。

（4）迈腿练习

迈腿练习，是针对走路时，双腿迈步姿势不正确的人而设计的行之有效的训练方法。其大概训练步骤和具体训练要求如下。

①大概训练步骤。在室内选择一面装着大镜子的墙壁，或者在户外选择一段铺着地砖的道路。先是起踵练习。再是连续行走练习。

②具体训练要求。保持基本站姿，抬头、平视前方。挺胸收腹、双膝伸直、双脚并拢。左脚跟起，脚尖不离地面；左脚跟落地的同时，右脚跟起；两脚交替进行。脚跟提起的那条腿自然屈膝，另一条腿的膝部用力绷直。做左右脚交替起踵的过程中，双膝内侧靠拢，并且有摩擦感。当起踵的次数达到30次时，进入下一轮的连续行走练习。左腿屈膝，向上抬起，提腿向正前方迈出，脚跟先落地，然后是脚心、前脚掌，同时右脚后跟向上慢慢垫起，身体重心移向左腿。换右腿屈膝，与左腿膝盖内侧摩擦后向上抬起，迈出右腿时，脚跟先着地，落在左脚前方，两脚间相隔一脚距离。迈左腿时，右臂在前；迈右腿时，左臂在前。迈腿练习包括起踵练习和连续行走练习。值得注意的是，起踵练习，每天要进行30次；连续行走练习，每次要行走15米左右，每天要走10遍，并且两种练习要坚持3个月以上才有效果。

3. 三类专业走姿

其实，上述的基本要求是针对通用性的走姿的，在评述当中，还存在一些专业性的走姿。专业性的走姿是在通用性走姿的基础上发展起来的，它分为三大类：礼仪性走姿、场景性走姿、互动性走姿。

（1）礼仪性走姿

礼仪性走姿跟评述的内容无关，是礼节的需要，所以，这些走姿是不能忽略的，并且还必须要做得规范。常用到的礼节性走姿包括如下四种。

①前行式。这是直线前行，也就是离开座位走上舞台之时，所用到的走姿。首先是慢慢地起身，从椅子的左边迈出左脚，右脚紧跟其后，接着按照上文所介绍的标准的走姿要求，走向舞台。

②前行转身式。这是走上舞台之后，转身走向评述台或者是舞台中心位置时，所用到的走姿。即在前行中需要转弯的时候，先以一只脚的脚掌为轴心，慢慢转身，角度为90度。接着，紧跟着迈出另一只脚。一般情况下，前行左转时，左脚尖先向左转，同时迈出右脚；前行右转时，右脚尖先向右转，同时迈出左脚。值得注意的是，在此过程中，必须是慢慢转身，如果转身速度过快，就会显得身姿不优雅，让人觉得此评述者很鲁莽。

③后退式。这是评述结束，准备离开评述桌或者舞台中心位置时，所用到的走姿。也就是当评述结束之后，与观众告别时，评述者不能一扭头就走人，因为这样是很不礼貌的。正确的告别仪式是，先向后退一步，向听众鞠躬或者以其他手势示意这场评述已经结束，接着再转身离去。而在此过程中，后退时不要轻擦地面、不要高抬小腿，而且迈步的步幅也不能太大，同时，必须要先转身再转头。

④后退转身式。这是离开舞台走到台下，所用到的走姿。也就是评述者走向舞台边沿需转身走下舞台时，先以一只脚的脚掌为轴心，慢慢转身，角度为90度。接着，紧跟着迈出另一只脚，再走下舞台。这个动作要求跟上文所介绍的"前行转身式"一样，在转身的过程中，也必须要慢慢地转身。

（2）场景性走姿

评述者在舞台上评述的时候，不能老是站着说话，如果这样的话，画面感就不强了。所以说，评述者在舞台上是需要走动的，并且应根据评述的内容来选择不同的走动方式，而这些走动方式统称为场景性走姿。

当然，场景性走姿跟评述内容就有关了，它是评述者在评述的过程中，为了让自己的评述更加生动，更有吸引力，而用到的走姿。而这些常用的走姿包括如下几种。

①闲庭信步。闲庭信步就是评述者在舞台上，从舞台的左边慢慢地走向舞台的右边，或者是从舞台的右边慢慢地走向舞台的左边。相比起标准的走姿，该走姿步速慢很多，双臂摆动的幅度也小一些。

这种走姿一般运用于评述者讲故事的场景。我们都知道，好故事包括五大环节：开头、铺垫、发展、高潮、结局。所以，当评述者进入故事铺垫的环节之时，就需要采取闲庭信步这种走姿，就需要采用慢条斯理的平直语调，目的是慢慢地把听众带入自己所叙述的故事情境中去。

②来回健步。如果说闲庭信步是慢走，那么，来回健步就是快走了。来回健步是什么意思呢？就是评述者在评述桌旁边或者舞台的中心位置，多次来回走动，走动的距离不是很长，但是次数很多，并且步速也比较快。

这种走姿是评述者为了制造悬念而采用的。这种走姿既可以运用于评述者讲故事的发展阶段，目的是调动听众的情绪，让听众突然觉得紧张了起来，又可以运用于评述者向台下不同观众提问的环节。比如，先跑到左边向左边的观众提问，马上又跑到右边向右边的听众提问。目的是激发听众的兴趣。

③戛然停步。戛然停步就是评述者在舞台上走动的时候，走着走着，突然一下子就停了下来，不再走了。

这种走姿一般运用于评述的紧要关头。比如，当故事讲到高潮的时候，评述者突然停住了脚步，顿时提高声门，宣布故事的结局，目的就是给听众一个惊喜。再如，评述者向听众提出某个问题之后，在听众满怀期待之时，突然停住脚步，然后郑重地说出答案，目的是引起听众对这个问题的重视。

（3）互动性走姿

评述者在舞台上进行评述的时候，不仅仅要讲，还需要向听众提问。于是，这个时候，评述者就需要走向听众，不能站在原地一动不动。评述者跟听众互动的走姿大约有如下三种。

①有意提问。有意提问就是评述者在评述的过程中，发现某位观众的神情很配合评述者。比如，不停地点头，时不时地鼓掌……而此时，评述者为了让自己的评述更有说服力，需要借助第三者之口来印证自己的观点。于是，评述者就向这位听众走去，向这位粉丝级的听众提问。

在走向听众的过程中，评述者可以走到舞台的边沿，向这位听众提问；也可以走下舞台，到听众的面前提问。不管采用哪种方式，评述者必须带着微笑，步伐轻盈地走向听众。值得注意的是，评述者此时的步速是稍慢的，步幅是稍小的，双脚落地力度不大而迈步是比较轻盈的。为什么这么要求呢？因为评述者采用轻盈的脚步、稍慢的步速、稍小的步幅，一般不会惊吓到听众，听众也不会对评述嘉宾的到来感到很突然。

②特意回答。在评述的过程中，如果台下突然有听众举手提问，这时评述者就需要做出特意的回答。而在这个时候，评述者为了体现自己很尊重这位

听众，会走到这位听众的身边或者走到舞台上离这位听众最近的地方回答这个问题。

当评述者走向听众的时候，也必须是脸带微笑的。不过，此时评述者的步速是稍快的，步幅是稍大的，而迈步是有力的。为什么呢？因为评述者采用有力的迈步、稍快的步速、稍大的步幅，既可以体现出评述者对观众所提问题的重视程度，又可以体现出评述者对观众的真诚态度。

③顾及全场。在评述的过程中，可能会出现左边的听众兴致很高，很喜欢跟评述嘉宾互动，而右边的听众却反应平平、对评述嘉宾视而不见的情况。于是，这个时候，评述者为了顾及全场观众的感受，在频频走向左边的同时，也时不时向右边走去。尽管没人向评述嘉宾提问，也没人愿意回答评述嘉宾所提出的问题。

当评述者为了顾及全场听众的感受而走向右边的时候，评述者此时的步速是稍快的，步幅也是稍大的、迈步也是有劲的。为什么呢？因为评述者采用有力的迈步、稍快的步速、稍大的步幅，能够引起右边听众的注意，从而把他们带回自己所塑造的评述氛围中来。

4. 走的注意事项

讲完标准的走姿要求、三类专业走姿之后，最后再次强调一下走的注意事项，以免破坏自己在观众心目中的形象。现在将这些注意事项罗列如下。

①行走时，不能摇头、晃肩、扭腰、扭臀，这种姿势非常不自然。

②不能低头走路，这是心事重重，精神萎靡不振的表现。

③不能拖着脚走路，这样会显得未老先衰，暮气沉沉。

④不能跳着走，人家会认为你心浮气躁。

⑤不能走出内八字或外八字，这样看起来，像鸭子走路。

⑥不能只摆大臂，而不摆小臂，这是军人步伐，不适合评述场合。

⑦不能只摆小臂，而夹肩走路。这样会显得很小气。

⑧双手不能左右摆，这样像跳舞。

⑨双手不能插入裤袋，这样显得不尊重别人。

⑩双手不能反背于背后，这样像是在摆架子。

⑪走路时，不要大半个身子前倾，这既不美观，又有损健康。

（二）表情

1. 面部放松训练套餐（见图6-6-4）

想让自己的表情变得丰富起来，首先要让自己的面部肌肉放松。因为只有脸上的肌肉放松了，我们才能做出一些比较夸张的表情。另外，面部肌肉放松之后，我们的表情也不会显得僵硬。

放松面部肌肉的训练动作有如下三个。

（1）揉睛明穴

双手交叉，双拇指上举。然后，双拇指对准睛明穴（目内角稍上方凹陷处）不停地抖动，次数为10次。

（2）按太阳穴

双手的食指和中指合并，放在太阳穴（眉梢与目外角之间，向后约一横指的凹陷处）上，不停地按顺时针方向按揉，次数为10次。

（3）双手搓脸

用双手手掌捂住脸颊，不停地上下搓动，次数为10次。

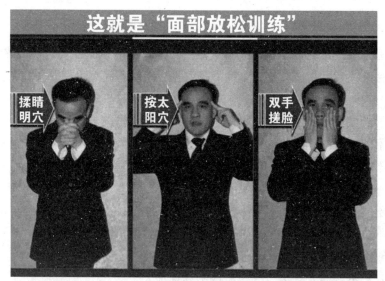

图6-6-4

2. 嘴眼张闭训练套餐（见图6-6-5）

有演讲家曾经说：演讲是信息的传递，感染是情绪的转移，丰富的表情能准确地表达一位演讲者的思想、情绪。可见表情对于一个演讲者来说是非常重要的，如果一位演讲者在台上面无表情地说话，笔者相信很多人都不愿意听，并且这样的演讲也就失去了意义。

既然表情这么重要，那么对于一个演讲者来说，应该从哪些简单的表情开始练起呢？笔者认为首先要进行张闭嘴眼训练。

所谓的张闭嘴眼训练，就是通过训练自己脸部最主要的两块表情肌（口轮匝肌和眼轮匝肌），让自己的表情变得丰富并且夸张。它一共有如下四个动作。

①张眼张嘴：拼命张大眼睛，同时张大嘴巴，训练次数为1次。

②闭眼闭嘴：拼命紧闭眼睛，同时紧闭嘴巴，训练次数为1次。

③张眼闭嘴：拼命张大眼睛，同时紧闭嘴巴，训练次数为1次。

④闭眼张嘴：拼命紧闭眼睛，同时张大嘴巴，训练次数为1次。

图 6-6-5

3. 标准微笑训练套餐（见图6-6-6）

微笑是指开口最小，没有笑声的笑容。

微笑是演讲者最常用的表情之一。为什么这么说呢？因为这种表情能唤起观众对演讲嘉宾的好感，并马上拉近演讲嘉宾和听众之间的心理距离。大家别忘了，微笑有很多好处。比如，微笑是讨不来、买不着、偷不走、借不到的；微笑能使对方富有，但不会使你贫穷；微笑比电便宜，比灯灿烂。

在这里，着重讲解一下关于微笑训练的动作要求。

图 6-6-6

（1）训练开口度

慢慢张开嘴巴，首先是上下张开，然后是左右咧开。

在上下张开的过程中，上唇牙齿的露出比例为 2/3 到 1 之间，不要露出牙龈，因为那样的话，就比较难看了。下唇牙齿的露出比例为 0 到 1/3 之间，也就是说，微笑时，下唇牙齿没有被看到也是可以的。

在左右咧开的过程中，嘴唇线是向上的，并且这个弧度最好在 160 度左右。为什么要达到准确数字 160 度呢？因为笔者根据自己的长期观察发现，这个弧度是最美的。

在开张嘴巴的过程中，眼睛也要配合，并且眼睛的动作是先睁后眯。为什么要先睁呢？因为担心个别眼睛较小的人，微笑之后就看不到眼睛了。

当然，上面的动作要求并不是固定套路，根据个人脸型的不同，还需做适当的调整。比如，牙齿较突出的人，嘴巴的开口度就不要太大了，以免显得张牙舞爪；下巴较长的人，嘴巴最好张大一些，因为张大嘴巴笑起来后，下巴才不会显得更长；双颧较高的人，嘴唇线的弧度要平一些，以免笑起来，双颧更高了。

（2）训练平衡性

我们发现，现实生活中，某些人一笑起来，嘴巴总是歪向一边的。这说明他们没有接受过正规的微笑训练；所以，进行微笑训练时，不但要训练开口度，而且要训练平衡性，并且这些训练必须在镜子面前进行。

（3）要及时定型

当找到自己最美的笑容后，必须把它固定下来。这么做的目的就是让每次的微笑都是一样的，也就是让自己的微笑达到标准化的水平。

（4）要控制自如

这是微笑训练的最高境界了。也就是当场合需要，比如接触陌生人，为了能给对方留下一个好印象，不需要提醒自己，就能展现出一个标准的、灿烂的微笑。

4. 系统的表情训练

在面部放松训练、嘴眼张闭训练、标准微笑训练之后，最好继续进行更加系统的表情练习。

（1）表情要求训练

虽然说表情是遗传的、天生的，但不同个体之间的同一表情是很不一样的。这可能是因为不同文化背景的人对情绪的表达有着不同的规范和标准，也可能是因为随着个人的社会化，人们渐渐学会了如何控制自己的情绪而流露不出明显的表情了。但不管属于哪一种情况，对于一名演讲者来说，都是不利的。大家想想，如果你的表情都不怎么明显了，还怎么去感染台下的观众？所以，在这里，我们在进行一些常用表情训练之前，先要了解一下演讲中的表情有哪些具体的要求以及达到这样的要求需要进行怎样的训练？

首先，放松性。所谓的放松性，是指演讲者的脸部肌肉很放松，表情的流露很自然而不做作。表情不放松的人，面部表情很僵硬、不自然。

对表情进行放松性训练的常用方法有如下几种：①揉睛明穴；②按太阳穴；③双手搓脸。

其次，丰富性。所谓的丰富性，是指演讲者脸部能够做出很多种细致的、微妙的表情。表情不丰富的人，面部表情很严肃、很单一。

其实，一个人表情是否丰富，主要取决于他脸部的两块重要的表情肌，见图6-6-7。这两块肌肉的收缩性和舒张性都很好，一块是眼轮匝肌，它跟额肌相配合，就能让眼睛张大，而它跟皱眉肌相配合，则让眼睛紧闭。另一块是口轮匝肌，它跟提上唇肌、笑肌相配合，就能让嘴唇线向上；而它跟降下唇肌、降口角肌相配合，则让嘴唇线向下。所以说，要让自己的面部表情变得丰富起来，就必须训练这两块重要的表情肌。

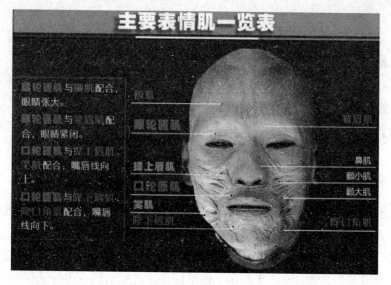

图 6-6-7

对表情进行丰富性训练的常用方法有如下几种：①张眼张嘴；②闭眼闭嘴；③张眼闭嘴；④闭眼张嘴。

最后，迅速性。所谓的迅速性，是指表情的变化很快，一瞬间就能从一种表情变为另一种表情。

对表情进行迅速性训练的常用方法有如下几种：①微笑变严肃，先做出一个微笑的表情，突然间转变为严肃的表情，时间在 1 秒钟之内，训练次数为 2 次；②微笑变生气，先做出一个微笑的表情，突然间转变为生气的表情，时间在 1 秒钟之内，训练次数为 2 次。

（2）常用表情的训练

据情绪心理学专家研究，脸上的眉毛、眼睛、嘴巴这三个地方最能体现个人的情绪，其中的每一种生理器官都能做出很多种既细致又微妙的表情。

比如眉毛：皱眉表示不同意、烦恼；扬眉表示兴奋；眉毛闪动表示欢迎；眉毛扬起后短暂停留再下降，表示惊讶、悲伤。

比如眼睛：眼睛正视表示尊重；仰视表示思索；斜视表示轻蔑；俯视表示羞涩。

再如嘴巴：嘴唇合拢表示端正自然；嘴唇半开表示有疑问、感到奇怪；嘴唇向上表示善意、礼貌、喜悦；嘴唇向下表示痛苦悲伤、无可奈何；嘴唇撅起表示生气、不满意；嘴唇绷着表示愤怒、对抗、决心已定。

每一种生理器官都能做出这么多种表情，那我们怎样去训练呢？难道还要按照眉毛、眼睛、嘴巴的顺序一个一个地去练习吗？另外，根据情绪心理学家艾克曼的研究，人的脸部有 43 块肌肉，可以组合出 1 万多种表情，而其中有 3000 种具有情感意义。如此说来，我们能学得完吗？

所以，我们只能选择那些在演讲中经常用得到的并且具有感染力的表情来练习，这样才能达到我们的训练目的。

那哪些表情是最常用并且是最具感染力的呢？根据个人的演讲经验，笔者认为有八种，这八种表情依次为微笑、坚定、快乐、悲伤、愤怒、恐惧、惊讶、厌恶。其中前面的两种为复合表情，后面的六种为基本表情。为什么偏偏选择这八种呢？笔者的理由如下。

微笑：这个表情可以代表很多种意思，比如，开心、善意、礼貌等。这个表情是演讲者一上台就马上要用到的，因为它能展现演讲者的亲和力，能拉近演讲者和听众之间的距离。

坚定：这个表情是演讲者必须要掌握的。因为一发表演讲，就会阐述自己的观点，而为了让听众相信自己所阐述的观点，演讲者的表情就必须是非常坚定的。你想想，如果自己都不相信自己所说的话，那么怎么能够让别人相信自己所说的话呢？

快乐和悲伤：人生的目的是更快乐地活着，如果不快乐，那就是痛苦或者悲伤了。所以，快乐和悲伤永远是人生的主题曲，因此，这一对表情也是演讲者最经常使用的，并且也是最能引起听众共鸣的。

愤怒和恐惧：这一对表情，由于表现力比较强，动作比较夸张，感染力度也比较大，很容易引起观众的注意，所以，如果演讲内容需要，这一对表情也是演讲者经常使用到的。

惊讶和厌恶：这两种表情不成对，但它们的表现力非常强。惊讶时，神情非常夸张，厌恶时，态度非常明显。所以，如果演讲内容需要，这两种表情也会被演讲者经常使用。

讲完了为什么选择这八种表情来训练的理由后，下面，从这八种表情中选择几个有代表性的来说明一下。

一是坚定。训练要求如下。

①眼睛直瞪前方：眼睛必须往前方看，在睁圆眼睛的同时，头部可以微微抬高。

②嘴巴稍稍紧闭：双唇轻轻合拢，除了眼轮匝肌、皱眉肌之外，脸部的其他表情肌，基本上处于一动也不动的状态。

③表情必须严肃：这一点非常重要，不然你说话的可信度就会降低。

动作要领如下。

①先练瞪眼睛：眼睛不用张大，但必须睁圆。

②再紧闭嘴巴：双唇要合拢。

二是快乐。训练要求如下。

①嘴巴稍稍张大：嘴巴向两边咧开，双嘴角微微向上翘起。

②颧肌向上鼓起：双脸颊鼓得高高的。

③双眼可以稍眯：此时，瞳孔变小，眼下皮肤紧皱，甚至双眼角出现皱纹。

动作要领如下。

①双嘴要咧开：咧开的范围比正常微笑时的开口度还要大，常规情况下，双嘴角是微微向上翘起的。

②颧肌要鼓起：口轮匝肌和笑肌的配合使得双脸颊鼓起得非常明显。

③双眼要轻眯：要轻轻地眯一下眼睛，因为这样能给大家一种很快乐的感觉。

三是悲伤。训练要求如下。

①嘴角微微下垂：两侧嘴角微微往下拉，下唇抬起。

②上层眼皮下垂：眉头上抬的同时，上眼皮稍稍下垂。

③眼睛注视下方：两眼无光，注视着前下方，有时候，头还往一边歪。

动作要领如下。

①嘴角要下垂：嘴唇线向下，但下垂的两嘴角不一定平衡，也可能出现一边高、一边低的情况。

②眉头要上抬：双眉头轻轻上抬，而上眼皮无力地下垂着。

四是愤怒。训练要求如下。

①眼睛向前直视：怒视的同时，上眼睑抬起，而下眼睑紧张。

②眉毛向下并拢。

③双唇抿在一起：嘴唇紧锁，导致嘴唇线变短，嘴唇变薄。

动作要领如下。

①眼睛要怒视：直瞪前方。

②嘴巴要紧闭：有时候，下巴还会向前伸出。

五是恐惧。训练要求如下。

①双眉上抬聚拢：木呆呆地看着前方，上眼睑抬起，下眼睑紧张。

②上白眼珠明显：上白眼珠露出很多，而下白眼珠基本上看不到。

③嘴唇微微张开：嘴唇线基本上属于直线。

动作要领如下。

①上眼睑抬起。

②嘴巴要张开。

六是惊讶。训练要求如下。

①双眉上抬聚拢：上眼睑抬起，而下眼睑不紧张。

②两眼明显瞪大。

③嘴巴微微张开：嘴巴张大的同时，下颚下垂。

动作要领如下。

①双眼要瞪大。

②下颚要下垂。

（三）眼神

1. 提高眼睛的反应速度

在每天早上，伸出食指，往东南西北四个方向移动，眼睛跟着手指做相应的移动。每次三分钟，坚持一周后，加快手指移动的速度，从而提高你眼睛移动的速度，坚持下去，很快就能见效。

2. 提高眼神的专注度

在生活中，我们可以通过小游戏来提高眼神的专注度，你可以跟你的朋友对视，一直盯着对方的眼睛看，保持不要眨眼睛。每天练习 5 组，尽量逐渐延长每次对视的时间，如果你能够保持与朋友对视一分钟都不眨眼睛的话，说明你眼神的专注度已经大大提高。

当然，如果你更想一个人练习的话，也可以每天对着镜子，将眼神聚集在一个点上，这样的训练，可以让你的眼神更加专注，更加具有"杀伤力"。

3. 增加生活的阅历

想要真正练就一双会说话的眼睛，真正需要的还是对生活进行观察、体会、分析。

香港著名演员张震，为了演好电影《一代宗师》，跟随八极拳第八代传人王世泉学习拳法，苦练三年后，终于在电影中成功塑造了八极拳宗师一线天的形象，在与叶问打斗的那场戏中将一线天凶狠的眼神传神、到位地表现了出来，给人留下了深刻的印象。

因此，我们想要拥有丰富的眼神，除了坚持做一些眼部的训练之外，更重要的是要留心观察生活，体会生活，用从生活中得来的感悟丰富自己的情感。

四、肢体语言禁区

肢体语言得体，能够为我们评述的表现力加分不少。但如果肢体语言不恰当，不仅达不到预期的效果，还会给听众留下不好的印象，妨碍评述信息的传达和评述目的的达成，这些不当的肢体语言见表6-6-1。

表6-6-1　肢体语言禁区

种类	禁区	注意事项
1	背对听众	每位听众的眼睛都是高清摄像头，演讲者背对着听众时，听众感受不到表情，因此也感受不到尊重
2	手掌心对听众	手掌心对听众，仿佛是在对听众说:你别过来啊!你别听我讲啊!你别靠我太近啊。这种姿势易给人拒人于千里之外的感觉
3	两个手指头做手势	演讲时用两个手指头做手势，呈现出的是想要挖人眼睛的形象，会给听众造成压迫感、威胁感
4	手插裤腰	当你在舞台上手插裤腰的时候，会给人一种狂妄自大或倚老卖老的感觉，听众会有被瞧不起的感觉
5	摸腰带	很多人演讲时会不由自主地做摸腰带动作，看起来像"三流子"，当你在舞台上摸腰带时，听众会觉得台上的人像痞子和二愣子一样
6	手势超前	手势超前意味着你的手势和你的演讲内容不同步，此时做的手势不但不能传情达意，还会让听众误解
7	手势滞后	与手势超前一样，手势滞后也是动作与演讲内容不同步的表现，会造成视觉冲突
8	抓耳朵	人们说到猴子的时候常会用抓耳挠腮这样的成语来形容，当你在舞台上抓耳朵的时候，你会给听众一种要在舞台上要杂技的感觉
9	挠头发	仔细想一想，我们在什么情况下会做挠头发的动作?心中不解、忘词或者再思考时会在台上挠头发，听众会想:他在想啥?

第七节　日常自习

一、知识储备

（一）阅读

增加知识量，可以通过阅读的方式，阅读可以吸取很多丰富的知识。读书时要特别注意做一些读书摘录和卡片，记录下重要的历史事件、名人趣闻、成语典故、权威的统计数据等。阅读量增加了，我们的思维方式也会改变。阅读量太少的同学，今后要有目的地增加，尽量多地吸取知识，这不仅可以提高评述能力，还能提高其他的能力。

（二）看新闻

无论是社会、财经新闻，还是科技新闻都能扩大知识面。读一篇新闻，从这篇新闻本身来说你就获得了相应的信息。同时，从新闻内容中，你还会获得一些新闻之外的东西，像新闻中所列举的事情、人物、一些名词等，这些也许在你看这篇新闻之前，从来都没有见过。那么，这次要抓住机会，百度一下，这样做你的印象会更深刻，一篇新闻可以让你获得更多的知识。同时，你也可以根据你感兴趣的方向，从网上找一些比较出名的网站，每次上网的时候，看完感兴趣的新闻，就去这些网站看看。比如百度新闻、网易的科技新闻。在努力学英语的同学还可以到外国网页看新闻。

（三）被动接受

被动接受，就是被动地去接受一些知识，如 RSS 订阅，现在许多网站都有 RSS 订阅，你还可以用邮件订阅一些内容。

（四）在实战中学习

现在有个口号叫作"无兄弟不篮球"，我们借鉴之，就是"无辩友不评述"。那么，我们可以走一个捷径，就是多学多交流，在实战中学习。在与同行的交流中细细体味对方的知识涵养，互相补充，不断经受否定之否定的洗礼，然后再领悟，最后综合，触类旁通，这也是高效学习的一种方法。

（五）扩大知识面

扩大知识面，关键在于积累。只有平时不断积累，才能不断扩大自己的知识面。看书、看报、上网这些都是最直接的途径，不要有意去专门记忆，只要记下关键词或者关键句有个印象就可以了。另外，要对知识深入思考。相信大家都看过选秀节目，比如我型我秀、快男、快女、中华达人秀之类的。但是，作为一个演讲评述团出来的人，不应该只停留在哪个选手比较帅、哪个选手唱歌好听的层面。而应该想想为什么近几年选秀节目这么风行，思考更深层次的问题。

总之，想扩大知识面很容易，关键是你要有耐心，同时还得有一定的判断与选择的能力，不然，浩瀚的信息太多，会让你措手不及。

二、在日常训练中提升自己的演讲能力

（一）心态训练

每天早上起来对着镜子，自信地说："我行，我能行，我是最棒的！"在镜子面前微笑，还可以发挥想象，想象自己在众人面前演讲的样子。每天拿出至少5分钟做这项训练。

（二）口才训练

①每天大声朗读一篇优美的文章，从锻炼自己的朗读能力入手。大声朗读每一句话前先做深呼吸，这样可以使自己的声音更加有气势。

②每天和多个人交流，提高自己即兴讲话的能力。

③练习绕口令，这样可以使自己字正腔圆。

④每天看新闻联播，学习主播的语速、语调。

⑤抓住一切可以练习的机会。

⑥多看演讲口才方面的书籍，学习讲话技巧。

（三）气质训练

①多微笑，锻炼自己的亲和力。

②训练自己具备自信、坚定的目光。

③多看积极向上的书籍，培养自己乐观的人生态度。

（四）幽默感的训练

练习幽默感对于演讲者来说也是至关重要的，它可以帮助你吸引听众的注意力，从而保证演讲的效果。那么演讲怎么才能幽默呢，一起来学习学习！

1. 自黑式幽默

演讲中一个必不可少的环节就是自我介绍，面对第一次见面的听众，你需要简短地介绍自己。适当地运用一些自嘲的方法可以帮助你迅速拉近与听众的距离，打破沉闷的局面。胡适先生有这样一段"自嘲"式开场白，他说："我今天不是来向诸君做报告的，我是来'胡说'的，因为我姓胡。"话音刚落，听众大笑。

这个开场白既巧妙地介绍了自己，又体现了演讲者谦逊的修养，它活跃了场上气氛，拉近了演讲者与听众的距离。

2. 即兴发挥式幽默

我们经常在演讲中听到一些即兴发挥的段子，其实许多即兴之言都是经过计划和准备的。首先，在平时多收集一些笑话和段子，在演讲时灵活运用，这可以使你的演讲更加接地气、合时宜。

即兴发挥检验的是平时的积累，所以，多收集一些小段子吧，把它们记下来，演讲的时候用得着！

3. 互动式幽默

拿相声来说吧，它生于小剧场，兴于小剧场，与在春晚中观看相声节目不同，小剧场可以给你互动感，演员会与现场的听众进行互动，这也是越来越多的人喜欢去小剧场听相声的原因之一。同样，演讲也需要互动式幽默，听众的注意力非常容易涣散，如果你只是站在台上滔滔不绝地讲，就如同老师授课，那么，听众很容易瞌睡。

不妨多插入一些互动，提些奇怪的小问题，来个趣味小调查，让听众的注意力时刻在你身上。

第八节　临场对策

临场应变能力，是好口才的一项重要特质。在社交活动当中，一个人的临场应变能力，对于他是否能够主动地处理谈话期间遇到的问题，会起到决定性的作用。很多人之所以害怕与别人打交道，很大一部分原因就是，他们无法很好地应对与交际对象之间的谈话障碍，诸如冷场、尴尬、挑衅、反驳等；总担心别人一句话，就会让自己立刻陷入哑口无言的境地。当这些谈话障碍不在自己掌控的能力范围内时，出于自我保护的心理，这些人往往会选择逃避，不去接触这种复杂多变的社交场合。在网上聊天，由于谈话时间有滞后性，自己有足够的时间思考，就算遇到各种谈话障碍，也可以毫无顾忌地说出自己的心里话。然而在现实生活当中，谈话间的反应往往需要我们在短时间内就要做出，而且反应的好坏，还会给自己带来一些需要承担的后果。在这种心理压力之下，很多人就无法自如地做出得体而恰当的反应了。

所以提高临场应变的能力，对于提高我们自身的口才和交际能力，会有非常大的帮助。

一、什么是临场应变

所谓临场应变，是指在与人交谈的过程当中，一些意想不到的情况突然发生时，说话者对这些情况做出现场应急反应。

我们对于外界信息的反应，一般分为两种：被动应变和主动应变。

被动应变，就是在毫无征兆或者缺乏准备的条件下，对突然发生的意外情况做出从容的反应和恰当的处理。这种临场应变，不是我们自己发起的，是根据外界的变动，被动做出的。诸如在讲话期间，谈话对象突然对你开了一句不恰当的玩笑，或者你不小心说了一句不好的话，让大家忽然尴尬起来等，都属于自己无法事先预料的意外状况。

这种情况下，外界逼迫你要做出反应，这时就需要你运用临场应变能力，去改变这一局面了。汪涵曾经在《我是歌手》现场，面对孙楠弃权而临时发起的救场演说，就属于这种被动应变。

至于主动应变，就是指在交流或个人言谈中，及时捕捉到新的信息，通过自我思维的高速调动，对这些信息迅速做出整合和转换，使之成为话题的素材之一，从而改变谈话氛围。这就是我们常说的即兴发挥了。

尽管新信息的出现，存在着一定的偶然性，但是当你能够把握住这些新信息，然后通过自我思维对其进行解读，使之成为谈话当中可以借题发挥的素材时，那这种临场应变，就是主动行为。

例如，一个女生经常跟别人说，她开车从来都是别人让着她，自己想怎么开就怎么开，从未发生过意外。面对这句话，一般人肯定感到惊奇或者不解。这些都是正常的反应。但你面对这个新信息，如果主动反应，通过自我思维的转换，就可以即兴发挥对这个女生说："你开的是碰碰车吗？也是，那些小孩子看到这么一个傻大姐开碰碰车，谁都让着你！"

这种主动应变，需要你很好地把握反应时机，否则错过最佳反应时机，这时你再插嘴去说，就很难起到相应的作用。

当然，无论被动反应还是主动反应，都不能一味地为了反应而反应。那种无缘无故地插嘴或者对谈话主题没有任何帮助的贫嘴和玩笑，就算你反应得再好，也只会打断谈话的流畅性，从而影响大家聊天时的心情。因人、因地、因时、因事而去反应，这才是成熟的表现。

二、临场反应需要具备哪些素质

临场反应能力不是凭空而来的。你肚子里只有储备着足够的东西，才能够培养出和发挥出这种能力。想要提高自己的临场应变能力，你必须具备以下三种素质。

（一）处变不惊的心理素质

何为处变不惊的心理素质？

就是无论遇到什么事，我们的情绪波动都维持在一个相对稳定的水平，那么这种不慌不忙的心理状态，就是处变不惊的表现。

想要提高这种心理素质，唯一的方法就是让自己置身于一种紧张的情况之下，然后试着装出一个镇定姿态，使自己看上去若无其事；抬头挺胸，表情又自信满满，控制身体不要颤抖，这样大脑就会慢慢为你调节这种紧张情绪。

遇到突发事件，如突如其来的响声或者出其不意的惊吓，很多人都会下意识地喊出来。思维方式会影响你的行为方式。同样，行为方式也会影响你的思维方式。

所以当你遇到让你紧张的事情时，不要用行为表现出自己的紧张，强行控制自己。因为你一表现出紧张的状态，大脑就会调动身体的所有感官去放大这种害怕情绪，导致你失去思考能力，让你陷入一种不理智的自我保护行为当中。

例如，有些人遇到事情，只会大喊大叫，这种人类的求生本能，就是受害怕情绪影响的非理智自我保护行为。有时候这种行为会有用，但更多的时候会带来反效果。开车遇到意外惊慌失措，也许就会酿成更大的伤害。而心理素质强大的人，一定都是一声不响地快速反应，利用身体上被放大的感官，沉着应对状况，减少意外对自己造成的伤害。

（二）积极的思维状态

在社交活动中，如果你的情绪处于一种低落、烦躁、焦急的状态，当你遇到交谈障碍时，你就很难调动出灵动的思维去做出应变，也懒得应变。

但如果你的心理素质良好，能够主动克服这种消极的情绪，保持积极活跃的思维状态，你就可以很好地应变了。积极的思维状态，意味着你主动去思考各种可能性，而非被动地接收客观现实给予你的一切信息。

想象你是一个主持人，这时站在台上说话，说着说着，忽然台上的灯都熄灭了，周围只剩下零星的光，台下观众不明所以，现在你应该怎么处理这种状况呢？作为一个主持人，你应该表现出该有的控场能力，懂得去安抚观众的情绪，而非被动地跟他们一样不知所措。

如可以这样说："请大家放心，只不过是一些技术上的故障而已，我相信技术人员很快就能把问题处理好。既然现在整个场合都黯淡无光，那么我们就趁着这个机会，借着周围这点光芒，来一场围炉夜话怎么样？我记得小时候，最喜欢停电的那一刻。因为那个时候，我可以点上几支蜡烛，坐在阳台跟家人朋友一起聊天。这种温馨而平静的感觉，至今我都难以忘记。所以有时候，突如其来的意外，不一定会给我们带来伤害，也许是意想不到的惊喜……"

只要你的反应切合实际，能够满足当下环境的需求，这就是好的反应。想要做到这样，你就必须主动去思考可能遇到的状况，然后模拟应对。

好比你站在路边，然后思考自己若跑到路中间，会遇到什么情况？看到桌子上有四个尖角，然后思考一旦你走神不小心碰到，你会有什么结果？有了这些意识，我相信你能够避免很多意外，也能够主动去掌控场面了。

（三）不断积累知识和经验

这一点就不多说了。很多时候你的临场反应，跟你的知识和经验积累了多少有关。例如，上面台上灭灯的状况，如果小时候没有经历过停电点蜡烛的时刻，就很难把这两种情况联系起来。如果你没有一定的知识储备和人生阅历，其实真的很难立刻做出反应。

在保障自己人身安全的前提下，多去学习不同的东西和接触不同的事物，这对于拓展我们的元认知有很大的帮助。而这些认知又会反过来提升我们的思维能力，于是一些曾经看似很严重的问题，也变得微不足道了。

三、临场应变的策略

（一）顺势联想

以上灯光熄灭的例子，就是顺势联想的一个运用。把这件事跟以前停电的时刻联系起来，把 A 事件和 B 事件整合在一起，通过类比思维，得出"意外不一定会给我们带来伤害，也许会带来惊喜"的共同点，把灯光熄灭这个意外转化成惊喜，缓解观众的情绪。

其实很多主持人都用过这一招。某主持人访问某嘉宾，在台上聊娱乐圈热衷炒作这个话题时，话筒突然没了声音。短暂的调整后，主持人就来了一句："所以说，对于娱乐圈喜欢炒作这种现象，就算话筒不让我们发声，也无法阻挡我们对其表达出批判的态度。"

当你遇到谈话障碍的时候，试着想一想，这个障碍是否可以跟当下的某件事联系起来，从而把它化解呢？

（二）故意曲解

故意曲解，指的就是把谈话者表达的意思，故意理解成另外一个意思，化被动为主动。

你坐滴滴快车，司机不怀好意地突然拿起自己的电话递给你说："美女，你这么漂亮，做个朋友呗！"

你知道他是要你留下自己的联系方式，但你故意曲解，接过他的电话说："你怎么知道跟我做朋友，先要给我电话做好报警的准备呢？"

相信对方听到你这么说话，就一定会知道你绝非什么善男信女了。

故意曲解在展现幽默感方面，也是一个很有用的技巧。请看下面一则笑话。

在公交车上，由于过于拥挤，一男一女无意中发生了碰撞。女子不由分说地骂道："你有病吗？"男生不明所以，只好回答说："对不起，那你有药吗？"女子觉得生气，继续骂道："有病就去看医生啊！"男子慢慢地说："你有相熟的大夫介绍吗？"

语言往往都充满着不确定性，平时注意思考一句话所包含的各种意思，然后从另外一个方向去理解，这样你就能够慢慢掌握这种曲解思维的能力了。

（三）自圆其说

这个技巧是一把双刃剑，用在搞笑方面很好，但如果用来对自己的错误做出辩解，就有点不太好了。

有时候你说话，突然口误说错了，为了避免尴尬，你可以顺着这个错误自圆其说，让这个错误看起来好像是你特意这样做似的。

例如，你跟朋友喝酒，你明明想说"跟你在一起喝酒，真的很痛快"，却说成了"真的很痛苦"，朋友听到你这话，怔了一怔，等待你的解释。这时你可以直接解释其实是想说"痛快"。

当然，你也可以表现自己的机智，跟他解释说："因为跟你喝怎么都喝不够，而相处的时间又这么短暂，这种感觉真的太不好受了，可不就痛苦嘛！"

这就给自己圆了场了。

在生活中，有时候很容易犯下这样低级的口误，立马解释，面子上又过不去，不解释，别人又难堪，这时，只能通过这样的自圆其说来给自己圆场了。

用得好，对于维护自身形象很有帮助，但如果是真的说错，让别人尴尬，还是直接道歉吧！

（四）岔开话题

有时候别人会故意刁难你，你又来不及反应，那么这时"顾左右而言他"地岔开话题，也是一种保护自己的方法。

当别人咄咄逼人地问你的时候，一旦你露出胆怯、不好意思、紧张的神态，你就会陷入被动，跟着对方的思路走了。为了化被动为主动，你就要把话题的掌控权重新拿回来。

例如，你只谈过两次恋爱，可有人存心诘难地对你说："作为一个女生，跟这么多男生谈过恋爱，你父母不觉得羞耻吗？"

如果你骂人，说不定就中计了，反驳解释，也很容易让自己正中对方圈套。所以正确的做法，就是岔开话题，反问："你对一个女生问出这样一个涉及隐私的问题，你父母不为你感到惭愧吗？"

对方如果回答："我父母不会感到惭愧的！"你继续说："是的，不回答你这个无聊的问题，我的父母也不会觉得羞耻！"

以上四种应对策略，只是基本的应对方式，不能涵盖生活中的所有状况。任何时候，都要不断积累经验，丰富自己的策略宝库，只有这样才能够从容应对各种突发状况。

总之，临场应变涉及我们自身的语言储备和心理素质等多方面的能力，有意识地提升自己的水平，刻意去锻炼，久而久之，面对突发状况，我们就会表现得更加泰然自若。

第七章　广播电视即兴评述的实例展示

第一节　广播电视即兴评述概述

一、广播电视即兴口语表达的心理活动

广播电视的口语表达有着它本身的属性和特征，无论是针对有稿件的新闻播音或节目主持，还是针对无稿件的谈话或现场报道，播音员主持人的心理活动都有着一定的相近或相似性。而且，播音主持作为一门特殊的有声语言艺术，它自身也归属为一门艺术，那么就必定被印上了艺术的特征。我们作为传播者，对于任何一篇稿件、一条信息的播读，都是一个再创作的过程。新闻稿件本身是由记者或评论员创作的，包含着他们的客观态度和主观意见，播音员主持人在口语表达的准备阶段，会对稿件进行分析，在融入自我感受、调动情绪的同时又会产生一定的心理活动。广播电视口语表达可以说是一个由心到口并且其中穿插着丰富的心理变化的过程，每一个细小的心理活动都可能会影响我们的表达效果。

（一）"注意"的心理活动

1. 信息的指向性和集中性，是注意的基础

注意的指向性其实就是一种选择性，当我们拿到一个新闻稿件时，我们往往会把需要感知和认识的信息点从众多的文字中挑选出来。这些指向即选择，就是我们对于一篇报道的关注。而集中性，就是把我们的全部精力都集中在所选择的信息上，暂时撇开其他的信息和语点，集中且清晰地阐述这一关注点。我们常会形容某些评论为泛泛而谈，似乎什么都有但又什么都说不透，其实就

223

是因为没有在准备阶段把握好"注意"这一心理活动。当然，不得不说的是，指向和集中不完全是凭借自己的喜好和想象而决定的，它建构在正确的播音创作的基础上，有新闻的客观性和引导大众舆论的功能，但也不失自己的主观态度和兴趣。

例如，《一虎一席谈》在做关于虐童教师杨某某的评论时，主持人先是抛出问题："1+10＝？如果这个题答不上来，对于一个幼儿园的孩子来说后果就是被老师打七十几个耳光。"这样一个看似简单的问题，就明确地看出了主持人把注意放在了老师虐童这一点上。接着主持人向嘉宾提问："老师揪着耳朵把学生提起来，不知道你们对此有什么反应？"这个问题的注意点在于大众的态度和评价以及心理接受情况。仅仅是两个看似简单的问题，在开始的几十秒内就引出了"教师虐童的行为，社会反应"这两个新闻视角，引导大家展开评论。

2. 距离的把握，是注意的关键

英国心理学家布洛曾提出"距离说"，认为主客体之间应保持适度的心理距离。对广播电视口语表达来说，其实就是我们既不能完全把注意力放在对信息的关注和分析上，从而忽略了表达时所凭借的声音形象，又不能只顾及声音、字音、口腔开度等，而丢掉了表达内容。另外还要注意与受众之间的距离，不能太远给人以陌生感，又不能太近失去了表达的客观性。对于这两种距离的把握，是表达准备阶段当中最为基础也是最为重要的一步。

例如，《中国感动人物》主持人敬一丹在对获奖者宣读颁奖词时，对心理距离的拿捏恰到好处，没有因为对象的光荣事迹而感动得一发不可收拾，也没有因为传播的限制而显得过于端正甚至是冷漠。同时收看收听对象囊括了各个年龄阶段、社会层次的人，这样一种表达能够更好地抓住人心。

（二）由此及彼的"联想"心理活动

1. 感知能力的长期积累

所谓联想，是指由一件事物联想到另一件事物的心理过程，比如看到冰河解冻就会想到冬去春来。在广播电视语言表达的准备阶段，对语点和事件的联想，不是凭空而来的，需要有大量的感知积累和一定的新闻敏感度，柴可夫斯基曾说："灵感是这样一位客人，他从来不愿意摆放懒惰者。"如果我们的表达想要深入人心，那么在切入口和信息引入上要下大量功夫。面对同样的新闻和事件，有丰厚感知积累的人，在对新内容的表达上就会略胜一筹。同时，感知也是一种积极主动的心理活动，它贯穿在表达的准备阶段和表达过程当中。

我们所感知的可能也是受众所想的，一旦经过有声语言的表达，就会引起人们的共鸣。

2. 联想要在合理的语言架构内

我们说联想是"由你及我，由此及彼"的过程，那么这个"及"，需要有扎实的语言组织能力和思维能力。对于两个相近或相关的信息，怎样由1引出2，怎样联系到一起加强表达效果，都是联想的核心。古人常说"巧妇难为无米之炊"，就是说即使我们有再好的相关例证，如果没有建构和组织能力，也是不能够在表达中起到好的作用的。要想把"联想"这一心理活动完善，在日常的训练中就要加强思维能力的训练。在短暂的时间内在心中种一棵树，上述的"注意"就是躯干，借助联想来增加枝叶。例如，白岩松在做"营养午餐计划"的报道时，他很自然地说道："三块钱，可能只是平日城里孩子们的一瓶饮料钱，但对贫困地区的孩子们来说是一顿热的午饭。"这样对三块钱的一个引用，顺其自然地就衔接上了"营养午餐计划"这条新闻，也贴近了受众的感知，符合广播电视口语表达的特点。

二、广播电视即兴口语表达的原则

（一）坚持真实的原则

口语表达，首先应该建立在信息真实的基础上，离开了真实的前提，辞藻越华丽，调唱得越高，越可能失去受众的信任。

（二）坚持准确的原则

准确，就是要用最恰当的字句，恰如其分、恰到好处地表现客观事物，表达思想感情。

（三）坚持精美的原则

所谓精美，就是要善于揭示信息的内涵，用优美的声音和巧妙的表述，赋予信息以美感。

三、广播电视即兴口语表达的分类

（一）新闻评论类节目

这类节目主要发布新闻、进行现场报道或对事实进行评论，有较好的信息传播功能和舆论引导功能。对于节目主持人，受众要求他们所传播的事实具有真实性、权威性。新闻评论类节目的功能以及受众对新闻评论节目的要求，统统落实到主持人的语言上，所以新闻类口语便呈现出用语简洁明快、准确严谨的特点，书面语色彩稍浓于其他类型的节目，表达时爱憎分明、刚柔相济、严谨生动、亲切朴实。同时语气郑重大方，新鲜感突出，感情饱满而质朴。

（二）综艺娱乐类节目

综艺娱乐类节目的主持人说话时要热情真诚、幽默风趣，同时语调要亲切自然，不能矫揉造作，避免庸俗化的倾向。

（三）社教服务类节目

社教服务类节目主持人的语言要深入浅出、耐心细致，富于生活气息，播讲要自然亲切、平易近人、轻松平和、娓娓道来。

（四）交流谈话类节目

受众希望该节目主持人能为参与者营造出一个开放、平等的交流空间，并善于在倾听中寻找谈话和询问的亮点。具体操作上就要求主持人要坦率真诚，以情感人，富于幽默感，平易近人，随意而不拖沓。

四、广播电视节目主持人语言的规范

当前我国电视事业发展很快，电视播音主持人的数量也与日俱增。现在电视播音主持人不只是科班出身，有一部分由记者、编辑等转岗而来，也有一些非专业人员，他们没有接受过正规的培训教育，专业基本功不够扎实，也未意识到有声语言规范的重要性。个别电视播音主持人还存在着错误观念，认为使用不规范、不标准的语音会显得"亲切"，从而导致出现了很多有声语言不规范的情况。对电视播音主持人而言，需要注意规范有声语言，充分发挥出自身的引领与示范作用，真正承担起宣传教育和推广普及普通话的职责。

（一）电视播音主持有声语言不规范的表现

1. 发音不标准

对于电视播音主持人而言，要保证发音与吐字的清晰，语调要抑扬顿挫，并控制好语言节奏。现在播音员主持人的数量越来越多，且很多未受过专门的培训与教育，在发音上还显得不够标准。对电视播音主持人来说，需要树立较强的语言规范意识，即注意字音规范、吐字清晰，并保持气息流畅，让语言更具情感性与丰富性。

2. 表达不正确

当前一些电视播音主持人盲目跟风，模仿港台腔或者随意使用网络语言，甚至在播音主持中还频繁使用英语词汇。原本电视播音主持人要说一口流利而标准的普通话，而实际上却故意卷着舌头，频繁使用儿化音和轻声，尤其是一些电视播音主持人还经常使用各种不规范的中英文词汇，如"哇""耶""good""cool"等。其实这样并不能达到煽情的目的，反而会让受众感到厌烦，认为电视播音主持人不够专业或者是故意做作，不利于提升节目的质量，为普通话推广工作带来了不利影响。有的电视播音主持人希望利用语言技巧将有意义和趣味性强的情景表达出来，但实际上会显得非常冗长和啰嗦，会让受众变得不耐烦，从而降低了节目的收视率。

3. 发声不规范

电视播音主持人要想提升播音主持工作水平，必须掌握一定的发声要领，认真分析现阶段电视播音主持中发声不规范的问题，尽快采取相应的解决措施，确保让自己的有声语言更加规范。发声失范通常体现为对口腔、气息控制不到位，气息是发声的主要动力，若是气息不足，将会使播音主持变得不够活泼，显得非常低沉。电视播音主持人要能够做到气息饱满和换气无声，这是最基本的能力，不过很多电视播音主持人存在着大喘气和换气有声等情况，不利于电视播音主持质量的提升。

（二）电视播音主持有声语言的规范策略

1. 提升认识，不断规范有声语言

语言文字事业在我国社会主义发展中占有重要地位，能够推动文化的繁荣和振兴。汉字简化和汉语拼音推广的工作，让群众有了统一的学习文化知识的方式，可见使用规范和统一的普通话，有利于促进人们之间的交流。在当前新媒体时代下，网络中充斥着大量的新媒体语言，给语言的规范造成了很大的影响，规范电视播音主持人的有声语言已势在必行。对此，电视播音主持人要在思想上高度重视，确保发挥出应有的作用。

2. 加强对语音文字的学习

电视播音主持人要加强学习，不断提升自己的价值，这样才能有效胜任电视播音主持工作，得到广大受众的支持与信任，并促进自己事业的发展。电视播音主持人要想提升文字、语言的学习效果，必须采取以下措施。

①学习专业书籍，如将普通话和本地方言在语音上的差异找出来，同时结合《汉语拼音方案》和《普通话语音训练教程》等，逐步掌握正确的发声要领。电视播音主持人只有长期坚持训练，不断进行改正，才能更加熟练地掌握语音知识。

②经常和优秀的电视播音主持人对比，找出自己在发音上的问题，学习他人的优点，不断改进自身的不足之处，加强自我监督，这样才能实现自身综合能力的提高。

③电视播音主持人要主动参与各种业务培训，接受专家的指导和正规化训练。

④要在日常工作和生活中注重积累知识，开阔自己的视野，确保自己的语言和表达能力得到提升。

⑤必须具备较强的敬业精神，电视播音主持人应热爱自己的本职工作，这样才能切实提高自己的责任意识，了解自己工作的特点，对每个受众负责。

3. 培养自己的文学气质

电视播音主持人还要具备一定的文学气质，这是自己在广泛阅读古今中外文学精华后的一种外在体现。对此，电视播音主持人要高度重视培养自身的文学气质，养成这种独特的气质以后，才能真正让受众的审美需求得到满足，从而在潜移默化中影响受众，让受众喜欢上自己的节目。对于电视播音主持人而言，只有保证自己的语言表达更加优美和流畅，同时充满了文采，才能有效感染受众，从而产生共鸣。虽然电视播音主持人表现出的文学气质不同，如明朗、含蓄、严肃、活泼、豪放和柔婉等，但是应注意在其中巧妙地融入思想与感情，这样才能让节目的内容更具影响力、感染力和渗透力，从而争取到更多受众的支持与喜欢。只有电视播音主持人真正形成了一定的文学气质，才能让自己的有声语言更加规范，使电视播音主持节目的质量获得提升。

4. 严格把关，提升播音员主持人的综合素质

除了电视播音主持人自己要重视有声语言的规范以外，电视台也要提高重视程度，在电视播音主持人选拔过程中必须严格把关，保证他们的普通话水平能够满足规定要求，避免出现发音不标准等问题，从整体上提升电视播音主持人的综合素质与能力。此外电视台要制定并落实对播音员主持人的监看制度和监听制度，做好监管工作，实行有效的奖惩措施，降低电视播音主持人的语言差错率，确保他们的语言质量得到提升。电视台要关注播音主持节目的所有环

节，让节目走良性发展的道路，加强对节目内容的监督，及时查找节目各环节存在的质量问题，促使电视播音主持人重视规范自己的有声语言。电视台要采取淘汰退出机制，提高电视播音主持人的竞争意识，并通过外部压力督促他们不断提升自己的能力，保证节目的质量。电视台还要为播音员主持人提供更多的语音培训机会，让他们掌握一定的地理、天文、医学和化学等知识，激发他们的学习动力，为规范有声语言打下良好的基础。

五、广播电视节目主持人语言的风格

电视节目内容的传播，离不开主持人有声语言的表达。生动明晰的语言表达是主持人感染力彰显的旗帜。那些在受众心中颇有影响力的广播电视节目主持人，各自均有着鲜明的语言风格。如央视主持人倪萍的话语中恰到好处地注入了感情色彩；杨澜机敏灵巧，说起话来快言快语，更有跳跃性；崔永元不时冒出智慧的火花，略带俏皮的口吻、循循善诱的语气等都各具魅力。在生活繁忙紧张的现代社会，媒介与受众的情感交流变得越来越重要，主持人的语言风格也会越来越受社会大众的高度关注。

（一）广播电视节目主持人语言风格的特征

广播电视节目主持人的语言风格具有以下基本特征。

1. 独有性

独有性是构成广播电视节目主持人语言风格的核心要素，体现了主持人运用语言的创作个性和艺术特色。不同的主持人，由于生活阅历、社会经验、自身修养、性格气质等内在因素和栏目内容等外在因素的不同，形成了各自不同的独有的语言风格。

2. 稳定性

稳定性是指节目主持人经过较长时间的实践，形成了一种相对稳定的语言表达习惯。主持人语言的风格是伴随着主持人的成长而逐渐形成的。

3. 审美性

审美性是指节目主持人所展现的语言个性必须具有美感，如修辞美、音律美、情感美、意境美等。作为广播电视节目主持人，应撷取那些具有时代特征的，能够体现人们的新观念、新生活的具有深刻内涵美的语言。

4. 多样性

多样性特指主持人个人语言风格的多样性。主持人语言风格的多样性，主要表现在以下两方面。一是不同类型、不同内容的节目，要求主持人的语言风格截然不同。如新闻评论节目要求主持人的语言风格是庄重明快的；而综艺类节目则要求主持人的语言风格是轻松活泼的。二是同一个主持人在主持不同的节目时，其语言风格可以是多样的。

（二）广播电视节目主持人语言风格要求

1. 准确

主持人的语言风格应建立在内容真实的基础上。新闻传播讲究新闻的真实性，这也是媒体传播的基本要求。准确，要求主持人对大量事实进行搜集和整理，对所宣传的人物、事件做全面了解；要求主持人对语言、词汇的掌握十分娴熟并恰当地运用在即兴口语的表达中。

2. 精炼

语言重复是传媒中出现的最大的弊病，也是现在比较普遍的问题，在即兴口语中经常看到。主持人本来已很简洁地表达了主题和中心思想，却总是担心受众没有听懂或感觉未引起一定的关注，而一而再、再而三地去润色主题，加之润色的形式单一，语言枯燥无特色，让人感觉拖泥带水、絮絮叨叨，进而产生厌烦心理。精炼，是主持人做即兴评述必须要掌握的技巧。

3. 言之有物、充满个性

在今天的广播电视节目中，充斥着许多令我们听后不知所云的节目。一段时期以来我们都在综艺类节目中错误地推崇"口水脱口秀"的浮华热闹氛围，以为主持人的胡吹乱侃、搞笑轻松的气氛是大众所喜爱的新传媒风格，实际上这是进入了一个误区。

实际上，语言的个性与主持人自身的文化修养、文学功底、眼界见识有着密切的关联，所谓"技高人胆大"，林语堂等文学巨匠，言辞大胆、充满个性，其实是以深厚的文学功底为前提的。要做到心中有数，打好腹稿，真正的即兴口语表达，实际上不是完全的即兴，即兴的前提是有一个系统、全面的策划过程和整理过程，要做到言之有物、充满个性。

（三）广播电视节目主持人的语言风格塑造

1. 明确自身定位，展现个性风采

风格不是凭空建立的，个性不是刻意形成的。主持人只有在透彻了解节目特点，找准自身定位的基础上，才可能逐渐形成具有个性化的语言。所以，主持人应从认识并把握节目特色和受众接受心理入手，使自己的心语言无限贴近节目与受众的要求。主持人的语言风格不是与生俱来的，而是在长期的生活实践和工作实践中逐步形成的。

2. 真诚面对观众，实现平等交流

节目主持人是服务于受众的，失去受众的支持，节目就难以存活。然而，职业的特殊性往往会使主持人生发一种先天性的自傲心理、一种居高临下的潜意识，极易以自我为中心，或者滔滔不绝、口若悬河，把主持的节目变成主持人的自我表演；或者颐指气使、盛气凌人，把自己的想法、观点强加给受众，让人听了很不舒服。所以，主持人必须首先树立语言亲和意识、服务意识，让节目处处流露着坦率与真诚，与受众进行直接的、平等的沟通与交流。坦率和善、真诚质朴的情感化语言能够缩短与受众的心理距离。主持人要始终用一颗真诚坦荡的心对待每一个信息接收者，切记"诚于中必形于外，慧于中必秀于形"。

3. 完善知识结构，全面提升自我

语言风格的塑造更是无法离开主持人素养水平的提高。优秀的节目主持人需要具备扎实的理论知识根底，具备社会科学、人文科学、自然科学共同构建的基本知识体系，并争取在"广博"的基础上做到"专深"。只有如此，主持人才可能拥有开阔的视野和灵动的思维，才可能拥有对生活更深层次的理解和感悟，才可能在阐释问题时做到视角独特、言之有物、风格独具。

第二节　开场语

一、开场语的表达方式

（一）开门见山

这是一种直接概括地揭示话题主旨的进入方式，这种开头的特点是单刀直入、简洁明快，让人在短时间内进入主持人所设计的思路之中，给人干脆利落、

直截了当的感觉。

运用开门见山、直切主题的方法，需要有较好的概括能力和语言表达能力，要能够精确地提炼其主旨，精准地表述其内涵，以清新明快的姿态将话题呈现在受众面前。也可以先将节目的主要内容和信息的关键点和精彩部分提炼出来，在节目一开始就向人们加以介绍和推荐，这样入题既可以增强吸引力，使观众产生心理期待，又可以帮助他们做好心理准备。

（二）迂回入题

迂回入题指主持人借助相关或不太相关的内容，预设某种前提或调动观众的兴趣，在人们不知不觉中切入主题，这种入题方式多用于社会性话题，其特点在于以那些常见或一反常规，或典型新鲜的事例为引子，从凡人小事入手，由身边的现象谈起，实现以小见大、以事醒人、以情感人、以理服人的宣传效果，或者讲个小故事、小笑话，从观众容易接受的形式自然入题。

（三）引发思考

引发思考，即主持人用创设悬念或提出质疑的表述，构筑一个观众积极参与的思维场。

在法制类栏目中，这种手法被普遍应用，如果考生准备的节目在内容上有生动曲折的情节，可以试着采用这样的方式。另外一种常用到这种开场方式的节目是话题评论类节目，主持人通过提出问题吸引观众的注意力，一步步引导其进入自己的评论思路。

（四）情绪渲染

情绪渲染，指主持人用自己的情感点燃受众的情感，并确定节目基调。

主持人通过对周围景物或环境因素的观察、捕捉，触景生情、借景抒情地进入话题，可以为节目营造出一种和谐亲切的现场气氛。运用这种技巧需要注意的是，借用景物和环境因素不可牵强附会、矫揉造作。

二、开场语的实例设计

电视谈话节目的开场方式很多，最常见的一种是主持人运用"开场白"的语言方式进入话题。主持人的开场语常常是经过精心设计的，它的作用是点明本次谈话的主题，同时在有限的时间内迅速吸引观众的注意，激发观众的兴趣。一般来说，叙述是开场语中最常用的表达方式，议论和提问则常与叙述结合在一起使用。

（一）叙述

叙述是谈话节目开场语中最常使用的表达方式。主持人通常会在开场语中对节目话题和嘉宾情况进行必要的介绍，并且针对节目需要和现场的具体情况，采用不同的叙述方式，实现引题入话的目的。

1. 开门见山，直奔主题

2004 年 5 月 10 日贵阳市中级人民法院公开宣判以受贿罪、巨额财产来历不明罪和偷越国境罪，一审判处贵州省原交通厅厅长卢某某死刑，剥夺政治权利终身。引起我们特别关注的是这次审判中的几个数字。案发后，侦查机关共查获卢某某现金、存款、房屋等财产，折合人民币 5536.9 万元。除了卢某某收受的贿赂款、物折合人民币 2559 万元和能够说明合法来源并经查证属实的财产共计人民币 326.9 万元之外，卢某某对价值人民币 2651 万元的财产不能说明合法来源。今天我们的话题就从这笔 2651 万元不能说明合法来源的巨款说起。

这是一种直接进入话题的方式，主持人在节目一开始先将话题的来龙去脉交代清楚，接着就将谈话的主题鲜明地摆出来。这种方式便于使嘉宾和观众直接把握谈话的中心，迅速进入正式的交流情境。

2. 巧妙说事，带出话题

在这种进入话题的方式中，主持人常常以故事开始，或讲述自己和他人的经历，或闲谈趣闻轶事、典故笑话，于信手拈来、轻松随意之中，巧妙地带出话题，力图在场内场外营造出亲切、自然、幽默的交流气氛。

观众朋友们，大家好！欢迎大家参加我们这一期的《相约夕阳红》。前不久我在街上偶尔听到了这么一首歌，有两句歌词我印象特别深，大概是这么唱的，就是"我所能想到的最浪漫的事就是和你一起慢慢变老，然后坐在摇椅上慢慢摇，那时我们老得哪儿也去不了，但是你依然把我当作掌心里的宝"。后来，我跟我们办公室的一个年轻的同事说了，他说："哎哟，你不知道哇！这首歌在现在的小青年当中火得是一塌糊涂，大家特别喜欢。"我想在座的很多老年朋友听到这首歌唱的这种感觉、这种意境，恐怕会有自己切身的感受和体会。今天我向大家介绍两位新朋友，这是一对老夫妻，我们一起请他们坐在这张不能摇的椅子上，慢慢聊聊他们一起变老的生活故事。下面我们欢迎这两位老人上场。

在本例中，主持人宕开一笔，从自己听到的一首歌曲出发，讲述自己的经历和感受，同时借助歌曲中的歌词巧妙带出嘉宾，自然亲切，营造出了一种颇具温情的交流氛围，有效地烘托了节目主题。再看下面这个例子。

各位朋友，大家好，欢迎收看《实话实说》节目。我有一个朋友牙疼，就到医院去看病。医生看了说不行，你这牙得拔掉。后来医生拿起手术钳刚想给他拔，他突然说不行，我怕疼。医生忽然想出了一个主意说，那你喝口酒吧！我那位朋友喝了一口，刚要拔的时候，他又说还是不行，还是怕。医生又允许他喝了一口酒。等到医生第三次拿起手术钳准备拔的时候，他说还是怕。医生没办法，只好说，那你就喝三口吧！没想到，他喝完第三口以后，"砰"的一声把酒瓶砸在桌上，说："我看你们今天谁敢拔我的牙！"后来，我们大家就知道了，这个酒是可以给人壮胆的。

此例中，主持人借用朋友的名义讲故事，以一个喝酒的笑话进入话题，轻松幽默，调动起了嘉宾和观众的交流热情。

3. 以人带事，进入正题

今天要和大家来对话的嘉宾有着非常丰富的人生经历，他在化工领域闯荡了40年，又在改革开放之后不久就出国留学，获取了工商管理的硕士学位。近些年来，他又为新经济呐喊，为风险投资助威，被业界公认为是中国风险投资业的主要奠基人之一，那么这一位嘉宾就是全国人大常委会副委员长成思危先生！让我们一起用掌声欢迎他上场。

这样的开场方式常见于以人物访谈为主要内容的谈话节目中，主持人直接对到场的嘉宾进行简要而富于特色的介绍，突出其特点或者在某方面的特殊性，使观众对嘉宾有所了解的同时，产生关注的兴趣。

（二）提问和议论

如果说主持人的叙述主要是摆事实、讲故事，使观众对话题的来龙去脉有一个基本的了解，对交流的主题产生兴趣，那么提问和议论则能够在叙述的基础上，就叙述的内容点出问题、提出观点，引发观众对交流主题的思索。

1. 叙述＋提问

（1）交代事实，提出问题

2003年春天，辽宁宽甸满族自治县八河川镇政府将14名有能力供孩子上学，却让孩子辍学的家长告上了法庭。县法院对14名家长做出罚款600元，并责令他们把孩子重新送回学校读书的判决。到了去年年底，因为同样的原因，八河川镇政府又一次将23名这样的家长告上了法庭，目前法院判决已经下达，并且将在今年3月份执行。依法行政、文明行政是社会的进步，但是依靠法律的手段，能不能有效地解决农村在校生辍学这个难题呢？

在这种开场方式中，主持人先对新闻事实或者嘉宾的故事进行简短的陈述，在交代背景的基础上提出所要讨论的问题，引起观众的思索，使观众产生心理上的期待感和参与讨论的欲望。在新闻性比较强的讨论或叙事类的谈话节目中，这种方式常被使用。

（2）借题发挥，导入话题

细心的朋友会知道，最近我们国家商业服务领域推出了"一米线"制度。这"一米线"制度就是等待服务的顾客和正在被服务的顾客，他们之间要保持一米的距离。这是为了保护大家的隐私权。那么，夫妻关系是人际关系中最亲密的一种，夫妻之间需不需要一米线？夫妻之间有没有秘密可言？可不可以保持相对的独立性？这就是我们今天要讨论的话题。

在本例中，主持人先向观众介绍了商业服务中的"一米线"制度，然后以此引出夫妻间需不需要一米线的问题。这种开场方式构思巧妙，常借用眼前的事物、环境等因素加以生发，入题自然，令人耳目一新。

（3）有的放矢，巧妙点题

主持人："1996 年 2 月 15 号，北京有一位公司职员，他姓任，把大哥大丢在了一辆出租汽车的前座上，这辆出租车司机发现后，用他拾到的大哥大和失主尽快取得了联系。几天以后，失主公司职员任先生如约来到了出租车司机潘师傅家里，大家请看大屏幕。张先生（嘉宾），不知道你看清楚没有，这位任先生拿出了一个信封，说这是他的一点心意，那么这心意是什么呢？"

张宇燕："我猜大概是一些货币，准确地讲是人民币。"

主持人："高女士同意他的观点吗？"

高博燕："那当然。"

主持人："没有可能是感谢信什么的吗？"

高博燕："我也希望是那样，但是不现实。"

主持人："要表示的这位先生就在现场，我们可以来问问他。"

……果然让他们给猜中了。

主持人："我想了解你的想法，为什么要送一些钱？"

任先生："既然是人家拾到了，这个手机人家可以任意来处置，他可以用若干种处置方式，比如转送、卖掉或据为己有。但他主动地找我，还给我，本身这种行为就值得我感谢他，这种行为本身就是有价值的行为。"

主持人："这正是我们今天要讨论的话题——拾金不昧要不要回报。我们先听听在座嘉宾的看法。张先生，你认为任先生的这种做法有必要吗？"

这种开场方式强调互动性，主持人边说边问，有目的地调动嘉宾、观众积极参与，在完成入题的任务的同时，也在自己和嘉宾、观众之间建立起了良好的交流关系。

2. 叙述＋议论

（1）就事论事，引入主题

在我手上有三份武汉当地的报纸，我来给大家念一念，"妻子病重难以康复，丈夫不言放弃——《康复日记》书写绵绵情爱"，这是 2001 年 3 月 25 日的报道；接下来一篇是 2002 年 8 月 14 日的，"我也是一个人——来自一个模范丈夫的心灵呼喊"；2004 年 2 月 3 日，"欲和精神病妻子离婚，模范丈夫遭受情法考验"。我想，在我们日常的生活当中，普通人要离婚，可能并不是太困难的事情，但对于程柏珊来讲，就显得特别困难，因为他是众人眼里的模范丈夫，因为他的妻子是一个特殊病人。

上面这个例子，主持人就嘉宾故事发表议论，对事件涉及的范围、当事人的处境等情况略做评论，引出谈话的主题。

（2）抛砖引玉，切入正题

各位朋友，大家好。欢迎收看我们的《实话实说》节目！前两天有一个朋友给我猜了个谜，什么人每天都被六双眼睛监视着？他告诉我，答案是"独生子女"。实际上，岂止是六双眼睛，现在独生子女得到的爱实在是太多、太多了。关键是这些爱能不能从他们身上辐射出去。

主持人在叙述之后，就话题提出相应的观点，以引导观众的思路。

在电视谈话节目的开始，主持人通过不同形式的开场语，或单刀直入，或启人思考，或引人注目，实现引题入话的目的。设计一个漂亮的开场，能够使谈话从一开始就牢牢抓住观众的心，将观众带入特定的谈话交流情境，营造积极的交流氛围。

第三节　串联语

一、串联语的特点

串联语是指播音员主持人在组织、串联节目各组成部分的时候，即兴发挥说出的话语。串联语具有很强的主动性、机动性、灵活性、应变性。掌握串联语的特点，有助于主持人更好地把握各部分的轻重缓急、快慢疏密，使得节目进程紧凑有致，富于节奏感。

（一）篇幅短小，内容精炼

与主体信息相比，串联语所占的时间短、比重小。虽然仅仅是三言两语，但绝不是可有可无的，要把串联语用在关节点上，要把话说在节骨眼上。

（二）见缝插针，针对性强

串联语形式多样，位置灵活。但无论出现在哪里，无论是叙述、说明还是点评，串联语通常是由某个人、某件事或某一点引发开来的。因此，要扣紧由头，见缝插针，抓住关键点。言之有物、言之有理、言之有情、言之有趣的话语，才能真正起到串联、提示、点染的作用。

（三）依赖语境，借景生情

即兴串联的一个显著特征，就是对于语境的依赖。在创作过程中，主持人随时可能觉察到蕴涵在语境中的有价值的信息点，借景生情，情生而"兴"发，于是产生不吐不快的动机和愿望。

（四）寓理于情，情理交融

串联语既要明理又要抒情，更多的情况是，将道理融化在感人的话语之中，产生润物细无声的表达效果，让人在不知不觉中心甘情愿地接受你的看法。

二、串联语的功能

串联语是为了满足节目的需要而产生的，因此，节目的需要也就决定了串联语的功能。串联语的功能如下。

（一）串联的功能

串联语的首要功能是串联，串联语穿针引线、环环紧扣，形成完整的逻辑链条，使节目编排的结构意图得以显现。

（二）补充完善的功能

不管是新闻类、文艺类还是服务类节目，都可能会有一些非说不可，但又不能，或者不便放在节目的板块中来表述的话，这时候就需要主持人借助串联语来做补充和完善。

（三）阐发和点化的功能

主持人要在尊重原有材料的基础上，对串联语做适当的加工和调整。对于那些受众不十分熟悉的内容，需要用串联语来做相对通俗的阐发和及时的引导。对于那些专业性较强或是意蕴较深的内容，需要用串联语来做巧妙的点化和恰切的诠释，以使受众对传播内容有更加深刻的理解和感受。

（四）沟通和交流的功能

串联语是节目各部分衔接的链条，主持人要在把握节目脉络的基础上，抓住机会，抓住受众情感的高潮点，根据自己的理解和感受，讲究分寸地对节目内容做分析评价，以引起受众的注意和激发受众的兴趣，烘托场上气氛，使主持人与受众之间沟通、交流的渠道顺畅，达到感情的共鸣。

三、串联语的把握

串联语的把握可以从前期和现场两个方面来进行。前期主要是准备阶段，包括把握节目的需求及必要的知识等；后期主要是实战阶段，包括把握即兴串联语从文字语言到有声语言的转换和从内部语言到外部语言的转换及自控与控场的能力和技巧等。

（一）准备阶段

1.把握节目的需求

即准备必须紧紧围绕节目的需要，充分挖掘和利用相关材料，以体现节目宗旨。

2.做好必要的知识准备

主持人应该在"善于传播"上下功夫，那么，就需要不断地吸收知识。虽然不是某个领域的专家，但只要节目需要，主持人应迅速地吸收这个领域的相关知识，争取具备一定的发言资格。

3.做好相应的心理准备

良好而稳定的心理素质是获得良好的临场心理状态的基础。具体到每一次的创作，除了做好必要的案头工作以外，还要进行一定的临场心理准备。首先要重视彩排；其次要重视热场；最后要注意排除杂念，专心地进入创作情境。

（二）实践阶段

1. 保持积极活跃的思维状态

在即兴口语的现场，创作主体的思维必须处于高度活跃的状态。首先要勤于捕捉，无论在场上还是场下，只有勤于捕捉，才能抓住动人的瞬间。其次要主动思考，多动脑子，多想办法。最后要善感，应当善于积极感觉外部世界的刺激和捕捉自己的点滴感受，善于由外及内地将所感受到的刺激加以梳理和深化，以及善于由内及外地将自己的所感所思条理化、清晰化、情感化。

2. 掌握串联技巧

首先应该明确的是，串联的基础和前提是节目的整体构思合理，然后才是语言的加工润色。厘清内在的逻辑关系，使看起来无序的内容变得有序，使衔接转换合情合理，不突兀，不单调，不直白。

3. 把握整体的节奏

在节目现场，主持人要像交响乐队的指挥一样，俯瞰全局，把握各种变化，对各个场景的衔接熟稔于心，对节奏的控制收纵自如。

4. 展现有声语言的魅力

有声语言是播音员主持人创造性劳动的最终体现，因此，它的质量如何，对即兴口语表达起着关键性的作用，要充分展现有声语言的魅力。

四、串联语的创作追求

（一）求新

主持人的串联语，关系到节目的成败，其创新的表现在于：将新鲜的内容、新鲜的视角、新鲜的结构形式、新鲜的表达方式融入串联语当中，避免简单化、模式化，不说空话、套话、水话、废话，努力创作出意味深长而又新颖别致的串联语。

（二）求精

求精对主持人自身也提出了更高要求，体现在语言风格的磨砺上，就是主持人要善于广采博收、兼容并蓄，并以此为基点，在实际工作中客观地评价自己，不断地创新，形成符合自身特点的新颖的语言风格。

（三）向美

广播电视有声语言的美在于和谐，串联性即兴语也要服从这一要求，力图与节目、受众和谐共振。只有当语言与节目整体风格一致时，人们才会感到和谐。串联性的即兴口语，要追求更高、更美的层次，就要尽可能吻合节目的特点，体现节目的宗旨、风格，以满足受众的审美期待。

第四节　话题操作技巧

一、话题的衔接转换

话题的进行，离不开衔接和转换。熟练地掌握相关技巧，可以帮助我们顺利地完成起承转合，使话题的进程层次鲜明，环节清晰，观点突出。

（一）引用资料，逐渐推进

一个话题的顺利进行需要具备多方面的条件，而一些恰当的、典型的材料的引用就是其中很重要的一方面。话题要层次清晰、逐步深入，单纯用语言来实现起承转合和衔接变换有时会略显单薄，适当用事实说话，可以使转折自然，容易为受众接受。

（二）设置冲突，引人入胜

"真理越辩越明"，不同观点的讨论、碰撞可以将人们的认识引向深入，智慧和情感的火花往往在碰撞中显现出来。因此，主持人要善于发现不同观点，善于巧妙地控制对话的进程，何时高潮迭起，何时降落缓冲，都应在自己的掌握之中。

（三）言简意赅，画龙点睛

主持人虽不应该喧宾夺主，大发议论，但还是应该承担起"主持"的责任，要恰当地插话，精当地评议。

（四）巧用"重复"，突出重点

"重复"是指借用现场捕捉的来自群众的话语，它既能表达主持人的倾向，又不会有强加于人的感觉。这样，不仅有助于受众对原句的理解，还有助于强化他们的认识。

（五）选择时机，巧妙"打断"

为了把握节目的正确导向，为了使议论集中和深入，为了给更多的人发言的机会，主持人在必要时需用委婉巧妙的方式打断嘉宾的讲话，或不露痕迹地予以其提示。主持人在打断别人发言时，一要谨慎，注意礼貌，选择好时机；二要灵活巧妙，注意方法，让人易于接受。

二、话题的结束

在充分地展开一个话题之后，还要能够巧妙地将它结束。精彩的结束语不仅可以突出话题的主旨，起到画龙点睛的作用，还可以升华主题，使受众在一个更高的层次上审视这一话题的价值，并把这种解决问题的方法辐射到其他的事物上，产生"余音绕梁，三日不绝"的效果。因此，话题的结束部分是至关重要的。

话题的结束方式大体有如下几种。

①首尾呼应，评论点题。

②以情感人，触动心灵。

③梳理归纳，概述要点。

④由此及彼，引发联想。

⑤正确分析，给出建议。

第五节　临场应变

一、临场应变的定义与要求

（一）临场应变的定义

主持人的临场应变是指在节目进行中，当意想不到的情况突然发生时，主持人所做的临场应急反应，它可以检验出主持人的思维品质、知识修养、语言储备和心理素质等多方面的水平。

（二）临场应变的要求

1. 反应迅速

临场应变首先要反应迅速。在节目录制现场，无论遇到多么复杂的场面，出现多么出乎意料的突变，作为主持人都应该一下抓住关键点，游刃有余地轻轻带过。

2. 恰切得体

恰切得体也就是语言运用要恰当准确，恰如其分，恰到好处，切合题旨情景，符合具体语境的场合、氛围，符合自己的身份。

3. 化险为夷

在节目进行中，尤其是在直播过程中，存在很多变数，以及很多不可预知的因素。稍有不慎，就有可能发生"险情"。这就要求主持人能够处变不惊，沉着冷静，处理果断，善于化险为夷，变被动为主动。

4. 情理之中，意料之外

所谓情理之中，就是语言运用要符合人情事理，不能违背人们一般的认识规律和道德规范。所谓意料之外，就是不能依据常理，要说出别人想不到的话。

二、提高和培养主持人应变能力的必要性

主持人在节目中的作用主要是串联节目，呼唤观众和听众，把握节目进行的具体步骤，掌控节目的节奏。主持人在不同的主持活动中，所起到的作用也各不相同。在采访活动中，主持人是访问者和话题的发起者，要消除来宾的紧张感、陌生感，使受访者以良好的状态接受采访，消除他们的怯场或不适应心理；在文艺表演活动中，主持人是表演项目的衔接者，发挥着承上启下的作用。主持人是媒体与受众实现双向交流和沟通的中介，随着人们的业余生活越来越丰富，主持人在各种活动中，频频登场亮相，成为活动中主持大局的关键人物。在主持活动中，主持人与演员、观众、来宾的互动、交流更为常见，在群众喜闻乐见的互动环节，主持人的热情参与是赢得大家支持的法宝。在主持活动中，参与人员素质的参差不齐、演出计划的更改、临场情况的多变等都要求主持人必须具备优秀的应变能力，以化解尴尬局面和紧张的场面，顺利完成主持任务。

随着主持人与受众交流的增多，主持人的随机应变能力、表达能力、现场调动能力、与受众群体进行有效沟通的能力等都受到了挑战。有些主持人在与嘉宾和受众面对面的交流中文化底蕴的缺失显露得一览无遗，直接导致了临场应变的失败。优秀的主持人必须具有一定的现场意识和应变能力，在主持节目的过程中能调动起受众的情绪，并驾驭节目朝既定的方向发展，在整个主持过程中，引领节目的走向，做好充分准备应对突发事件，在自己头脑中制定应急

预案，居安思危、未雨绸缪，同时面对出现的意外情况，应当临危不乱，处变不惊，保持大将风范，并将其成功解决。

在文艺活动产业化发展的今天，各电视节目竞争激烈，既比收视率，又比收听率。这就要求主持人必须具有较为完备的知识结构、丰富的生活实践经验、机敏的反应能力。无疑，各种主持活动的竞争和较量，在一定程度上是主持人之间的竞争和较量，而主持人的临场应变能力则是考量主持人水平以及影响节目收视率、收听率的一个重要因素。

三、临场应变的现场控制

（一）提高播音员主持人语言控制和应变能力的方法

1.加强学习

播音员主持人在主持节目的过程中，会接触到各个行业的从业人员。如果对他们所在行业的知识没有任何了解，很可能会在主持过程中出现各种各样的失误。主持人应该不断学习，增加自己的知识储备，这样才能在发生突发状况时有更多处理问题的灵活方法。而且在学习的过程中，应该将理论和实践结合起来，与时俱进，勇于面对困难。

2.保持积极的工作状态

主持人在消极的工作状态中学到的东西非常有限，主持人应保持积极的工作状态。语言控制和应变能力正是在一次次应对突发状况的过程中不断锻炼出来的。遇到突发事件，主持人首先要保持冷静，尽量用最少的时间将整个事件原委了解清楚，并对事件的发展方向进行预测。在尊重观众知情权的前提下，将整个事件告知观众，消除观众的消极情绪。

3.虚心求教，与同行多探讨、交流

日常工作中，主持人应该与同行多交流。不明白的要虚心求教，意见不同要包容理解。在工作中要多参加主持活动，不断提升自己应对突发事件的能力。经验丰富的播音员主持人，在工作生涯中积累了许多突发状况应对技巧，经验不足、较为年轻的主持人应该多向他们学习、多跟他们交流。播音员主持人应该不断学习，充分提升自己的专业能力。

4.紧跟行业的发展步伐，提升自身能力

主持人应拥有丰富的知识储备、反应极快的大脑、丰富的经验以及良好的

心理素质等，这是最基本的要求。主持人应该不断内修，将自己各个方面的能力进行提升，不断学习，将自己掌握的知识与突发事件联系起来，灵活运用。主持人还应该不断尝试新事物，勇于创新。只有这样，才能使自己的专业素养进一步提高。

5. 明确自己的责任，树立正确的价值观

主持人的个人形象关系到频道的整体形象，观众认识一个频道主要是从认识主持人开始的，一个智慧、幽默、有责任担当的主持人能够吸引更多的观众，而一个只会念新闻稿且没有判断能力的主持人，则很难满足观众的审美需求。这就要求主持人明确责任，注意个人形象，用正确的价值观和对事件的正确解读来引导观众思考，达到教育观众的目的。由于电视媒介的传播范围比较广，主持人的一言一行都会对社会产生一定的影响，因此主持人必须按照传媒的基本原则进行主持或者播报，用适当的语言和良好的应变能力掌控全场，对社会负责，同时也对电视媒介负责。

（二）临场应变的现场控制实例

在工作实践中，面对即兴创作机遇，主持人的发挥应该围绕节目的主题或相关的背景，以加强节目的传播效果为前提。所以主持人的语言应该言之有物，不能滔滔不绝，离题万里。主持人的语言要从生活的日常口语中汲取精华，而不是把其中的杂质和低级趣味也照单全收。主持人还应该注意到应变技巧同样是人格魅力的体现，是情感和智慧的完美结合，能体现出一个人的价值观念和人生态度。无论是面对敏感棘手的问题，还是顺势获取的语智，都不能一味地为了追求反应的速度而使受众、嘉宾等节目参与者陷入窘境。

古代作战讲究兵法、招数，口头的应变也是一样，需要认清对象，洞察情势，讲究技法，见机行事，这样才能得心应手，应对自如。

主持人在节目开始前都会做充分的准备，即便如此，面对现场直播节目零时差的传播时效、零损耗的信息传播的特点，我们还是无法保证节目能够在我们的完全掌控之中，不可避免地会发生突发事件。这有主持人自身的因素，有设备发生故障的技术因素，有演员表现失常的节目因素，甚至还有类似天气突变这样的环境因素。这些因素的存在，增加了主持人驾驭场面的难度，主持人必须借助机智得体的应对化解尴尬局面。

1. 主持人自身的因素

袁鸣有一次在海南主持庆祝狮子楼京剧团成立的文艺晚会时，望文生义，把一位"南新燕"先生误说成了"南小姐"，当这位南新燕先生走上舞台时，台下嘘声一片。可急中生智的袁鸣赶忙说道："哎呀，非常抱歉，我望文生义了。不过你的名字让我想起了一首古诗，'旧时王谢堂前燕，飞入寻常百姓家'，这可真是一幅充满诗意的美妙图画啊！同样，国粹京剧作为宫廷艺术，一直盛演于北方，如今随着狮子楼京剧团的成立，古老的京剧艺术也首次飞过了琼州海峡，到海南落户，这不也是一幅美妙的图画吗？"

袁鸣的这段话犹如迎面掠过的一丝和煦春风，犹如眼前流过的一条跳动的小溪，给观众带来的是一种美的享受，令人拍案叫绝。主持人的精彩话语，使人们忘记了先前的尴尬局面，而是沉浸在她所临场勾画的美景中。

杨澜曾在广州担任过一场文艺晚会的主持人，上场的时候却发生了她踩空台阶，滚落到台下的意外事件。顿时观众哗然，有的观众还吹起了口哨。然而，杨澜镇定自若，重新上台后说道："真是人有失足，马有失蹄啊，我刚才的'狮子滚绣球'滚得还不够熟练吧？看来这次演出的台阶不那么好下啊，但台上的节目会很精彩。不信你们瞧他们……"

登台亮相时的马失前蹄可以说是主持人遭遇的最大尴尬，因为意外摔倒带给观众的滑稽感觉破坏了晚会的演出气氛，也有损主持人的公众形象。然而杨澜利用风趣机智幽默的话语巧妙地摆脱了困境。她并没有刻意回避尴尬，也没有故作镇静，随意地转移话题，而是顺其自然地表达心声，利用一句俗语"人有失足，马有失蹄"道出了当时的内心感受。在这种意外发生的时候，也只有表达自己的真实感受，才更有利于稳定情绪，不会弄巧成拙，扩散危机。紧接着一句"狮子滚绣球"的幽默自嘲，化解了观众中的部分不良反应。最后利用下台和台上的关联，顺势引出精彩节目，把观众的注意力转移到节目中来。杨澜的精彩应变，不得不让我们叫绝。

2. 技术因素

在湖南人民广播电台交通频道的某一期热线点播节目中，有一位听众为自己的女朋友点播了《知心爱人》这首歌曲，然而在主持人的祝福话语结束，送出歌曲的时候，突然发生了卡带的现象，节目无法正常进行。此刻，主持人的反应相当机智，她说："看来这位知心爱人还有些羞涩，要我们'千呼万唤'才能出来。"

前面我们提到了主持人的应变智慧不仅要注重反应的速度，还要强调质量。最基本的要求就是要切合题旨情境。其实，歌曲在放送的过程中出现问题在广播节目中时有发生，很多主持人都是用"非常抱歉，我们的设备出了一点问题，过会儿我们再补送祝福"这样的话语来应急。这样做虽然很诚实，但整个节目的温馨气氛就被破坏掉了。

湖南电台的这个主持人的高明之处就在于，她的应变及时保住了节目的情境，没有让播出事故影响到受众和节目情趣。主持人借助联想，把歌声的突然停止和爱人诉说心声的羞涩联系起来，赋予了播出事故人性化的味道，恰到好处地保持了节目的氛围。

曹可凡也有过一次类似的经历。有一次在国际"白玉兰"电视节群英荟萃的音乐会上，当法国著名歌星多罗黛正款款地走向舞台中央时，音响设备却不知何故"哐"地轰天一响，场上顿时十分尴尬，在法国主持过少儿节目的多罗黛以特有的幽默举起双手做了个打枪的手势，曹可凡灵机一动，当即发挥道："多罗黛小姐，刚才是上海观众在对您的到来表示欢迎，鸣礼炮一响。"话音刚落，全场一片掌声，一场尴尬轻松化解。

3. 节目因素

某位长期在银幕上扮演周恩来总理的演员受邀参加一所大学举办的校园艺术节。在闭幕的晚会上，大家强烈要求这位演员登台表演。于是，这位演员就模仿周总理的音容笑貌在台上即兴演出。可能是因为观众太热情了，演员很投入，完全沉浸到自己的艺术创作中，以致没有注意到演出的时间过长，部分观众开始喝倒彩表达不满。这个时候主持人及时出面控制场面，他迅速走到台前，模仿毛主席说话的语气讲道："恩来同志，你今天工作太累了，你要为我们保重身体啊，现在你还是下去休息一下吧。"

听到此言，台下的观众纷纷报以会心的笑声和热烈的掌声，台上的演员也乘机体面地结束了演出。

这个例子说明，作为优秀的节目主持人必须具有顾全大局的意识。晚会节目主持人绝不应当仅仅把自己定位于照本宣科的报幕机器，而是要敏锐地关注现场观众的一举一动，该出场时就出场，及时化解非主持人因素导致的问题，那种事不关己，少说为妙，幸灾乐祸的工作态度是绝不可取的。只有具有全局观念的主持人，才会在节目进行中保持旺盛的工作热情和持续亢奋的思维状态，才能有精彩的应变和处理问题的能力。

这位主持人面对演出者的尴尬没有袖手旁观，而是积极给予帮助，同样用模仿的手段化解了尴尬。主持人的模仿使他跟演员之间的交流更自然，使拖沓的节目在一个完整的表演情境中自然结束，而不是靠主持人生硬地打断。

主持人应变的基本点应立足于言语的现场生成，既注重语言表达，同时又不失时机地借助表演，借助多种艺术表现形式像声乐、舞蹈、戏曲等元素，将它们有机结合，这样就会拥有更多的应变手段和更广阔的发挥余地。

4. 环境因素

1996 年 5 月中央电视台第一次组织"心连心"艺术团下乡，在江西革命老区遂川做首场慰问演出的那天，场面非常热闹，不料节目进行到一半正当关牧村演唱《多情的土地》这首歌的时候，天空乌云密布，落下了阵阵雨点，顿时场下开始骚动，歌声一停，赵忠祥快步走到台前，对乡亲们说："关牧村的动情歌声，把她自己的眼睛唱湿润了，也把老区人民的眼睛唱湿润了，连老天爷的眼睛也唱湿润了！乡亲们！我们演员都商量好了，如果雨下大了，只要大家不走，我们演员就绝不会走！"

赵忠祥的话让现场的老百姓为之动容，他们用热情的掌声向全体工作人员致意，慰问演出在感人的气氛中继续进行。

天有不测风云，对比播出事故的人为性，天气的骤变更加难以预知。此时此刻，最重要的是让演出继续进行，把可能出现的对演出气氛的破坏程度降到最低。赵忠祥的应变非常精彩。他把演员、观众的情绪和自然现象的变幻巧妙地融为一体，把一场突如其来的阵雨看作老天爷被动情的歌声所感动而流下的泪水，于是演出效果被升华了，把一个偶然因素转化为了一个带有必然色彩的有利因素。同时他所用的排比句给人的听觉以强烈的刺激，加强了传播效果。如果没有前面排比句的铺垫，而是直接说"乡亲们，我们演员都商量好了，如果雨下大了，只要大家不走，我们演员就绝不会走"会显得相对比较生硬，而在排比句的铺垫下，依托感情，步步推进，符合观众的情感接受心理，从而达到了控制场面的目的。

四、临场应变的策略

（一）夯实文化底蕴，增加知识储备

应变能力并非单纯的语言技巧，而是和多种因素密切相关的高级心理素质。现在的电视节目浅俗化的现象比较严重，只能隔靴搔痒，而不能深入人心，做不出精品，一个重要原因就是现在的电视人特别是电视节目主持人缺乏足够的知识素养。做节目之前临时抱佛脚，找几本书看看，这样只能应急，很难创作出有深度、有思想的作品，甚至有时反而会出错。所以平时多多积累就显得很重要，只要掌握了丰富的知识，在紧急的情况下，就能侃侃而谈，"言"之有

"物"。一方面，要博览群书，增强文化底蕴。首先要注意分门别类地收集各类词汇，归纳整理一些相关词汇的近义词、反义词等。其次要搜集一些巧用语言的实例，一些有用的典故，富有生活气息的民谚、俗语等。这些材料积累得多了，平时经常看看，需要用时便会自然地脱口而出，效果也奇佳。另一方面，还要抽时间多接触社会，接触各阶层的人，取得直接的生活经验。"读万卷书，行万里路"就是告诫人们在读书的同时，还要增长见识，增加阅历。一个缺乏社会经验的电视节目主持人流露出来的幼稚与浅薄，往往会导致其职业生涯的失败。主持人应具有较强的分析判断能力，能正确掌握舆论导向，知道什么该说，什么不该说，说到什么程度。有的主持人遇到事情不敢讲话，担心讲话会出错。这个"错"不是一般的遣词造句，而是"分寸"的把握。只要主持人提高自己的政治思想素质，对当前的中心工作、宣传要点都比较了解，头脑中有个度，就不会讲出"离谱"的话。

（二）提高专业素养，提高驾驭能力

这里提到的专业素养包括两个方面的含义：一是针对电视节目制作方面的专业素养；二是相对比较专业化的电视节目所涉及的相关内容方面的专业素养。主持人的能力应该是全面的，其主持的节目应是专业的，只有具有专业的知识和多方面能力的人才会具备现场应变能力。另外，主持人要想有很好的现场发挥，还必须具有全方位的编辑意识。所谓全方位的编辑意识，是指主持人脑子里要对节目的整体编排有所把握，怎样采访，怎样分配时间，都要做到心中有数，避免出现失控现象。

（三）善于审时度势，抓住细微契机

杰出的口才往往出自高明的观察。善言者也就是善观者，他们往往善于审时度势，抓住各种细微契机，牢牢把握口语交流的主动权。灵活敏锐的眼观、耳听、心感是培养应变能力的基础。有发现、有接触才谈得上反应、谈得上应变。表达者与接受者面对面，角色有时经常交换，说的人和听的人可以边谈、边听、边观察。作为说的一方，发出信息后，一边要听，一边要注意观察对方的反应：对话题是否感兴趣，对信息是否理解，对意见能否接受。这一切都迅速地从对方的语言因素和非语言因素两方面得到反馈。所以主持人要磨炼细致敏锐的观察感受能力，尤其是对临场情境外在信息和内在信息的洞察力。有经验的心理咨询专家通过观察一个人的动作举止就可以判断这个人的性格、身份、心理状态。初到一个家庭，从成员的坐姿、位置上就可以初步判断这个家庭成员之间的相互关系和密切程度。节目主持人也要能够随时洞察被采访者的内心世界，并通过适当的有声及无声语言施加影响，形成互动，从而引导节目的走向。

（四）注重专项训练，加快思维节奏

在平时的工作、生活和学习中，节目主持人要注重专项训练，加快思维节奏，目的是培养思维快速发散、收敛的能力；培养从容不迫、处变不惊的能力；培养善于引导的能力；培养当机立断、恰如其分地应对的能力。也就是培养自己在最短的时间内解决好"说什么"和"怎么说"问题的能力。

（五）直播节目中主持人的临场应对

直播作为一种最能发挥和体现广播电视优势的传播方式，能给受众带来强烈的现场感和视觉冲击力，从而最大限度地满足受众的收听收视需求，因此，直播成了广播电视赢得竞争的重要手段，成了广大受众都喜爱的传播方式。但直播节目与受众处于传播的同一时空，以及信息的时新性和直播现场的不可预测性这些特点，对广播电视工作者提出了更高的要求。而其中直播节目主持人临场应对和掌控现场的能力和素质，是决定节目成败的重要因素。直播节目主持人不但要普通话标准、声音悦耳、口齿伶俐，更要具备乐观积极的心态和掌控现场的能力。

1. 沉着冷静、处变不惊

直播，可以激活传受双方的思维，同时能有效吸引受众广泛参与，还可以优化传播效果。但是，直播过程中也必然埋伏着一些不可预知的东西，有客观技术的（如遭遇突然停电、话筒故障等），有主观人为的（如出乎意料的问题）。如果主持人在意想不到的情况下，张口结舌、语无伦次，或南辕北辙，或油腔滑调，不但会影响节目主持人的形象，更会破坏节目气氛和进程。但是主持人机智得体的应对，能够圆场补台、转危为安、力挽狂澜。

例如，湖南卫视《我是歌手》第三季现场直播中，孙楠突然宣布退赛，当晚节目主持人汪涵一段七分钟的救场言辞瞬间引爆网络。但一开始汪涵也愣了两秒钟，脸也红了。看得出来汪涵当时外表看似镇定，内心却是万马奔腾。他始终没有打断孙楠的发言，体现了风度，但其实汪涵正是利用这段时间迅速组织了思路，为随后的救场言辞做了准备。兴奋而又冷静的心理状态，是思维变通性和灵活性得以发挥的条件。剖析汪涵那七分钟的言辞，看似简单，实则用意很深。先稳住直播现场，绝对不能出现任何问题，这是个政治任务。接着，用自己的信心去感化网友，同时换位思考。然后，一一念出其他六位歌手的名字，

让观众给他们掌声，用观众的压力避免退赛扩大化。再然后，公开表示尊重孙楠的决定，实则暗贬其破坏契约精神。最后，邀请孙楠当观众，向观众索取掌声的同时，既给了孙楠台阶下，又借机揶揄了一把。

"平静的海面练不出勇敢的水手，安逸的生活选不出时代的伟人。"面对直播突发的复杂情况，汪涵能在最短的时间内镇定下来，与他身经百战的直播实践不无关系。

2010年8月20日晚，湖南卫视《快乐男声》6进5比赛中李行亮和刘心这对平日里的好兄弟，被安排在了一起，接受残酷的终极PK。当轮到为自己拉票时，李行亮突然表示："我决定放弃，我不是在做一件冲动的事情，因为我非常欣赏刘心的创作，真心希望我的好朋友继续走下去。"说完，向大家深深地鞠了一躬，现场霎时一片哗然。这时，主持人汪涵马上劝导说："花不在春天完全绽放，只要你有梦想，花早晚会开，梦想在别的地方也可以实现。但我想以一个男人的身份而不是主持人的身份提出建议，最尊重对手的方式，就是站在他的面前接受大众评审的支持，而不是你放弃，把这个机会让给他。"听了这话，李行亮沉默了两秒钟，拿起话筒感慨道："我决定听大哥的。"于是，重新回到舞台上，接受终极PK，现场又恢复了平静。

2. 机智幽默、得体有效

临场应对中，需要急中生智，而急中生智是一种应激心理现象，是"无文本的硬功夫"。机智幽默、得体有效的应变表达才是真正高明的"语智"。机智幽默，不是油腔滑调、插科打诨，而是能够活跃气氛、增添情趣、深化主题。得体，是指语言运用得恰当准确、恰如其分，切合题旨情境，符合具体语境的场合、氛围，符合传受双方的身份和心理。有效，即语言的信息层次能让受众明了，感情层次能让受众认同，而且能让人获得美的享受。

安庆广播电视台曾有一档点歌节目叫《浓情大点唱》，有一位听众为女朋友点播了《我可以抱你吗？》这首歌曲，然而在主持人的祝福话语结束，送出歌曲的时候，突然发生了音频工作站突然死机的状况，在应急启用备用音频工作站的过程中，主持人的反应相当机智，她说："看来'我可以抱你'的表达太直白，这位女友还有些羞涩，非要我们'千呼万唤'才肯出来。"

其实，歌曲在放送的过程中出现问题在广播的点播节目中经常发生，很多主持人都是用"非常抱歉，我们的设备出了一点问题，过会儿我们再补送祝福"这样的话语来应急。这样做虽然很诚实，但整个节目的温馨气氛就被破坏掉了。

而这位主持人的高明之处就在于，她的应变及时保住了节目的情境，没有让播出事故影响到受众和节目情趣。

3.善解人意、联想解围

直播节目中，尤其是广播直播节目中，听众层次良莠不齐，表达差异性大，在交流中往往因种种原因，会霎时出现短暂的冷场或陷入窘境。此时主持人应围绕节目的主题，或相关的背景，以加强节目的传播效果为前提，善解人意，充分理解对方的心理，向积极有利的方面迅速展开联想，让大家自然从容地走出窘境。而不能一味地为了追求反应的速度而使受众、嘉宾等节目参与者陷入窘境。

在安庆广播电视台名牌广播节目《1584政风行风热线》中，一次某市局负责人上线，一位出租车司机打进电话："局长，你好！你们辛苦了，我代表全市人民感谢你们！"局长马上回应："不辛苦，不辛苦。都是我们应该做的。"可紧接着，这位司机话意陡转："你们不辛苦谁辛苦唉，你们天天忙于出入各大饭店歌厅，花天酒地，到你们那儿办事都找不到人。"上线嘉宾一下愣住了，此时主持人并没有回避（这当然也不失为一种策略，但对于这种可能产生消极影响的问题，更应该正面回答，并尽可能地巧妙扭转某些人的逆反心理，消除不良影响），也没有隔岸观火地把现场扔给上线嘉宾，而是用平和冷静的语气，积极主动地与听众交流："这位朋友，听您说话的声音很激动，我相信您不是为了让嘉宾尴尬而特意设计刚才那段话的，您是不是遇上什么着急要办的事，结果没办好，心里窝火，才那样说的？或者您确实有真凭实据，能够证明这家单位在政风行风方面存在问题？既然咱们的政风行风热线是个公开的平台，那么就是专门让大家来反映问题、揭露假恶丑的。但希望您呢，有话能好好说，客观理性地表达。当然今天上线的局长，相信也不会因为您刚才的那段话，跟您置气。您说呢，局长？"这席话，动之以情晓之以理，既从正面理解听众的问题，疏解不良情绪，又紧贴节目宗旨，予以积极的引导，同时给嘉宾化解了窘境，呈递了自然接话的茬口。

直播具有不可预测性，突发情况各种各样，节目主持人若能沉着冷静、处变不惊、机智幽默、得体有效，善解人意、联想解围，便能较好应对各种状况，使直播节目顺利、圆满地完成。但做到这些，必须具有丰厚的文化底蕴、丰富的主持经验、扎实的专业功底以及认真充分的播前准备和自成一体的主持风格，同时要善于学习，善于积累，更要在实践中总结经验，磨砺本领。

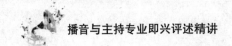

第六节　提问语

一、提问的要求

现场提问，是指主持人以提问的方式调控采访对象的情感与现场气氛，凝聚着主持人的智慧和风格，是现场采访报道的灵魂。

（一）提问的具体要求

现场提问是一门技巧性很高的艺术，"一要问得准，二要问得明，三要问得巧。所谓问得准，即要有的放矢，问到点子上，让对方有话说，能说得出来。所谓问得明，即语言要简洁明了，不要转弯抹角、语义含糊。所谓问得巧，即要运用一些问的技巧，要问得对方愿意回答，受众愿意听。"不仅要问得巧妙、问得艺术，针对一些敏感问题还要讲究策略，坚持原则，把握分寸，其具体要求如下。

1. 问语亲切、自然

主持人开始提问前，要想方设法使现场气氛轻松活跃起来，态度要祥和、亲切，以聊天的方式先提些能引起对方兴趣的简单问题，以消除受访人的心理隔阂与紧张感。

2. 问语合适得体

主持人向受访人提出的问题要有针对性，必须是适合对方（尤其是某方面的权威人士）回答的且是他熟悉和感兴趣的话题，这样其回答才最合适、最有说服力。

3. 问语简洁明了

受访人的年龄、职业、文化、经历等往往各不相同，主持人的提问必须通俗易懂、简洁明了，切忌拖泥带水。这就需要采访前做好充分的案头准备工作。

4. 问语具体细致

要打开受访人的话匣子，主持人除熟悉对方的情况之外，提问宜小不宜大，要小中见大。

（二）提问应注意的问题

1. 提问题要简短切题

"如果对一个问题需要用三个句子来发问，这可能是一个坏题目；如果还需要主持人去进一步解释，那绝对是一个必须放弃的题目。有些问题适用于所有时间、空间，如为什么我们必须执行这个政策？你为什么要这么做？这些都很能开启题目、让受访者继续谈下去。"

2. 不要让被采访者用"是"或"不是"来回答问题

"采访时提出的问题必须给受访者留下思考的'空间'，主持人不是在'做'节目，他们应是一根'导管'，把听众、观众想知道的事通过采访，让被采访者说出来。"

3. 永远也不要假设受访者的答案

"一个好的问题，主持人是永远不知道答案的。他（她）必须在被采访者的回答中去思考问题的核心，去思考下一个问题。有些时候受访者需要采访者的引导，如果采访者事先将什么问题都拟好了，就可能不会再全神贯注于受访者的回答，这样便会遗漏一些有价值的东西。"

4. 扬弃主观

"在采访时，少用'我'，不要出现'我想''我以为'这些多余的字眼。应该全神贯注地聆听，同时思考怎样采访下去。如果主持人以主观意图限制问题的答案，就会令采访毫无真实可言，也不会出现真正的采访高潮。"

有时候，我们看到某些主持人总是没有思路地提问，提些明显的没话找话的问题。所谓"思路"，就是通过这一次的采访让要听众和观众了解到什么，也就是采访的目的。这是至关重要的，心中没有这个主旨，采访势必东一榔头西一棒子，自己感到没有达到目的，听众观众也会感到散乱。思路有两种。一是展示性思路。如面对突发事件，主持人的任务，就是告诉听众和观众事件的基本情况：什么事情、什么时间、什么人、什么地点、为什么、结果如何。二是主题思路，就是通过采访提出或说明一个主题。这个主题在主持人心目中要有十分明确的语言表述。

（三）主持人"现场提问"实例展示与品评

1. 吴小莉：京腔妙招访董建华

1996年12月11日，对香港人来说是别具意义的一天。香港特别行政区候任行政长官，经过激烈竞争，这一天就要诞生。凤凰卫视和其他香港媒体一样全程转播。

董建华首先发表当选感言，然后媒体发问，现场顿时响起一片抢问声，不过都是以广东话一问一答。吴小莉知道董建华汉语、英语、广东话都很流利，心想，应该为凤凰卫视的说普通话的观众服务。

这时董建华说："最后两个问题！"

她心中一急，提气继续大声提问，吴小莉用普通话发问的大嗓门引起了董建华的注意："董先生，请您用普通话向亚洲区的观众说明，未来5年您将如何兑现您的承诺，不负今天高票当选的所托？"

董建华果然以普通话答问。或许是吴小莉用普通话发问的关系，她对董建华的提问，当晚也成为中国中央电视台新闻中唯一采用的答案。从会场回到公司，同事们报以英雄式的欢呼。

品评：很显然，吴小莉如果也用广东话提问，即使争取到了董建华的回答，也将淹没在广东话答问的海洋中，难以引人注目。而普通话提问的方式，能与广东话提问的方式形成鲜明对照，容易引起注意。以普通话提问的策略最大的成功在于，得到了董建华普通话的回答，其意义是跳出了狭窄的粤语受众圈，其影响是巨大的，而且是国际性的。另外，吴小莉提问的内容合适得体。她要求董建华向亚洲区的观众说明他的打算及措施，不但问得具体，而且颇具战略性，容易引起广大说普通话的受众，以及亚洲区受众的兴趣。这样的问题也只有由未来的特首回答最为合适。讲究策略、问话得体，使主持人吴小莉的提问成为现场亮点、荧屏经典。

2. 白岩松：探问余秋雨

且看《东方之子》节目主持人白岩松问上海戏剧学院教授余秋雨的八个问题。

①您的文章很多人看了之后就说鬼斧神工，经常有神来之笔，那么当您写完之后，回头看自己的文章，是否也会有种新奇感？

②我在您的文章中曾经注意您这样一个思想：人应该有一种大气和超越，如此才会有种深刻的悲和美。那么您认为对于文人这一点是不是尤其重要？那

么您自己是否也在体验着深刻的悲和美呢？

③中国的文化已经很悠久了，在这个过程中有很多的文人在传递着它，岁月流逝，文人们相继地去了，但心灵中这种体验是一脉相承的。那么现在您是否觉得自己也应当来承担弘扬民族文化的使命，或者说您很幸运，是这个血脉中的一分子？

④当面对自己的时候，或者说在酒后，您有没有构思或想过自己是唐朝的一个诗人或者宋代的一个词人？

⑤您现在是名人了，平时会有很多人找您，很多场合需要您，面对这样一个非常忙碌的生活，您是忙于应付呢，还是心里面隐藏着成功的喜悦？

⑥辞去上海戏剧学院院长的职位，对您来说是不是件很高兴的事情？

⑦您过去家住楼房，是在上海的西南角，您可以以一个旁观者的身份来观察这个大都市，那么您正要搬家，搬到市长的院里，也许多了一份安静，但会不会也多了一份贵族气？

⑧您被评为上海高教的十大精英，这个奖项和您在文学上获得的其他奖项，不会有大大的差距吧？

品评：前三个问题分别从灵感、文人气质和文人的使命感等角度提问。问题所涉及的范围很广，但因为提问的落脚点都在余秋雨本人的自我感受上，容易引起观众的兴趣。第四个问题充分发挥了主持人的想象力，看似荒诞却最能出戏，观众更是急不可待地想一睹余秋雨超越时空的情感表现的风采。最后三个问题涉及文学的外围：应酬、辞职、搬家、获奖等几个看似平常实则鲜活的话题，最能猎取余秋雨的"贵族心态"，显然这是以"平民意识"为参照系，问得合适得体、恰到好处。

3. 窦文涛采访腾格尔

腾格尔："我现在的思维都是蒙古语，说白了就是汉语还不过关。"

窦文涛："你整天自己给自己当翻译？"

腾格尔："有时候几个特好的朋友在一起，特别放松的话就无所谓了，但是在这儿不能随便。国内好多的娱乐节目，我只要参加就吃亏，放一个歌让猜，其实我脑子里早就知道了，就是说不出来，老是人家先说出来，以后我干脆不参加了。"

窦文涛："你觉得蒙古语的音乐性是不是很强？我的意思是说用蒙古语唱起歌来比你用汉语唱起歌来是不是感觉更好？"

腾格尔："是这样的，汉语有四个音，有时创作的时候也经常碰到这种事，分不清这四个音就会犯错误。”

窦文涛：“像其他一些少数民族的歌，不懂得它的语言，怎么能为自己所用呢？”

腾格尔：“是这样，其他民族的东西如果我特别喜欢的话就一定要学。比如说我一句日语也不会，然后我学日语的歌词我就要说得像日语，但是我不太清楚唱的是什么意思。有些歌我太喜爱了，主要是学习它的感觉。”

品评：一个高明的谈话节目主持人，其成功之处在于能让参与谈话的现场嘉宾打开话匣子。窦文涛是此道高手，提问得法。窦文涛很会抓腾格尔谈话中透露出的信息点，如腾格尔说汉语不过关，窦文涛便问“自己给自己当翻译”？由此顺水推舟，逐渐深入，提及“蒙古语的音乐性”等方面的问题，腾格尔敞开胸怀、毫不拘束地将自己内心的想法和盘托出。怎么样才能让嘉宾滔滔不绝？这是主持人所应关注的，现场提问是打开嘉宾心扉的一个至关重要的手段，值得我们去深入探究。

4. 崔永元与观众和嘉宾的对话

主持人：“（对小观众五）你好，小朋友，你今天表现得非常好，因为第一你讲了实话，第二你听得非常认真，你能不能谈一谈听完以后的感想？”

小观众五：“我想以后绝对不能再说谎话了。谎话害处太大了。”

主持人：“这些害处你是不是今天第一次听到？”

小观众五：“是的。”

主持人：“不知道陈教授是不是在观众的发言中找到了很多很好的办法和新的研究课题？”

陈会昌：“我首先介绍一下关于全国孩子撒谎情况的调查，从1991—1994年，我们在全国7个省13个城市430个家庭调查孩子的社会性发展……所以我觉得这种情况应该引起我们家长、教育界、社会舆论乃至全社会的普遍关注和重视。”

主持人：“曹先生研究过中国古典美学，你能不能再帮着阐述一下，如果不诚实，或者撒谎会对自己的一生产生什么影响？”

曹节：“大家都知道，在我们中国，做一个诚实的人是一个很大的主题，老的传统说修平其志必须要正心诚意，可见文学之道第一先学的就是诚实。”

品评：崔永元提问因人而异，针对性强。问小观众五，两个问题都非常浅显明白，小观众容易回答；至于问陈会昌和曹节两位专家教授，其提问的角度

256

切合两位专家教授的专业，即分别从心理学和文学的角度提问，由两位在各自专业领域有建树的专家回答，具有权威性。由于切合了三位对象的年龄、文化程度，他问得相当得体。另外，对小观众提的第二个问题非常巧妙，把握了儿童心理，使成年受众从回答中获得了期望的幽默效果，活跃了场上气氛。

二、提问的方式

（一）单刀直入式提问

这是最基本也是最直接的提问方式，直接抓住某一重点问题，开门见山，毫无遮挡地提问。最关键的技巧就是可以一次性连问三个关联的问题，这也叫排比式提问，让受众在最短的时间内，把心中的疑问统统提出。而被问对象，也是在逻辑思维不被打断的情况下接连作答。这种提问常被运用在新闻类谈话节目。

（二）循循善诱式提问

这种提问方式是主持人通过巧妙地设置一个圈套，诱导被提问方说出事实真相，从而达到采访目的，还原事情的本来面目。很多时候，我们的谈话对象有着各种各样的疑虑，如果直接提问，很容易造成对方的心理对抗，难以再进一步探讨。作为主持人，应利用迂回间接的说服方式，诱导劝说，一点点攻破被访者的心理防线，让他产生一种信任感，从而接受你的思维意识，回答你所想要知晓的问题。这种提问的要点是，根据对方讲述过程中的一个小岔路，设计一个最小的与事件本身无关的话题，使对方觉得主持人所问的都是无关紧要的事，毫无意义，被访者在心理上自然就会消除那种戒备感。而后，随着主持人渐渐地步入正轨，被访者就会自然而然地道出实话。

（三）寻求共鸣式提问

常言道，"酒逢知己千杯少，话不投机半句多"。主持人想要与谈话对象成为知己，就需要与对方产生共鸣。这种共鸣就是对话双方在思想情感上要有基本一致的体验。借助感情共鸣，可以消除对方的紧张情绪，使其产生信任感，营造一个很融洽的朋友之间的对话氛围。这种提问的技巧就是寻找双方共同感兴趣的话题，这需要主持人做好大量的案头工作，找到访谈对象的兴趣点，投其所好。这样，访谈嘉宾在兴奋之下，会说出很多受众期待的话语。在很多综艺类和明星访谈类节目中，这种技巧常被大量使用。

（四）透视根源式提问

透视根源，就是对表面扑朔迷离的问题，直视本源，抓住本质，一针见血地指出问题的症结。人们看问题的角度不同，必然会对问题产生不同的认识。如果主持人总是纠缠于细枝末节，就很难说清楚道理，而如果主持人透视根源，则可以快刀斩乱麻，收到奇效。这种技巧尤其适用于批评揭露性的访谈节目中。这种提问方式要求主持人首先一定要搞清楚事实的本质，然后直击要害发问，达到澄清事实、揭露真相的目的。

（五）心知肚明式提问

这种提问方式是指对答案明确的问题或者已知的事实，故意提出来问对方，以达到让当事人亲口陈述的目的。在心知肚明、明知故问的提问中，所有问题的答案可以是真的，也可以是假设的。提问中，可以故意刁难对方，也可以引导对方进一步思考问题。根据所提问题答案的真假不同情况，该提问方式还可以分为不同的形式，但是无论使用哪一种技巧，都是为了引导当事人说出事实。

（六）变换角度式提问

谈话类节目其实就是问与答的过程，是索取和提供信息的过程。在这一过程中，一般都是问方，也就是主持人很主动，但答方，也就是被访嘉宾大多较被动。一个问题所提出的角度不同，被采访者的情绪波动是不一样的。

因此，变化提问立场和提问角度是尤为重要的。这就需要主持人随时揣摩被访者的心理状态，掌握被访者的情绪走向。尤其是让嘉宾回忆一些较为痛苦的过往，有时不能站在同情者的角度，而是站在曾经的亲历者或者受害者的角度，这样能最大限度地拉近与被访者的距离，让他有一种同病相怜的感觉，如此他就会倾吐心声，还原事实真相。

三、提问的技巧

主持是一门语言艺术。优秀的访谈节目主持人，言而有物，表达方式具有感染力，语言风格独特。可以说，"问什么"关乎节目主持人的内涵修养和知识储备，而"怎么问"则是主持人语言表达技巧和问话艺术的集中体现。

（一）找准切入口

一般来说，渐进式、迂回式的提问比较容易为被采访者接受，以小见大、从细节入手也会收到意想不到的效果。笔者在主持一档节目时，需要采访睢宁县委书记，主题是睢宁县域经济的快速发展。这样的话题如果把握不好，容易让人感到枯燥乏味。现场采访开始时，笔者看到县委书记面前放了一盒盒饭，于是很自然地问他："您今天来还带着盒饭呢？"答："是啊，我这盒饭和普通的不一样。"问："哪儿不一样？"答："我这是方便米饭，不仅有调料，还有自动加热装置呢！"问："我还真没见过，您能给我们演示一下怎样加热吗？"答："可以啊！"县委书记现场演示加热，现场气氛顿时轻松活跃起来。问："还真是方便，以前我只是见过方便面，没见过这种能加热的方便米饭，在哪儿买的呀？"答："这是咱睢宁返乡创业的农民发明的。"问："在睢宁像这样的农民多不多？"答："以前不多，近两年随着睢宁经济的发展，像这样的返乡创业的农民越来越多。"这样的提问方式，从细节入手，找到切入口，既突出了主题又吸引了受众，传递了信息。

（二）有针对性地提问

谈话节目由于有时间限制，主持人提出的问题不能笼统、抽象，让人不得要领、不明其意，应该具有针对性，一语中的。

（三）语言张弛有度

谈话节目首先吸引观众的是语言，所以主持人的语言一定要精炼，并与宽泛相结合。精炼——提问简单明了、直切要点；宽泛——主持人的提问最好避免单句、短句，要适当铺陈。宽泛不是啰唆、空洞，主要是指从受众需要的角度考虑，对所采访的人物、事件、背景用适当的、简练的语言做尽可能多的介绍，然后再提出问题。

（四）适时提出尖锐、敏感的话题

一档谈话节目如果都是众所周知的话题或细节，观众必然会失去兴趣，他们想要未知的信息，想看到谈话者之间出现"话锋"，这就要求主持人必须要有自己的观点，使自己的谈话和提问与访谈对象的谈话一样，具有保留价值。当然，尖锐、敏感的话题并不是刁钻古怪的使被采访者难堪的话题，而是能有效地激发被采访者的思维，使被采访者始终处于积极的思考状态，从而更完全地展现自我。

（五）站在普通观众的角度发问

有的谈话节目涉及的是专业性较强的或是政策性较强的话题，请的嘉宾大都是官员、专家、学者，在他们谈论这些话题时，主持人要站在普通观众的角度，替普通观众问一些专业性和政策性不那么强的问题，可使用一些"您这句话可以这样理解吗""您能举个例子来说明一下吗"这样的句子，以便于让观众能更好地理解谈话内容。

（六）人物专访的访谈技巧

1."还原"是人物专访成功的基础

新闻作品中的人物，是实实在在的人物。因此，人物专访的宗旨，就应是还原人物本来的面目。如何"还原"，就其媒体来说，报刊的"还原"是诉诸文字，电视的"还原"既有声音又有图像，广播的"还原"只有声音。各媒体传播的工具、途径不同，还原的程度也就有所差别，也就出现了回避不了的"短处"。报刊没有有声语言生动、亲切，电视虽然声音和图像都有，但限于篇幅和画面，只能是部分"还原"，只有广播"还原"的是最全面最彻底的，也是最具有可信度的。只需加上带有一定引导意义的前言，就可以把整个采访过程"还原"出来。"还原"得好，人物专访就能成功。

一个有经验的节目主持人为了客观公正，常常要努力在他的报道中倾注自己的观点，而在形式上尽量隐蔽自己的观点。这就是提问的技巧，就是要善于引导，防止偏离主题，随时插入对采访对象的赞许和肯定，这个赞许和肯定就是你的观点。这样的人物专访一定是真实而又可信的，当然这要建立在采访者与采访对象自由交谈的基础之上，而不是矫揉造作、照本宣科。否则，听众就会自觉地予以拒绝，我们的采访报道就会失去意义，以失败而告终了。于是，这里又牵涉到一个问题，即新闻的真实与可信，这是两个不同的概念。新闻真实，指的是新闻事件是客观的事实；可信，指的是新闻受众认为报道符合客观事实。

真实的标准是客观的，客观事实是检验新闻是否真实的唯一标准，而可信的标准则是主观的。就广播而言，听众并不是可以任由电台施加影响的消极客体，每个听众都有他们的情感、思想和信念。而且，在长期的生活实践中，他们要对大量的信息进行鉴别和选择，已经有了一定的经验。他们认为可信的就接受，不可信的就排斥或反对。因此，可信或不可信是听众主观上对采访报道是否真实的一种判断。也就是说，对听众来说，真实的一定是可信的，可信的也并不全都是真实的。但是，真实是可信的前提，真实的报道按理说应当是可信的，但有些人物专访缺乏新闻性和权威性，或者表达缺乏客观性，远离了听众的思维定式，这些都有可能诱发听众的逆反心理，认为报道不可信。

我们应该意识到，当今的广播听众，在接触到一篇报道时，他不仅可以直接感受到报道反映的有关人或事，同时也可以通过联想捕捉到并不见诸报道的无形信息和倾向，特别是阅历丰富，知识面较宽的听众，他们捕捉这种无形信息的能力是比较强的。可是我们一些主持人，往往会低估听众这种捕捉无形信息的能力，不善于在采访中以引导的方式表达自己的观点，不善于让事实去唤起听众的联想；而常常喜欢站出来，加注说明，或过分地加以铺陈渲染，伤害了听众的自尊心，使听众或者感到索然无味，或者从内心里排斥，结果使宣传适得其反。成功的人物专访能让采访对象和听众的思想情绪按照你所想的去发展，而且对于你的观点倾向受众能自然而然地接受。

2. 提问的技巧决定人物专访的成败

对人物采访录音的还原并不妨碍主持人表达自己的观点和见解。相反，通过引导式的提问，这些观点能够得以充分地表达。

作为节目主持人，要成功地做完一次人物专访，必须具备一定的基本功。主持人是否善于提问，是人物专访能不能成功的关键。无论是文字采访还是录音采访都是这样，主持人要想获得真实的新闻事实，必须要熟练掌握提问艺术，通过与采访对象的交谈，挖掘新闻素材，从而达到认识事物、反映事物的目的。

但是，不同的新闻报道手段对提问的要求又是不完全一样的。访谈节目中出现的人物专访的提问，与文字报道的采访有明显的不同之处。文字采访的提问只是为了获得材料，了解情况，然后可以再提炼、组织、写稿。而节目主持人的采访往往是一次完成的，主持人采访的声音也成为报道的一部分，讲错或遗漏都会导致整个报道的失败。对采访对象来说，面对话筒说话，显然不能像接受笔记式采访那样轻松自如，因此人物专访对节目主持人提出了更高的要求。

（1）主持人的思想要有新意

在广播主持人节目当中，主持人应该当好主人，采访对象则是客人，听众则是听谈话的客人。为了能使两类客人一个愿意说，一个愿意听，主持人的思想就要有新意，要让采访对象和听众对你的提问有耳目一新的感觉，采访对象因此而打开话匣子，听众也会在你和采访对象的交流中，勾勒出一个具体、生动、活灵活现的人物形象。

（2）采访前的案头工作要细致、全面

富有经验的主持人都有同感，采访中每一分钟的内容都要用多出几倍的时间去准备，这样才有可能成功。有人说做节目前宁可准备过头，也不要准备不足，是不无道理的。只有仔细做好案头工作，主持人才能对整个节目有一个通盘的考虑，胸有成竹，这样做出的节目也才能更加引人入胜。同样，大量细致的案头工作，能让主持人对采访对象了解得十分透彻。

（3）节目主持人要平视社会

节目主持人要不断地同形形色色的人打交道，在见到每一个新的采访对象时，保持平视的心态相当重要，见到高官不仰视，见到平民不俯视，这样才能让采访对象说出真话。我们有时会发现有些节目主持人在采访较有名望的人物时，往往显得过于谦卑，这样，就会使得采访对象始终处于一个高高在上的地位，听众所了解的这个人自然不可能是真实而又全面的。对于一些平民百姓，主持人更应该真心诚意，平等相待，如果主持人居高临下，那么这些人也不会向你捧出真材实料。只要主持人能做有心人，具有平视的心态，那么呈现在听众面前的采访人物将会是有血有肉、真实可信的。总之，不卑不亢、落落大方，才是现代节目主持人应具备的气质和风度。

3. 主持人要有把控现场气氛和局面的能力

节目主持人的提问要客观。现在的热点报道是很受欢迎的，当采访到一个有争议的人物，问到一个特别尖锐的问题时，主持人应尽量隐去自己的感情色彩，而用特别平常的态度提问，这样反而更能显示出问题的分量，采访对象一般也会比较配合地做出回答。而如果主持人夹带了感情色彩，采访对象或许就会拒绝回答了，这是提问的技巧所在。提问要巧妙，心中有一本账，最好不要连续地问尖锐的问题，而要循序渐进，这样的专访才能波澜起伏、跌宕有致。

主持人在现场，要有一种定力，一些专家学者所研究的东西很高深，为了表述得更详尽，往往会滔滔不绝忘记时间，所以主持人要有一定的把控现场气氛的能力。首先不要武断地打断被采访对象的话题，而是悄无声息地将话题巧妙地转移到事先拟好的话题上来，不要跟着被采访对象的思路走，而要时时把握采访的话题和进度。再者在现场采访时，一些采访对象，说的话文不对题，词不达意，废话很多，这时就需要主持人现场引导采访对象将话题切入正题。

采访对象的水平有高有低，这就需要主持人将问题把握得深浅有度，不让现场气氛尴尬，不让采访对象难堪。

　　人物专访是一种比人物消息更详尽、更生动的描绘新闻人物的形式，也是一件艰苦细致的工作。采访无定式可循，贵在有高度的责任心，在实践中积累经验，对于主持人来说，没有哪一种新闻体裁能比采访人物学到的东西更多。

参考文献

[1] 应天常, 王婷. 主持人即兴口语训练 [M]. 2版. 北京: 中国传媒大学出版社, 2014.

[2] 翁如. 主持人思维训练教程 [M]. 2版. 北京: 中国传媒大学出版社, 2018.

[3] 翁佳. 名牌电视访谈节目研究报告 [M]. 北京: 中国经济出版社, 2006.

[4] 李艳菊. 播音主持的即兴口语表达 [J]. 新闻前哨, 2010 (9).

[5] 崔鹏, 韩笑. 主持人即兴口语表达特点探析 [J]. 中国广播, 2014 (5).

[6] 周瑞. 浅析电视播音主持的有声语言表达技巧 [J]. 新闻传播, 2017 (4).

[7] 冯萌. 广播电视播音主持语言的规范 [J]. 新闻研究导刊, 2016 (12).

[8] 魏潇. 浅析播音主持有声语言规范问题 [J]. 新闻窗, 2014 (4).

[9] 尹瑞卿. 电视播音主持有声语言规范问题研究 [J]. 新闻传播, 2014 (6).

[10] 陈新宇, 吴震. 亲和力在播音主持中的作用研究 [J]. 科技传播, 2019 (15).

[11] 陈晓霞. 论新闻播音主持的亲和力 [J]. 新闻世界, 2011 (12).

[12] 朱绍祥. 浅析广播电视播音主持人的语言艺术生成 [J]. 新闻研究导刊, 2015 (23).

[13] 尚志华. 浅议广播电视节目播音与主持的情感控制 [J]. 新闻传播, 2009 (10).

[14] 张龙. 谈话节目主持人的控场能力及应具备的素质探究 [J]. 产业与科技论坛, 2008 (7).

[15] 李敬. 探究电视播音主持人的语言艺术 [J]. 新闻研究导刊, 2016 (20).

[16] 匡宇. 浅析广播电视播音员主持人的语言艺术生成 [J]. 视听, 2017 (3).

[17] 董晶. 培养电台播音中主持人的应变能力 [J]. 新媒体研究, 2015 (7).

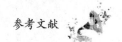

[18] 康宏. 如何培养播音员主持人多角色播音主持的应变能力 [J]. 新媒体研究, 2015（13）.

[19] 梁君. 电视访谈类节目的提问艺术 [J]. 新闻传播, 2016（12）.

[20] 张凌彦. 浅析访谈类节目主持的特点 [J]. 商, 2015（48）.

[21] 杨德祥. 浅谈电视访谈类节目的提问艺术 [J]. 新闻研究导刊, 2014（10）.

[22] 李静. 访谈节目中的提问艺术 [J]. 西部广播电视, 2014（7）.